JN011623

エッセンシャル心理学

Chihiro Hasegawa 長谷川千洋 編

Essential
Psychology

ナカニシヤ出版

まえがき

　本書『エッセンシャル心理学』は，大学の授業で最初に出会う心理学のテキストです。また，読者が授業でテキストとして活用するだけでなく，本書との出会いをきっかけに心理学に興味を持ってもらえれば嬉しいです。心理学は文字通り「心の学問」であり，本書では心理学およびその関連領域の学問的魅力をわかりやすく伝えることを目標にしています。

　心理学は心の働きや仕組みの解明を目指し，今まで数多くの理論や方法が提唱されてきました。「なぜそのような行動をとったのか」，「なぜそのような感情が生まれるのか」，「どうして他人の心は理解できないのか」，「暗記したいことは覚えられないのに，忘れてしまいたい記憶はいつまでも心に残るのはなぜか」，といった問いはすべて心理学の研究テーマです。「心が病むとはどういうことなのか」，「なぜデマを信じてしまうのか」，これらの問いもまた心理学や，心理学の関連領域が扱っています。この関連領域には生物学的な領域と社会的な領域があります。すなわち，心に生じるさまざまな問題を理解するためには，脳を中心とする生物学の知識や，心の病いを扱う精神医学の知識が必要になります。さらに，心の主体である人間を取り巻く社会・文化や環境の影響についても，しっかり留意する必要があります。これは心理学が提唱する生物－心理－社会モデルと深く結びついています。本書を編集するにあたり，このモデルは常に念頭にありました。本書の表紙に描かれた３つの円はこの３つの側面を示しており，それぞれの内容がバランス良く書かれていることが本書の特徴です。心理専門職である公認心理師の教育においても，このモデルが基本になっています。他者の心を支援する公認心理師は，心理学の知識に加えて，医学的知識や社会福祉，制度，法律などにも精通する必要があります。これらの理由により，将来，公認心理師を目指す学生にとっても本書は有用なテキストとなるでしょう。

　心理学の入門書という性質上，本書は基本的かつ主要な内容が中心になっています。それだけでなく，心理学検定の出題内容や公認心理師のブループリントの水準に対応する専門的内容についても，全章にわたって広く記載しています。心理学の理論や方法については，読者の理解を促すためにできるだけ具体的・実証的証拠を示しながら紹介しているので，授業外においても，自主的に予習・復習することを推奨します。また，各章の最後には小テストを設けており，学習内容の理解を自ら確認することも可能です。本書を通して心理学に興味を持ち，より深く専門的に学びたいという意欲を持つ読者が一人でも多く増えれば，願ってもない幸せです。

　『エッセンシャル心理学』の刊行にあたり，執筆者の先生方には多くのお願いをしたにもかかわらず，快くご協力いただきました。このたび，同じ職場の教員全員で執筆するという試みに，若手から先輩までご賛同いただきました。すばらしい同僚に恵まれた幸運を身にしみて感じております。本書の企画をいただきましたナカニシヤ出版の宍倉由高編集長，編集作業を速やかに細やかに助けていただいた編集者の山本あかね氏をはじめ，編集に携わっていただきました皆様に心より御礼を申し上げます。

2020 年 3 月　　編　　者

【 パワーポイント資料　ご希望の方へ 】

　各章の要点をまとめたパワーポイント資料を提供します。ご希望の方は，
manual@nakanishiya.co.jp まで，ご氏名，ご所属および本書の書名（『エッ
センシャル心理学』）を明記のうえ，メールにてご連絡ください。

目　　次

コラム

第1章

科学としての心理学

> この章では，本書で取り扱う心理学の基礎にある考え方や研究方法を取り上げる。そもそも心理学とはどういう学問分野であるのか，心理学の研究対象は何か，心理学の主要な研究方法にはどのようなものがあるかについて概説する。さらに，心理学のさまざまな下位領域と関連領域について言及する。

1. 心理学とは

[1] 科学としての心理学

心理学は心の働きを明らかにしようとする学問分野である。心は，いつ，どこで，どのように働くのか。どのようにすれば心の働きをとらえることができるのか。そもそも心とは何か。これらの問いにきちんと答えるのは，非常に難しい。少なくとも他人の心のなかでどのような気持ちや考えや思いがめばえ，それらがどのように変化するのかをとらえようとするのは容易ではない。だからといって，自分の心の動きであれば常に的確に把握できているとも思えない。たとえば，強い感情や欲求に突き動かされた時は，冷静な判断ができず，自分自身の心の状態をとらえきれなくなる。ましてや，ほかの人から一方的に「あなたの心は○○の働きが弱い」と言われたら，何を根拠にそのように決めつけるのかと反発するのは当然である。

心理学は，一見とらえどころのない心の働きを，誰もが認めるかたちで解明しようとする。そのためには，なによりもまず，「何」を「どのように」調べるのかを明確に整理しておかないと学問としての心理学は成り立たない。ここでの「何」というのは研究対象であり，「どのように」というのは研究方法である。

この章では，一方的な決めつけや，どうとでも受け取れるようなあいまいな表現を排除して，できるだけ的確に事実を確認し，研究を通してわかったことを積み重ね，心の働きに関する法則性や仕組みを考えていきたい。その際，気をつけておきたいことは，直感に頼って真実を見誤ることである。私たちは直感に基づいて，うわべはもっともらしく興味深い結論を得ることがある。しかし，それは心の働きの正しい理解にはつながらず，むしろ人を傷つけたり，社会を混乱させたりすることになりかねない。そこで，直感からいきなり結論を導き出すのではなく，いったん「仮説」のかたちで提案し，それを確実な方法で検証し，一つの理論を構成し，修正していくことが望まれる（図1-1）。

このような全般的な方法を科学といい，実験や調査などを通して事実を確認して「仮説の検証」に重点を置く場合は，とくに「実証科学」と呼ばれている。実証科学では，**客観性**（個人的な主観に頼らずに，誰にとっても明らかであるかどうか）と**再現性**（別の研究者が同じ方法

図 1-1　心理学の研究における理論構成と仮説設定と仮説検証の関係

を用いて事実が確認できるかどうか）という二つの基準をともに満たすことが重要な条件である。

[2] 心の科学的理解

1）操作的定義と反証可能性　　科学は，より正確で一般的でさまざまな出来事を説明することを目指している。私たちが科学に期待するのは，究極的に，この世のすべての事柄を正しく理解することにある。そのため，科学的な概念は，それを用いる人たちでそれぞれ異なった意味を持っていては，議論が成立しない。したがって，科学的概念は具体的な手続きのことばで定義されなければならないという考え方がある。これを操作主義といい，操作主義に基づいて概念を定義する仕方を**操作的定義**という。また，科学は，健全に理論を発展させるために，常に理論を否定したり，修正を迫るような事実に向き合わなければならない。つまり，科学に基づく理論は，理論の全部または一部の誤りを示す証拠となる事実（反証）を常に受け入れるよう議論の門戸を開いていなければならない。このことを**反証可能性**という。この反証可能性を重視する立場では，反証可能性こそが科学と非科学を区別する基準になっていると主張している。たとえば，ある一人の人間の言うことがどのような場合であれ，絶対的に常に正しいとするのは科学からかけはなれている。つまり反論することのできない主張は科学にはなじまない。

2）観察と実験　　直感だけに頼って結論を導き出したり，理論を構成したりするのは危険である。ただし，さまざまな先行研究（すでに公表されている研究）による結果を考慮したうえで，自らの直感の理由や根拠を示して仮説（観察された事実を説明するために仮に想定した考え）の設定に役立てることは重要である。それとともに，偏ったものの見方や先入観が事実をゆがめてとらえてしまうという可能性を念頭に置き，その場だけの一面的な事実確認から仮説を設定することも避ける必要がある。

　心理学に限らず，どのような学問分野であれ，科学的な方法を用いる場合は，研究の進め方の第一歩は観察から始まる。観察とは，一定の目的や観点から，なんらかの出来事や行動などに注目し，その様子を記録することをいう。人間の観察能力を補うために，画像や動画を撮影したり，音声を録音したり，場合によっては顕微鏡や望遠鏡，レントゲン撮影装置，脳波計など各種の装置や機器を利用することもある。特定の出来事や行動に何も制約条件を設けずに（統制せずに），そのまま観察するという方法を**自然的観察法**という。

　さらに研究目的が絞られて，どのような条件の下でどのような出来事が発生し，どのような行動が見られるかを体系的にとらえようとする場合は，**組織的観察法**と呼ばれる。組織的観察法のなかには，特定の場面や状況において出来事や行動を観察する**場面見本法**，限定された行動だけに注目し，その行動の生起やその後の変化を詳細に観察する**行動見本法**，一定の時間間隔に行動が生起するかどうかを観察する**時間見本法**などがある。

　自然的観察法の場合も組織的観察法の場合も，観察の対象となる出来事や行動が確かに生起するかどうかを予測できないことがある。あるいは，非常に数多くの要因がそれらの生起に影響することがあるので，出来事や行動の原因を特定できないことがある。そこで考案されたのが**実験的観察法**（いわゆる実験のこと）である。観察結果から仮説を設定し，さまざまな条件を統制して，客観的に仮説を検証する際に用いられる。しかしながら，その一方で，極端に人工的な条件の設定や要因の統制は，現実とはかけ離れた出来事や行動を導く危険性があり，できるだけ実際の生活場面に近い状況を設定するよう配慮されなければならない。

［3］社会の諸問題の解決に向けた学問としての心理学

　2018 年度に心理学における日本で最初の国家資格制度である公認心理師が発足した。それによって，心理学への社会からの要請は以前にも増して強くなってきた。公認心理師法に示されるように，公認心理師の業務と役割が明確に規定され，それらを「国民からの負託」として重く受けとめなければならない。保健医療，福祉，教育，司法・犯罪，産業・労働という，いわゆる 5 分野に加えて，災害時における心理支援も含め，さまざまなかたちで国民の心の健康の保持増進に貢献することが求められている。

　公認心理師の業務・役割として，要心理支援者への①心理状態の観察とその結果の分析，②心理に関する相談，助言，指導，その他の援助，③関係者との相談，助言，指導，その他の援助，そして国民全体への④心の健康に関する知識の普及を図るための教育および情報の提供，が掲げられている。このなかで，とりわけ④については，人間の心理に関する誤った理解や偏見，差別の意識から人々がつらい思いや嫌な経験をしないように，科学的心理学に基づいて心の健康のありかたを議論する必要がある。日本は，政治・経済・外交などの動向変化とともに，少子高齢化問題や急速な ICT（Information and Communication Technology）技術の発展により，これまでの法律や社会制度では対応しきれない問題がいくつも発生している。現代社会におけるさまざまな問題の多くは，人間の心理と直結しており，それらの解決に向けて，すでに被害を被っている人たちへの心理支援だけでなく，問題の発生を未然に防ぐような予防的な取り組みや啓発活動が欠かせない。その意味で，心理学はどのような人たちを対象に，どのように研究を進めていくかがまさしく問われている時代であるといえる。

2. 心理学の対象─心理現象をとらえる考え方

　心の働きが生み出す心理現象を理解するには，生物学的側面，心理的側面，社会文化的側面の三つの側面から検討することが必要である。こうした考え方を，**生物－心理－社会モデル**（bio-psycho-social model）と呼ぶ。

　私たちは，神経細胞や心臓や胃，腸といった種々の身体器官から構成されるヒトとして存在している。このため，心理学においては，脳を中心とする神経活動や血液を全身に送り出す心臓の活動などを通して心理現象を検討することがある。すなわち，生物学的側面から心理現象を検討することが心理学において試みられる。同時に，地域や会社，学校といった社会文化的システムを構成する要素として私たちをとらえることもできる。虹がかかったことに気づくといった視覚に関わる心理現象や喜怒哀楽と呼ばれる感情に関する心理現象は，生物学的側面や社会文化的側面を抜きにしては考えることはできない。怒りを例にとると，「顔を真っ赤にして」といった表現で，怒りという感情を表すことがある。この心理現象は顔面に現れる血流量の増加としてとらえることができる。すなわち，心臓から全身に血液を送り出す活動を反映する心拍数の増加といった生物学的側面から怒りという心理現象を理解することができる。また，怒りを感じ，直ちに周囲の他者を叱りつけるといった行動を起こすこともありうるが，怒りを

感じていることを表情などに出さないように振る舞うこともある。こうした怒りを表情や言語でどのように表すかに関しては，生まれ育った文化や社会的慣習によって異なる。すなわち，社会文化的側面からの理解も重要である。さらに，怒りを呼び起こす原因となる出来事の解釈が異なると怒りの感じ方も変わるといった心理的側面も怒りの理解には不可欠である。すなわち，生物学的側面，心理的側面，社会文化的側面の三つの側面が互いに影響を及ぼし合って，心理現象が生み出されると考えることができる。

　健康や病気といった問題も，生物学的側面，心理的側面，社会文化的側面の三つの側面からとらえることができる。このため，生物－心理－社会モデルは，医学における健康に関する問題の理解・解決に向けたモデルとして提唱されている（Engel, 1977）。現在では，医療における多職種連携を支える基盤となる考え方でもある（第15章参照）。健康増進を図るためには，医療職を代表とする生物学的側面からの検討は不可欠である。ただし，それだけでは不十分であり，心理職による心理的側面からの検討によって疾病や環境への適切な対処を考えなければならない。加えて，社会福祉職などによる行政的なアプローチによって家族や学校，職場といった社会環境を適切に調整していくことも健康増進を図るために重要である。

3. 心理学の研究法―心理学の研究の進め方

　心理学においては，心理現象を理解したり説明するため，先行する研究成果を考慮して仮説を設定し，この仮説が心理現象の説明として適切であるか否かを確認するための観察や実験，調査などを行う。こうした観察や実験，調査などを実施することで得られたデータの分析に基づき仮説の適否を確認する。仮説が誤っていれば，それを棄却したり，修正を行う。こうした一連の手順を踏まえた科学的な方法に従うことで心理学の研究は進められる。

　心理学の研究は，大まかに分けると5種類の研究法がある。実験法，質問紙調査法，観察法，検査法，面接法である。また，それぞれの研究法によって得られたデータを適切に分析するための統計処理の手法も多数ある。これらの研究法は，研究の目的や研究を行う状況，そして，研究倫理を踏まえて，適切な研究法を選ぶことが必要となる。

［1］実 験 法

　実験においては，心理現象が生じる諸条件を精査し，現象に影響を与える要因を取り上げ，その要因だけが異なる状況を設定する。すなわち少数の要因のみが変化するという単純化された状況を設定する。単純化された実験状況において生じる心理現象の観察あるいは測定を行うことが実験に必要である。観察や測定を行う際には，実験実施前にあらかじめ実験実施手順の練習などの準備を行い，一定の手順によって実験を安定して実施しなけばならない。すなわち，統制のとれた実験を行う必要がある。こうした実験を行うことにより，観察や測定の結果がどのように変化するかを確認でき，条件の効果を検討することができる。多数の要因が複雑に絡み合う日常的状況では，心理現象を説明するための仮説を検証することは困難であるのに対して，実験においては，ある仮説を検証するための適切な状況を人為的に設定できる。この点が実験の長所である。

［2］質問紙調査法

　日常生活における種々の事柄に対する態度や意識，そして，日常場面における行動の傾向などに関して，質問紙への回答に基づき，検討するのが質問紙調査法である。質問紙への回答から測定変数同士の相互の関連性（相関関係）を検討することが質問紙調査法の主要な目的である。多くの人々に質問紙を一斉に配布し，その回答を比較的短期間に得ることが可能である点

が質問紙調査法の長所の一つである。ただし，質問の言葉遣い（ワーディング）によって回答結果が変わることがあるなど，調査の目的に適った質問紙を作成する必要がある。このため，信頼性や妥当性が確認された心理尺度を質問紙に用いることが適切である場合も多い。

[3] 観 察 法

　心理現象の特定の側面や事象を意図的に取り上げ，注意深く観ていくことで，心理現象の背後にある心理過程を推察するのが観察法である。観察の対象が置かれる状況に人為的な操作や統制を加えず，ありのままに観察を行うのが自然的観察法である。この自然観察法を単に観察法と呼ぶことも多い。観察においては，通常の場合，現象を客観的に観るため，第三者的に観察する態度が求められる。すなわち，観察の対象となるものの立場と観察を行う観察者の立場は明確に分離される。その一方，観察の対象となるものの立場と観察者の立場を分離せず，観察しようとする行動や生活に観察者自身も参加する参与観察と呼ばれる方法もある。

[4] 検 査 法

　心理学における検査としては，知能検査，性格検査，適性検査などがある。研究の対象とする個人あるいは集団の能力や行動傾向を測定するために開発された課題や質問紙を用いて行われる。心理検査は，その妥当性や信頼性の確認が行われ，実施手順や得点の算出方法が標準化されている。

[5] 面 接 法

　対象者と直接に会い，言語でコミュニケーションをとるとともに，対象者の行動観察も行い，対象者の心理過程を推察するのが面接法である。心理学における面接は大きく**臨床的面接**と**調査的面接**に分かれる。臨床的面接は，臨床実践現場において対象者の課題に応じたさまざまな臨床心理学的技法を用いて，対象者が抱える問題の克服，困難の軽減に取り組む。この種の面接は，研究法という側面だけでなく，心理支援や介入を行う場として理解することも重要である。これに対して，調査的面接は，統一された質問項目を準備し，複数の個人からそれらの項目への言語的反応データを収集することを目的として行われる。

4. 心理学の諸分野と関連領域

[1] 心理学の下位領域と関連分野

　心理学はかなり広い範囲の問題を取り扱っており，心理学のなかでも専門化された研究領域がある。アメリカ心理学会（American Psychological Association; APA）は世界最大の心理学の学会であるが，詳しく見てみると，54 の部門（division）に分かれている（表 1-1）。日本の心理学の学会組織も，現在，日本心理学諸学会連合に加盟して学会は，2019 年 7 月現在で 53 学会に及ぶ（表 1-2）。これらの多くの学会をいくつかの系統に分類することは容易ではないが，スミス（Smith, 1998）は，九つに分類している。それらにおける専門的な心理学の下位領域と研究テーマの例を表 1-3 に示す。また，この表には，心理学以外の学問分野で，とくに心理学の特定の下位領域との間で連携や共同研究が進められているものを挙げた。

表 1-1　アメリカ心理学会（APA）の部門（2021 年 3 月現在）

番号	Division	部門名（日本語訳）
1	Society for General Psychology	一般心理学会
2	Society for the Teaching of Psychology	心理学教育学会
3	Society for Experimental Psychology and Cognitive Science	実験心理学と認知科学の学会
4	（There is no Division 4）	（欠番）
5	Quantitative and Qualitative Methods	量的方法と質的方法
6	Society for Behavioral Neuroscience and Comparative Psychology	行動神経科学と比較心理学
7	Developmental Psychology	発達心理学
8	Society for Personality and Social Psychology	パーソナリティ社会心理学会
9	Society for the Psychological Study of Social Issues (SPSSI)	社会問題に関する心理学研究学会
10	Society for the Psychology of Aesthetics, Creativity and the Arts	美学・創造性・芸術の心理学会
11	（There is no Division 11）	（欠番）
12	Society of Clinical Psychology	臨床心理学会
13	Society of Consulting Psychology	コンサルティング心理学会
14	Society for Industrial and Organizational Psychology	産業・組織心理学会
15	Educational Psychology	教育心理学
16	School Psychology	学校心理学
17	Society of Counseling Psychology	カウンセリング心理学会
18	Psychologists in Public Service	公的サービス心理師会
19	Society for Military Psychology	軍事心理学会
20	Adult Development and Aging	成人発達と加齢
21	Applied Experimental and Engineering Psychology	応用実験工学心理学
22	Rehabilitation Psychology	リハビリテーション心理学
23	Consumer Psychology	消費者心理学
24	Society for Theoretical and Philosophical Psychology	理論哲学心理学会
25	Behavior Analysis	行動分析
26	Society for the History of Psychology	歴史心理学会
27	Society for Community Research and Action: Division of Community Psychology	コミュニティの研究と活動：コミュニティ心理学部門
28	Psychopharmacology and Substance Abuse	精神薬理学と薬物乱用
29	Society for the Advancement of Psychotherapy	精神療法の進展に関する学会
30	Society of Psychological Hypnosis	心理学的催眠学会
31	State, Provincial, and Territorial Psychological Association Affairs	州・地方・地域心理学連合問題
32	Society for Humanistic Psychology	人間性心理学会
33	Intellectual and Developmental Disabilities/Autism Spectrum Disorder	知的発達障害／自閉スペクトラム症
34	Society for Environmental, Population and Conservation Psychology	人口・環境・保全心理学会
35	Society for the Psychology of Women	女性心理学会
36	Society for the Psychology of Religion and Spirituality	宗教霊性心理学会
37	Society for Child and Family Policy and Practice	児童家族政策実践学会
38	Society for Health Psychology	健康心理学会
39	Society for Psychoanalysis and Psychoanalytic Psychology	精神分析・精神分析心理学会
40	Society for Clinical Neuropsychology	臨床神経心理学会
41	American Psychology-Law Society	アメリカ心理学法学会
42	Psychologists in Independent Practice	独立開業心理師会
43	Society for Couple and Family Psychology	カップル家族心理学会
44	Society for the Psychology of Sexual Orientation and Gender Diversity	性志向・ジェンダー多様性心理学会
45	Society for the Psychological Study of Culture, Ethnicity and Race	文化・民族性・人種に関する心理学研究学会
46	Society for Media Psychology and Technology	メディアの心理学とテクノロジー学会
47	Society for Sport, Exercise and Performance Psychology	スポーツ・エクササイズ・パフォーマンスの心理学会
48	Society for the Study of Peace, Conflict and Violence: Peace Psychology Division	平和・紛争・暴力の研究学会：平和心理学部門
49	Society of Group Psychology and Group Psychotherapy	集団心理学と集団精神療法の学会
50	Society of Addiction Psychology	嗜癖心理学会
51	Society for the Psychological Study of Men and Masculinity	男性と男性性の心理学研究学会
52	International Psychology	国際心理学
53	Society of Clinical Child and Adolescent Psychology	臨床児童青年心理学会
54	Society of Pediatric Psychology	小児科学心理学会
55	American Society for the Advancement of Pharmacotherapy	薬理療法の進展に関するアメリカ学会
56	Trauma Psychology	トラウマ心理学

表 1-2　日本心理諸学会連合に加盟する心理学関連学会（2021 年 3 月現在）

番号	学会名	番号	学会名
1	産業・組織心理学会	29	日本社会心理学会
2	日本 EMDR 学会	30	日本自律訓練学会
3	日本イメージ心理学会	31	公益社団法人　日本心理学会
4	一般社団法人　日本ＬＤ学会	32	一般社団法人　日本心理臨床学会
5	日本応用教育心理学会	33	日本ストレスマネジメント学会
6	日本応用心理学会	34	日本青年心理学会
7	一般社団法人 日本カウンセリング学会	35	日本生理心理学会
8	日本学生相談学会	36	日本動物心理学会
9	一般社団法人　日本家族心理学会	37	一般社団法人　日本特殊教育学会
10	日本学校心理学会	38	日本乳幼児医学・心理学会
11	日本感情心理学会	39	日本人間性心理学会
12	日本基礎心理学会	40	一般社団法人　日本認知・行動療法学会
13	日本キャリア教育学会	41	日本認知心理学会
14	日本教育カウンセリング学会	42	日本パーソナリティ心理学会
15	一般社団法人　日本教育心理学会	43	日本バイオフィードバック学会
16	日本教授学習心理学会	44	一般社団法人　日本箱庭療法学会
17	日本グループ・ダイナミックス学会	45	一般社団法人　日本発達心理学会
18	日本Ｋ‐ＡＢＣアセスメント学会	46	日本犯罪心理学会
19	一般社団法人　日本健康心理学会	47	日本福祉心理学会
20	日本交通心理学会	48	日本ブリーフサイコセラピー学会
21	日本行動科学学会	49	日本マイクロカウンセリング学会
22	一般社団法人　日本行動分析学会	50	日本森田療法学会
23	日本コミュニティ心理学会	51	一般社団法人 日本遊戯療法学会
24	日本コラージュ療法学会	52	日本リハビリテイション心理学会
25	日本催眠医学心理学会	53	日本理論心理学会
26	一般社団法人　日本産業カウンセリング学会	54	日本臨床心理学会
27	日本質的心理学会	55	日本臨床動作学会
28	日本自閉症スペクトラム学会	56	包括システムによる日本ロールシャッハ学会

表 1-3　心理学の下位領域と研究テーマの例

心理学の系統	心理学の下位領域	研究テーマの例	関連分野
実験系心理学	感覚心理学，知覚心理学，学習心理学，行動分析学など	人の知覚行動や学習行動はどのような法則に支配されているか？	感覚生理学，実験動物学，人間工学など
神経科学系心理学	神経心理学，生理心理学，精神薬理学など	動物の行動に影響を及ぼす脳内の電気活動や化学変化はどうなっているのか？	脳神経学，神経解剖学，神経生理学など
認知科学系心理学	認知心理学，思考心理学，言語心理学など	記憶や思考，判断，言語理解はどのような心理メカニズムのもとで行われているのか？	哲学，精神医学，人工知能学，言語学，知識工学，交通工学など
健康系心理学	健康心理学，ポジティブ心理学，メンタルヘルス心理学など	健康に悪い行為や良くない習慣はどうすれば改善されるか？	心療内科学，疫学，公衆衛生学，栄養学，看護学など
発達系心理学	発達心理学，青年心理学，高齢者心理学，教育心理学，学校心理学など	個人の社会的能力や知能，言語は加齢とともにどのように変化するのか？	小児科学，老年科学，発達障害学，ロボット工学など
社会系心理学	社会心理学，集団行動学，対人心理学，文化心理学など	個人は他者の行為や感情，態度に対してどのように影響を及ぼそうするのか？	社会学，政治学，経済学，法律学など
パーソナリティ系心理学	パーソナリティ心理学，感情心理学，障害児（者）心理学など	個人の性格や動機づけ，感情はどの程度変えられるのか？	精神医学，犯罪学，遺伝学など
臨床・カウンセリング系心理学	臨床心理学，カウンセリング心理学，精神分析など	特定の状況の下で個人の行動や精神機能に問題が生じたときにどのように対応すればよいか？	特別支援教育学，精神医学，教育学，社会福祉学など
産業・組織系心理学	産業心理学，組織心理学，応用心理学など	集団での作業遂行場面で個人はどのような事柄に満足や不満を覚えるのか？	労働経済学，経営学，安全管理学など

[2] サイコロジストの組織

　一般に psychologist は「心理学者」と訳されることが多い。しかし，心理カウンセラーやセラピストなど，臨床実践現場で心理専門職として働く人たちの場合，心理学の学者・研究者としての仕事が最優先されるわけではないので，実践活動を中心に活躍する心理専門職の場合は「サイコロジスト」（心理士ともいう）と呼ばれる。そうしたサイコロジストがさまざまな情報交換や交流の場として，心理専門資格ごとに「公認心理師の会」「臨床心理士会」「学校心理士会」「臨床発達心理士会」といった会が組織されている。あるいは，日本心理学会や日本心理臨床学会は全国規模の学会組織であるが，北海道心理学会，東北心理学会などの地域心理学会もそれぞれの地域や地区ごとに運営されている。

コラム 1　クリティカル・シンキング

　クリティカル・シンキング（critical thinking）とは，「批判的思考」とも訳され，一つの物事や考え方を無条件に受け入れるのではなく，それらを批判的・懐疑的に受けとめ，論理的で合理的な判断や分析，統合，推論などを進める思考方法を指す。研究者によって定義は異なるものの，クリティカル・シンキングは，表面的な理解にとどまって物事を鵜呑みにしたり，論理の飛躍や誤った比喩に気づかずに安易に結論を得たりするような態度とは対極にあるといえる。

　現在，学校教育において重視されている「主体的な学び」という考え方とも深く関連しており，与えられた課題に対して丸暗記を中心とした学習を進めるのではなく，クリティカル・シンキングに基づいた学習のありかたが重要であると考えられる。また，心理学の教育においても，心をめぐる不思議現象や珍説・奇説に対して無批判に受け入れることのないよう，クリティカル・シンキングに基づく啓発的な取り組みが望まれる。

■ 小テスト

1. 実証科学に基づく心理学において重要な二つの基準（要件）について説明しなさい。
2. 心理学における主要な五つの研究方法について説明しなさい。

■ 引用文献

アメリカ心理学会のホームページ　https://www.apa.org/

Engel, G. L. (1977). The need for a new medical model: A challenge for biomedicine. *Science, 196* (4286), 129–136.

日本心理学諸学会連合のホームページ　https://jupa.jp/

Smith, B. D. (1998). *Psychology: Science & understanding.* Boston, MA: McGraw-Hill Companies.

第2章

心理学の歴史
心の進化と心理学史

> 　人類は，誕生してから長い進化の歴史をたどってきた。では，人間の行動をコントロールしているといわれる「心」はどのようにして形成されてきたのだろうか，そして，「心」を研究する学問である「心理学」という学問はどのように成り立ってきたのだろうか。
> 　本章の第1節では，人間も他の生物と同じように長い年月をかけて進化してきたという生物進化に関する観点を踏まえたうえで，「人の心」の発生プロセスについて説明を行う。そして続く第2節では，科学としての心理学がどういった既存の学問領域から影響を受け，どのような歴史的背景のもとで成立し，さらにどのように発展してきたのかについて紹介していく。

1. 心の進化

　本節では人の心がどのようにして進化してきたのかについて，進化心理学の研究成果をもとにひも解いていく。このためにまず，「人の心」が何を意味するのかを考えてみたい。「人の心」という言葉から，「人間特有の高度な知能」を思い浮かべる人もいるだろうし，「相手の気持ちを読みとり，思いやる能力」を想起する人もいるかもしれない。そのほかにも人に特有の心の特徴を挙げることはできそうだが，本節では最初に，私たちがほかの生物には見られないような高度な知能をどのようにして獲得してきたのかについて解説していく。

[1] 生物の進化

　進化心理学とは，1980年代以降に大きく発展してきた心理学の研究分野の一つである。進化心理学は進化理論の考え方を基礎にして，私たちの高度な知能の由来や，考え方・行動の特徴の原因を明らかにしていく。**進化理論**とは19世紀のイギリスの生物学者チャールズ・ダーウィン（Darwin, C.; 図2-1）によって提唱されたもので，人を含めた生物は生活環境に適応するために，少しずつ特徴を変化させてきたと想定する考え方の枠組みを指す。

　私たちを含めて生物はさまざまな特徴を持っている。ヒトは複雑な思考が可能な大きな脳を持っているし，キリンには長い首があり，鳥類の多くは大空を羽ばたくための1組の翼を持っている。では，こうした生物の特徴の由来はどのようにして説明できるだろうか。ダーウィンが進化理論を提唱する以前の欧米では，こう

図2-1　チャールズ・ダーウィン

した動物の特徴は「神」もしくは「知能をもった創造主」によって，そのような特徴を持つように意図的にデザイン（設計）されたという考え方が主流であった（千住，2013）。つまり，キリンは首が長くなるように創造主（もしくは，神）によって意図的にデザインされたと考えられていたのである。こうした考え方はインテリジェント・デザイン説と呼ばれ，今なお一部の人々が支持し続けている。

この一方で進化理論は，**自然選択**（natural selection; 自然淘汰とも訳される）と呼ばれる生物進化のプロセスに基づいて，生物がどのようにして今あるような特徴を持つに至ったのかを説明するものである。自然選択は遺伝する変異がもとになって生じるものである。**変異**とはDNAを複製する際のエラーによって，同じ種に属す生物のなかでも個体差が生じることを指す。こうした変異のなかには，生存や繁殖に有利に働く特徴を生物にもたらすものがある。生存や繁殖に有利に働く変異が遺伝するものであれば，世代を経るにしたがい，そうした変異が選択され，その種の集団に広がることになる（長谷川・長谷川，2000; 千住，2013）。

では，自然選択の考え方に基づき，キリンの首がなぜ長いのかを考えてみよう。はるか昔，キリンの祖先にあたる動物は今のような長い首を持っていなかったと考えられる。しかしある時期に，一部のキリンのなかで遺伝的変異が生じ，長い首をもったキリンが生まれてきた。変異によって生まれた首の長いキリンは，背の高い樹木に生えている草を食べることができたため，より長く生存できたと考えられる。生存期間が長くなると繁殖の機会も増え，長い首をもたらす遺伝的変異は，後の世代に受け継がれやすくなるだろう。こうして長い年月を経ると，首の長いキリンが大部分を占めるようになっていく（千住，2013）。これが自然選択の流れである。またこのようにして，ある特定の環境のもとで有利に働く特徴を生物が身につけることを**適応**と呼ぶ（長谷川・長谷川，2000）。

［2］「進化」とは「進歩」ではない

自然選択がもたらす生物の「進化」は，「進歩」とは根本的に異なる概念であることを強調する必要がある。自然選択はランダムな変異を出発点とするものであり，何らかの意思に基づいて意図的に引き起こされるものではない。このことは，自然選択が生活する環境に適した特徴をもたらす生物に備わった仕組みではあるものの，優れた生物を生み出す仕組みではないことを意味している。進化の産物と考えられるキリンの長い首も，地面にしか草が生えていない環境においては，適応した特徴とはいえず，首の長さがかえって邪魔になる。もしもそうした環境でキリンが長く生活を続けると，今度は首が「短く」進化していくと考えられる。

［3］人の知能の進化

ヒトは広い意味でサルの仲間である霊長類の一種であり，チンパンジーやオランウータン，ゴリラといった大型類人猿はヒトにもっとも近縁な動物である。とくに私たちヒトと遺伝情報のほとんどを共有しているのがチンパンジーであり，ヒトは500万年〜700万年前にチンパンジーとの共通祖先から枝分かれしたと推定されている。

生物の一種である私たちヒトも，他の生物と同様にして進化のプロセスを歩んできた。キリンは「長い首」という特徴を持っているが，私たちも，他の生物に見られないさまざまな特徴を持っている。その1つが「大きな脳」である。一般的に体重が重い種ほど脳も大きくなる傾向にあるが，そうした体重の影響を補正して算出される**脳化指数**（Encephalization Quotient; EQ）と呼ばれる指標では，人の脳重量（およそ1.3〜1.4kg）は同じような体重を持つほかのほ乳類と比べて7.4〜7.8倍も重いことが明らかにされている（Roth & Dicke, 2005）。このような大きな脳はヒトに特有の高度な思考能力をもたらし，人の心の進化に貢献したことは間違いないだろう。では，どのようにして私たちはこのような大きな脳を持つに至ったのだろう

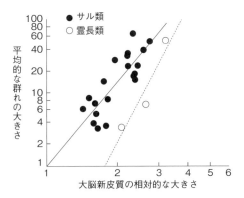

図 2-2　霊長類の大脳新皮質の相対的な大きさと群れの大きさとの関係
（Dunbar & Shultz, 2007 を改変）

か。

　これまで述べてきたように，進化とは生活する環境に適応するように生じることから，ヒトの大きな脳もなんらかの生活環境によってもたらされたと考えられる。こうした前提をもとに進化心理学者ダンバー（Dunbar, R.）は，霊長類の脳の大きさとその生活環境との関係性を分析し，どういった生活環境が脳の肥大化をもたらしたのかを検討した。ダンバーが脳の大きさを示す目印として着目したものは**大脳新皮質**が全体の脳（全脳）に占める割合である。大脳新皮質は衝動的な欲求のコントロールや計画的な行動といった理性的な判断に関係している。ダンバーは霊長類の大脳新皮質の大きさが，その霊長類が安定的に生活を営む集団の個体数と正の相関を示すことを明らかにした。つまり，大きな集団を形成して生活する霊長類ほど，大脳新皮質も大きくなることを示したのである（図 2-2）。図 2-2 は，右肩上がりの図になっており，集団の規模が大きくなるほど，大脳新皮質が相対的に大きくなることが確認できる。

　この結果をもとにダンバーは，霊長類の大きな脳は他者が存在する社会的な環境に適応するために進化してきたという**社会脳仮説**を提唱した（Dunbar, 1998）。さらに，ダンバーは霊長類の集団の大きさと大脳新皮質の相対的な大きさとの関係性をもとに，ヒトはおよそ 150 人（**ダンバー数**と呼ばれる）の社会的集団を形成できる脳の大きさを持っていると述べている。150人という数字は現在の神戸市の人口が 150 万人を超えることを踏まえるとあまりに少ないように思える。しかし，人類の歴史の大半を占める狩猟採集の時代では，150 ～ 160 人前後の共同体を形成して暮らしていたことを考えると，妥当な数字だといえそうだ（亀田・村田，2010）。

　また，社会脳仮説が提唱される以前からイギリスの心理学者バーンとホワイトゥン（Byrne & Whiten, 1992）は，他者（他個体）が存在する社会的な場面では，ある時には相手を出し抜いて獲物を独り占めする一方で，別の場面では相手と協力する，といった高度な駆け引きが必要になるため，そうした環境に適応するために霊長類は高い知能を持つようになったと考えていた。この考えは，ルネッサンス期のイタリアの外交官で政治における駆け引きの重要性について論じたニッコロ・マキャベリの名を冠して**マキャベリ的知能仮説**と呼ばれる。この仮説を支持するように，バーン（Byrne, 1995）は相手の裏をかく**戦略的なだまし**（たとえば，自分の失敗を隠すため，他個体の注意をわざと別の対象にそらす）がよく見られる霊長類ほど，大脳新皮質が大きくなることを明らかにしている。

　このように社会脳仮説やマキャベリ的知能仮説は，どちらも他者が存在する複雑な社会的環境に適応するために私たちは高度な知能を持つに至ったと想定している。私たちの生活を見回してみても，家族や友人，同僚といったさまざまな相手と，さまざまな方法（SNS なども含む）でコミュニケーションを行う。他者とコミュニケーションを円滑に行うには，相手の考え

ていることを読み取り，状況に応じて自分の発言や行動を調節するといった複雑な思考が必要
になることを踏まえると，集団で生活することが私たちの知能の進化に貢献したと考えること
は納得できるものである。

[4] ヒトの社会性の発達

　集団で生活することが私たちの進化の歩みにおいて重要な意味を持つのであれば，私たちは
他者と円滑なコミュニケーションを行うためのさまざまな性質や能力を生後かなり早い時期に
獲得していくものと考えられる。以降では，人の発達に関する研究を踏まえて，集団を形成し
て生活を送る人の社会性がどのようにして幼い時期から獲得されていくのかについて解説する。
　社会性の獲得には自分以外の他者に興味を持つことがその出発点となる。この点についてファ
ンツ（Fantz, 1963）は，出生後 2 日の新生児であっても，人の顔のように見える図形をその
ほかの図形よりも長く見続けることを明らかにしている。乳児は興味を持つ対象を長く見続け
る（注視する）という性質があるため，出生後間もない新生児も人の顔に対して興味を持って
いることがうかがえる。
　また，社会的な場面において他者とコミュニケーションを行うには，他者からの働きかけに
応えることと，他者に働きかけることが必要になる。他者からの働きかけに応えることに関し
てメルツォフとムーア（Meltzoff & Moore, 1977）は，生後 2 ～ 3 週間の新生児も他者の行動
（とくに表情）を真似ることを明らかにした（図 2-3）。こうした新生児による他者の行動の真
似（模倣）のことを**新生児模倣**と呼ぶ。さらに生後 3 ヶ月ごろの乳児には周囲の他者にほほえ
みを向ける**社会的微笑**が見られ，他者に働きかける行為が確認されるようになってくる。

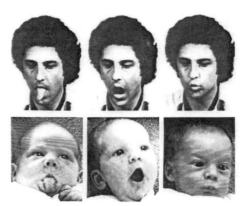

図 2-3　新生児模倣の例（Meltzoff & Moore, 1977）
左から順番に新生児が「舌出し」「口開け」「唇の突き出し」を真似している。

[5] 他者の視線への興味と心の理論

　また，「目は口ほどに物を言う」といわれるように，相手がどこに視線を向けているかは「相
手が何を考えているのか」「何を望んでいるのか」といったことに関しての重要な手がかりを与
えてくれる。このため，相手の視線に注意を向ける行為は，相手の考えを読み取ろうとする姿
勢の現れだといえる。ファローニら（Farroni et al., 2005）の研究では，出生から 13 ～ 168 時
間後の新生児も，顔の上部に黒目が 2 つ並んでいるように見える図形を，黒目が一つに見える
図形よりも長く注視することが明らかになった（図 2-4）。その一方で，白目が二つ並んでいる
ような図形を注視することはなかった。このことから生まれたばかりの非常に早い段階で，私
たちは他者の目（とくに，視線の方向がわかる黒目）に興味を持つようになるといえる。また，
生後 9 ヶ月ごろになると相手が視線を向けた方向を目で追いかける**視線追従**が見られるように

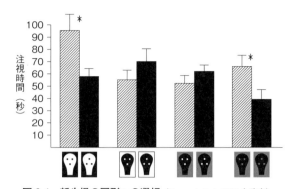

図2-4　新生児の図形への選好（Farroni et al., 2005 を改変）
＊（アスタリスク）が付加された部分は，注視時間において条件間で統計学的に有意な
差が見られたことを示している。

なり，他者と注意を共有できるようになる（このことは，**共同注意**と呼ばれる）。こうした視線
追従は，他者が何を考えているのかを知りたいという興味の現れだと考えられる（千住, 2012）。
このため，生後9ヶ月ごろの乳児は他者が意図や目標を持った存在であると認識し始め，他者
の心の状態に注意を向けることができるようになる時期だといえる。

　このように，他者も自分と同じように意図や目標を持った存在であると認識し，他者の心の
状態を推量する働きのことを**心の理論**（theory of mind）と呼ぶ。心の理論という言葉は認知
科学者プレマックとウッドラフ（Premack & Woodruff, 1978）がチンパンジーを対象とした研
究で最初に用いたものだが，近年は人が他者の心の状態を推量する働きを指す言葉として広く
使用される。

　子どもが心の理論を有しているかどうかを調べる方法の
1つに**誤信念課題**がある。なかでもとくに有名なのが「サ
リーとアンの誤信念課題」と呼ばれる人形劇である（図
2-5）。この人形劇では，最初にサリーはビー玉を自分のか
ごに入れ，そのまま退室する。サリーが退出した後，アン
はサリーのかごからビー玉を取り出し，自分の箱に移し替
える。そうとは知らないサリーが帰ってくる。こうした一
連の人形劇を見せた後に，実験に参加した子どもに対して
「サリーはビー玉を探す際に，自分のかごとアンの箱のど
ちらを探すと思うか」を尋ねる。この質問に正しく答える
には，実際にはビー玉はアンの箱の中にあるが，サリーは
それを知らないため（サリーが誤信念を持っていることを
推量する），ビー玉がないにもかかわらず自分のかごを探す，
という関係性を理解する必要がある。

　誤信念課題の通過率は4歳頃から急激に伸び，5歳を過
ぎると多くの子どもが正しく答えられるようになる。この
ため，心の理論は4歳〜5歳の間で獲得されると考えられ
ている。こうした心の理論の獲得により，他者への共感や
他者との協調が可能になり，より親密な人間関係の形成に
つながっていくと考えられる。

図2-5　サリーとアンの誤信念課題
（Frith, 2003 を参考に作成）
人形劇は上から順番に進んでいく。

コラム 2　生後 15 ヶ月児における心の理論

　これまでに述べてきたように心の理論の獲得は 4 歳から 5 歳というのが定説であった。しかし，発達心理学者オオニシとベイラージョン（Onishi & Baillargeon, 2005）は，言語による回答を必要としない誤信念課題を用いることで，生後 15 ヶ月の赤ちゃんも他者の誤信念を理解する可能性を示している。

　オオニシらは，**期待背反法**と呼ばれる方法を用いて赤ちゃんの誤信念の理解を検討した。期待背反法とは，自分がもともと持っている期待に反する現象をより長く注視するという赤ちゃんの傾向を利用した実験手法である。オオニシらが用いた実験について図 2-6 に沿って説明しよう。まず実験に参加した赤ちゃんは，実験者がおもちゃのスイカを緑色の箱に隠す場面を見る（①）。その後，実験者の前に位置するドアが閉じて，実験者からは箱が見えなくなる。この時，実験者にわからないようにおもちゃは緑色の箱から，黄色の箱に移動する（②）。その後，実験者はドアを開け，緑色もしくは，黄色の箱を探る（③）。実験では，③の場面の緑色の箱を探る条件と，黄色の箱を探る条件における赤ちゃんの注視時間が測定された。

図 2-6　実験の流れ（Onishi & Baillargeon, 2005 を参考に作成）

　もしも赤ちゃんが「おもちゃは実際には黄色の箱にあるが，実験者はそれを知らないため，実験者が最初に隠した緑色の箱を探すはず」という実験者の誤信念を理解した期待を持つと仮定するなら，その期待に反して黄色の箱を探す条件でより長く注視すると予想できる。そして実験の結果はこの予想を支持するものであった。こうした工夫された実験により，生後 15 ヶ月の赤ちゃんも心の理論を持っている可能性が示されたのである。オオニシらの実験は，目で見ることができない人の心は，実験の工夫次第で十分に検討可能であるということを端的に示しており，心理学の醍醐味を味わえる実験だといえるだろう。

2.　心理学の歴史

　「心理学の過去は長いが歴史は短い」。これは，有名なあの記憶研究を行った心理学者エビングハウス（Ebbinghaus, H.）が 1908 年に述べた言葉である。それ以来，すでに 100 年間以上が経過したが，21 世紀の今日においても，この言葉は決して古くなっていない。なぜなら，心理学が科学として成立してから 140 年間の歴史しかないのに対して，心理学が成立するまでに実は 2000 年以上の前史があったからである。

［1］心理学前史
　1）古代ギリシャからルネサンスまで　　心理学の前史は，ほとんど哲学という学問のなかで議論され，その起源は古代ギリシャにさかのぼる。「心理学」という言葉自体も，ギリシャ語

で "心" を意味する「psyche」と, "学" を意味する「logos」に由来している。近代の心理学にもっとも影響を与えた古代ギリシャの哲学者として, アリストテレス（Aristoteles）が挙げられる。彼は, 物質に生命を与えているものが「心」であるとし, すべての生物には「心」が存在していると考えた（梅本, 1994a）。また, 古代ギリシャでは, ギリシャ神話のなかに,「人間」や「心」について多く表現されていた。しかし, 古代ギリシャの衰退とともに, アリストテレスの死後, 人間の心への哲学的な考察も弱まっていった。

　古代ギリシャ以降, 学問の観点から人間に対する関心が再びブームとなったのは, 1500 年以上経った 14 ～ 16 世紀であった。ブームのきっかけは, ルネサンス（文芸復興）であった。この時期に, 人間の素晴らしさがヒューマニズムのなかで再び自覚されるようになり, 心を科学的な観点からアプローチする近世的な心理学の始まりが見え始めた（梅本, 1994b）。そんななか, ベーコン（Bacon, F.）が提唱した**実証主義**は, 心理学を含むすべての科学に方法論を提供した。この「実証主義」は「科学は先入観を排除し, 経験からの観察に基づく帰納法によって構築するべき」という考え方である。しかし, 当時の科学の代表学問であった天文学や物理学には, その研究対象が「経験から観察できる」ものであったのに対して, 心理学の研究対象である「心」は決して目に見えるものではなかった。そのため, 心理学は当時, 科学ではないという論調さえ存在した（梅本, 1994b）。

　心の存在を論理的に明確にするために貢献した人物は, デカルト（Descartes, R.）であった。彼は「物質と精神, ひいては身体と心」が別々に存在する**心身二元論**を提唱した。その一方で, 心の形成に関する諸説のなか, 経験主義論者のロック（Locke, J.）の**心の白紙説**はひときわ目立つ存在となった。この説は,「人間は生まれた時は白紙」だとし, 心や行動の形成に人間の生後の「経験」が重要な役割を果たしていると強調した。前節でも言及された**進化論**を樹立したダーウィン（Darwin, C.）もこの時期の人物であった。彼は, 人間と動物が連続線上にあることを示した。

　2) 感覚・知覚から心へのアプローチ　　感覚・知覚は, 心理学が成立する以前, 自然科学者や哲学者をはじめとするさまざまな領域の人々によって研究されてきた（大山, 1994）。たとえば, 生理学者かつ物理学者であるヘルムホルツ（von Helmholtz, H. L. F.）は色覚について研究し, 3 種の神経線維の興奮の程度のさまざまなパターンにより, さまざまな色覚が生み出されるという**ヤング－ヘルムホルツの 3 色説**を樹立した。また, 物理学者のフェヒナー（Fechner, G. T.）は, 人間の感覚の大きさと刺激の強度との関係を探り, 感覚が刺激強度の対数に比例して増大するといった内容を, **フェヒナーの法則**として示した。この感覚量と物理量の関係を明らかにする学問は,「精神物理学」として誕生した。そして, フェヒナーの法則にとって重要な実験的基礎となっているのは, ウェーバー（Weber, E. H.）が明らかにした「二つの刺激を比べて違いがわかる最小の刺激変化量」である感覚の**弁別閾**という概念であった（大山, 1994）。

[2] 心理学の成立

　19 世紀に, 上記の感覚・知覚に関する研究が盛んに展開された最中, その影響を密かに受けている一人の若者がいた。この若者は, ヘルムホルツの助手として, 生理学の実習を担当し, フェヒナーやウェーバーと同僚として同じ大学に在籍し, 精神物理学の発想の影響を大いに受けた。彼の名はヴント（Wundt, W.）である。ヴントは現在の通説として, 心理学を独立した学問として確立した人物であり, **実験心理学の父**と呼ばれている。彼が 1879 年ドイツのライプツィッヒ大学に世界で初めての心理学実験室（図2-7）を開設したことは, 心理学の独立に象徴的な出来事とされている（高橋, 1994）。1879 年を心理学の起点と考えた場合, 本節の最初に引用したエビングハウスの言葉,「心理学の過去は長いが歴史は短い」はまさに正鵠を得た指

図 2-7　ライプツィヒ大学の心理学実験室

摘であるといえよう。

　では，ヴントの実験心理学では，どのように心をとらえるのだろうか。簡単にいうと，心を「要素」に分解して，要素ごとに理解するということである。ヴントは，心を要素に分解したうえ，要素間のつながりを見つけ，つながりのルールを研究することを通して，単純な心的要素の結合によって，より複雑な心的過程が生まれるという**要素主義**あるいは**構成主義**という考え方を樹立した。この考え方を基本にして，実験において，外部から刺激を与え，それに対して，実験参加者が感じたことを言葉で報告してもらい，この言葉を手がかりに，目に見えない，かたちのない心を**内観法**によりアプローチしている。さらに，ヴントは，人がそれぞれ直接的に経験すること，すなわち「意識」を心理学の研究対象とし，**意識主義**という心理学の原型を作り出した（高橋，1994）。

　このように，ヴントは哲学の一部であった心理学を独立した学問として確立し，多領域での研究成果を整理した。このような功績により，当時，ヨーロッパやアメリカから多くの研究者がライプツィヒ大学の心理学研究室にやってきて，ヴントのもとで心理学を勉強した。そのなかには，ホール（Hall, G. S.），キャッテル（Cattell, J. M.），ティッチナー（Titchener, E. B.），日本の松本亦太郎など，現代心理学に大きく貢献した研究者が名を連ねた。また，心理学者の育成に伴って，1879 年のライプツィヒ大学の心理学研究室の設立を皮切りに，19 世紀末にかけて，ドイツ，イタリア，デンマーク，ロシア，アメリカ，カナダ，フランスなど，世界各国の大学に，次々に，心理学実験室が相次ぎ開設された。日本では，前述した松本亦太郎が1903 年に東京帝国大学に心理学実験室を開設した。

　ヴントの実験心理学は当時の人々に心理学への関心を持たせるきっかけとなった。20 世紀に入ると，その関心はヴントの考えに対する批判も同時に生み出し，ヴントの実験心理学を問い直すことになった。すべての学問と同じように，既存の学問への問い直しがなければ，その学問は独りよがりになり，さらなる前進を遂げることはできない。このため，ヴント心理学への反論は，その後の心理学の発展に大きく寄与した。ヴント心理学への反論およびそこから生まれた新しい領域（高砂，2003）は，以下の通りである。

　まず，ヴントの要素主義に対して，「心の働きには，要素には還元できないものがあり，まとまりとして初めて意味を持つ心の働きが存在する」という反論が起きた。この反論は，その後，「ゲシュタルト心理学」の誕生につながった。また，心を言葉で伝える内観法に対して，「意識のような主観的なものを言葉で伝えるという方法は，あまりにも曖昧で科学的ではない」と批判され，行動を手がかりにして心にアプローチする行動主義が確立された。さらに，研究対象を意識にあらわれることのみに限定する意識主義に対して，「意識にあらわれない心の働きがあり，『無意識』を研究する必要がある」との声が上がり，その後，「精神分析学」という領域では，この「無意識」を対象に研究が展開された。次項では，それぞれの新しい領域について

詳しく述べる。

[3] 現代心理学の発展

1) ゲシュタルト心理学　　要素主義への反論によって誕生された**ゲシュタルト心理学**は，「全体として，まとまりとして，意味を持つ心の学問」である。ゲシュタルト心理学のはじまりは，1910年代のドイツまでさかのぼる。その創始者はウェルトハイマー（Wertheimer, M.）である。彼は，刺激が呈示される「時間と空間のパターン」から生まれる新たな感覚である「仮現運動」をもって，ヴントの言っている「感覚が単純に足し合わさったものだ」という考え方では説明しきれないと，要素主義の限界を指摘した。この要素に還元できない全体としてのまとまりは「ゲシュタルト」であると主張している。**仮現運動**に関する研究論文が発表された1912年は「ゲシュタルト心理学元年」とされている。

ウェルトハイマーの研究を当初から手伝い，その後のゲシュタルト心理学の発展に大きく貢献したのは，ケーラー（Köhler, W.）とコフカ（Koffka, K.）の二人であった。ケーラーは，慎重に，正確さを心がけ，洗練された著書を発表し学界の権威となり，コフカは，著書や論文の発表数がもっとも多く，ゲシュタルト心理学を体系化した（上村，1994）。

ゲシュタルト心理学の代表的研究者のもう一人として，レヴィン（Lewin, K.）が挙げられる。彼は同僚であるウェルトハイマー，ケーラー，コフカから大いに影響を受けた。レヴィンはゲシュタルト心理学の研究知見を集団場面に応用し，**場の理論**を提唱した。その中心的な内容は，「行動（Behavior）は，その人の性格（Personality）と環境（Environment）の両方によって決定される」とのことである。いわゆる，**レヴィンの公式**「$B = f(P, E)$」である。その後，レヴィンは，集団と個人の相互作用を内容とするグループ・ダイナミックスの研究や社会問題の解決に役に立つアクション・リサーチ（集団力学の理論を社会生活に応用し，具体的な事態の改善を試みることを意図する研究），そして体験学習を中心とする感受性訓練（参加者同士で話し合い，集団の相互作用を体験し，それを通じて人間関係のありかたを学び，共感性を高める集団トレーニング）などの分野で大きな業績を上げた。彼と彼の共同研究者および弟子たちにより，今でも使われている多くの社会心理学の理論を築き上げた。これらの業績により，レヴィンは**社会心理学の父**とも呼ばれている（廣田，1994）。

2) 行動主義　　内観法の主観性を否定し，客観性を強調したのは**行動主義**であった。20世紀はじめ，行動は学習によって形づけられるという考え方が現れた。ソーンダイク（Thorndike, E. L.）による動物心理学の研究，ロシア人のパブロフ（Pavlov, I. P.）による動物を対象とする古典的条件づけの研究は，行動の**学習理論**の確立に導いた。このうち，パブロフの古典的条件づけの研究は，多くの心理学者に大きなヒントを与え，人間の行動を手がかりに，心にアプローチしようとする心理学者が現れた。この流れのなか，アメリカ人のワトソン（Watson, J. B.）は行動主義の先駆けとなった。彼は，ヴントの内観法による意識観察に対して，私的データの主観的な観察に過ぎないと批判し，科学の観点であるからには公的データの客観的観察が必須であることと主張した。そして，心理学が自然科学と同様に発展するために必要な条件として，行動を対象とし，客観的観察を方法とすべきだと提案した。彼の一連の主張は「行動主義者から見た心理学」という論文にまとめられ，1913年に公表された。この論文は，**行動主義宣言**という位置づけともなっている。アルバート坊やの実験（コラム3参照）の成果を踏まえ，彼は自著の「行動主義」という本に，「もし自分に一人の子どもを預けてくれて，育てる自由さえくれれば，その子を弁護士にでも乞食にでも育ててみせる」と豪語し，人間の行動は決めるのに遺伝ではなく，環境こそ重要だと強調した（高砂，2003）。ワトソンの行動主義は，**S-R理論**，つまり，刺激（stimulus）と反応（response）の結合から心を読み解こうとする立場をとっていて，心理学を行動の予測とコントロールを目的とする学問に位置づけた（今田，

1994)。

　ワトソンの意識を徹底的に排除する行動主義に対して，意識の重要性を見直すという動きは
その後に見られ，刺激と反応を仲介する要因や心の能動的働きを考慮した行動主義として，**新
行動主義**が登場した。新行動主義の代表人物は，トールマン（Tolman, E. C.），ハル（Hull, C.
L.），そしてスキナー（Skinner, B. F.）であった。

　トールマンは，ゲシュタルト心理学の影響を受け，行動がまとまった目的を持った全体的な
ものであり，そして，行動は単に刺激と反応のつながりだけではなく，動機づけによって駆動
されるものであることを明らかにした。一方，ハルは，「人間が不快を感じると不快を減らすた
めに行動をし，不快感がなくなると行動が消失する」という現象に着目し，行動の出現と消失
の原因を，不快な内的状態を減らす「動因」とし，**動因低減理論**を打ち出した。さらに，スキ
ナーは，**スキナー箱**という実験装置を考案し，ラットのエサ摂取行動を通して，オペラント条
件づけという現象を明らかにした。彼は，行動はすべて環境の産物であって，しかるべき手順
さえ踏めば，環境の操作によってヒト・動物の別を問わず，どのような行動でも形づくること
ができ，コントロールできると主張した。オペラント条件づけに関わる考え方は，その後の臨
床心理学における行動療法にも影響している。新行動主義の代表人物3人の考えは異なるもの
の，行動を研究の対象とし，経験の影響を重視し，動物と人間の行動を連続的にとらえようと
している，という点においては共通している（今田，1994）。

　3）精神分析　　**精神分析学**は，ヴントの意識主義で注目しなかった意識にあらわれない心，
いわゆる無意識を研究する心理学である。精神分析の提唱者は，オーストリアの心理学者フロ
イト（Freud, S.）であった。フロイトの考え方に最初賛同し，積極的に推進したユング（Jung,
C. G.）やアドラー（Adler, A.）は一時フロイトと親交を深めていたが，やがて対立し，決別し，
それぞれ独自な心理学を切り開き，精神分析学の多様化に貢献した。

　フロイトは，ヒステリーをはじめとする神経症の症状について，その原因および治療方法を
探った。その結果，ヒステリーの原因は，**リビドー**と呼ばれる性的欲求の抑制によるものだと
突き止めた。そして，**自由連想法**や**夢分析**などの方法を通して，この抑制されたリビドーを想
起・表現させ，エネルギーとして発散させることによって，症状が改善・消失するといった成
果を上げた。リビドーを含めて，本人にとって苦痛なことや不快なことが抑圧された領域を，
本人にも気づいていない無意識として扱っている。無意識を含む心の構造への解明として，精
神内界の構造と力動を示す**心的構造図**がある。さらに，フロイトは，現在抱えている心の問題
には，当人の幼少期におけるさまざまな経験に原因があり，幼少期に欲求に対する過不足があ
ると，その時期への固着がのちに神経症の原因になると主張した。フロイトの精神分析学は，
現代の心理学はもちろん自然科学や社会科学，文学，芸術などに影響を与えた（馬場，1994；
高砂，2003）。

　ユングは若い時からフロイトの考えの擁護者であり，フロイトのもとに行き，精神分析運動
の熱心な協力者となった。ユングはフロイトの精神分析学の価値を認めつつも神経症の原因を
「乳幼児期の性欲に還元しようとする理論」を全面的に受け入れることはできなかった。やが
て二人の争点はフロイトの精神分析学の核となるリビドーや無意識の定義まで及んでしまい，
結果的に，ユングはフロイトのもとを離れた。その後，ユングは独自の考えを確立し，それを
分析心理学と呼んだ。人格の発達について，乳幼児期の経験を重視するフロイトに対して，ユ
ングは「人生の後半において人格が発達する」と異議を唱えた（高砂，2003）。

　フロイトの考えに敬服し，弟子入りをしたが，最終的にフロイトと関係を絶ったもう一人の
人物はアドラーである。アドラーは，最初にフロイトの「夢判断」に賛同したものの，やがて
フロイトの一連の主張に対して反発した。たとえば，「エディプス・コンプレックス」の考えを
理解できない，神経症の原因がリビドーではないなど，フロイトの精神分析学の根本を成す概

念に異を唱えた。アドラーは独自に，神経症の原因を**劣等感**と仮定し，劣等感を補償しようとして力を求める努力が過剰になる場合，人を社会に対する共同体感覚から遠ざけ，神経症を発症させてしまうと考えた。また，行動について，その原因ではなく目的を分析し，過去の経験よりも未来の目的の持ち方を重視した。アドラー自身はこれらの主張をまとめ，**個人心理学**と呼んだ（高砂, 2003）。

　フロイトの後継者として，彼の実娘であるアンナ・フロイト（Anna Freud）やエリクソン（Erikson, E. H.）などが挙げられる。彼らは，**防衛機制**や**アイデンティティ**など，性格心理学や自我心理学の発展に大きく貢献した（高砂, 2003）。

　以上のように，ヴントから始まった心理学は，20世紀に心理学の3大潮流が現れた。つまり，要素対全体から生まれたドイツを中心とするゲシュタルト心理学，主観対客観から生まれたアメリカを中心とする行動主義，そして，意識対無意識から生まれたウィーンを中心とする精神分析学であった（高砂, 2003）。本節では紹介しなかったが，3大潮流の後，心理学ではさらに細かい分枝が生まれ，私たちが現在学んでいる心理学の様態になっている。上記のプロセスからわかるように，心理学の勉強には，先人の業績を受け継ぐと同時に，その業績の短所は何であるか，改善する余地はどこにあるかといったように，常に批判的な目，そして発展的な目を持たなければならない。

コラム3　アルバート坊やの実験

　1904年，ロシア人の生理学者イワン・パブロフ（Ivan Petrovich Pavlov）はノーベル生理学・医学賞を受賞した。その授賞式で，彼は条件反射，いわゆる「古典的条件づけ理論」について大いに語った。この理論は，1915年のアメリカ心理学会に，ワトソン（Watson, J. B.）の会長講演のなかで触れられ，これをきっかけに，アメリカで広く知られるようになった。理論を広めたワトソン自身は，この理論を人間に適用する試みをした。その試みは，「アルバート坊やの実験」であった。実験の参加者は精神的にも肉体的にも健康と判断された生後9ヶ月の孤児であるアルバート君であった。実験前では，アルバート君はシロネズミのことを怖がる様子がなかった。実験では，彼にシロネズミの出現と大きな音と対提示をし，条件づけを行った。これにより，彼はシロネズミを見ただけで怖がるようになった。その後，アルバート君はシロネズミだけではなく，毛の付いているもの全般に対して，恐怖反応を示すという般化も見られるようになった（図2-8）。一連の実験結果から，古典的条件づけが人間にも適用できて，感情（恐怖心）が条件づけによって学習されることが明らかとなった。この実験の結果はワトソンが主張した行動主義をサポートする重要なエビデンスとなっている。しかし，読者はすでに気づいているかもしれないが，この実験はアルバート君に恐怖という感情を植え付けたという大きな倫理的な問題があるといわざるを得ない。

図 2-8　ワトソンによる「アルバート坊やの実験」風景
条件づけされた後，アルバート君は毛が多くついているサンタクロースの顔にでも怖がるようになった。

■ 小テスト

1. ダンバーが提唱した「社会脳仮説」について説明しなさい。
2. 20世紀の心理学の3大潮流とその代表人物について説明しなさい。

■ 引用文献

図2-1，図2-7，図2-8の写真は以下より転載。
　図2-1　チャールズ・ダーウィン
　　出典：https://en.wikipedia.org/wiki/Charles_Darwin
　図2-7　ライプツィヒ大学の心理学実験室
　　出典：https://en.wikipedia.org/wiki/Wilhelm_Wundt
　図2-8　ワトソンによる「アルバート坊やの実験」風景
　　出典：https://ja.wikipedia.org/wiki/ジョン・ワトソン_（心理学）

馬場禮子（1994）. 社会心理学　梅本堯夫・大山　正（編著）　心理学史への招待—現代心理学の背景（pp. 183-202）　サイエンス社

Byrne, R. W. (1995). *The thinking ape: Evolutionary origins of intelligence.* Oxford: Oxford University Press.（小山高正・伊藤紀子（訳）（1998）. 考えるサル—知能の進化論　大月書店）

Byrne, R. W., & Whiten, A. (1992). Cognitive evolution in primates: Evidence from tactical deception. *Man, 27,* 609-627.

Dunbar, R. I. (1998). The social brain hypothesis. *Evolutionary Anthropology: Issues, News, and Reviews, 6*(5), 178-190.

Dunbar, R. I., & Shultz, S. (2007). Evolution in the social brain. *Science, 317*(5843), 1344-1347.

Fantz, R. L. (1963). Pattern vision in newborn infants. *Science, 140*(3564), 296-297.

Farroni, T., Johnson, M. H., Menon, E., Zulian, L., Faraguna, D., & Csibra, G. (2005). Newborns' preference for face-relevant stimuli: Effects of contrast polarity. *Proceedings of the National Academy of Sciences, 102*(47), 17245-17250.

Frith, U. (2003). *Autism: Explaining the enigma* (2nd ed.). Oxford: Blackwell.

長谷川寿一・長谷川真理子（2000）. 進化と人間行動　東京大学出版会

廣田君美（1994）. 社会心理学　梅本堯夫・大山　正（編著）　心理学史への招待—現代心理学の背景（pp. 269-294）　サイエンス社

今田　寬（1994）. 行動主義・新行動主義　梅本堯夫・大山　正（編著）　心理学史への招待—現代心理学の背景（pp. 219-234）　サイエンス社

亀田達也・村田光二（2010）. 複雑さに挑む社会心理学（改訂版）—適応エージェントとしての人間　有斐閣

上村保子（1994）. ゲシュタルト心理学　梅本堯夫・大山　正（編著）　心理学史への招待—現代心理学の背景（pp. 203-218）　サイエンス社

Meltzoff, A. N., & Moore, M. K. (1977). Imitation of facial and manual gestures by human neonates. *Science, 198*(4312), 75-78.

Onishi, K. H., & Baillargeon, R. (2005). Do 15-month-old infants understand false beliefs? *Science, 308*(5719), 255-258.

大山　正（1994）. 感覚・知覚の研究　梅本堯夫・大山　正（編著）　心理学史への招待—現代心理学の背景（pp. 41-66）　サイエンス社

Premack, D., & Woodruff, G. (1978). Does the chimpanzee have a theory of mind? *Behavioral and Brain Sciences, 1*(4), 515-526.

Roth, G., & Dicke, U. (2005). Evolution of the brain and intelligence. *Trends in Cognitive Sciences, 9*(5), 250-257.

千住　淳（2012）. 社会脳の発達　東京大学出版会

千住　淳（2013）. 社会脳とは何か　新潮社

髙橋澪子（1994）. 実験心理学の独立—ヴント　梅本堯夫・大山　正（編著）　心理学史への招待—現代心

理学の背景（pp. 91–110）　サイエンス社

高砂美樹（2003）. 20 世紀の 3 大潮流とその批判　流れを読む心理学史—世界と日本の心理学（pp. 43–74）
　　有斐閣

梅本堯夫（1994a）. 心理学の起源　梅本堯夫・大山　正（編著）　心理学史への招待—現代心理学の背景
　　（pp. 1–16）　サイエンス社

梅本堯夫（1994b）. 近世哲学と心理学　梅本堯夫・大山　正（編著）　心理学史への招待—現代心理学の背
　　景（pp. 17–40）　サイエンス社

第3章

知覚と注意

　私たち人間は元より，あらゆる生物は外界の刺激を受け取り，その刺激に適した行動をとることによって，周りの環境に適応している。たとえば，あなたが太陽を見たとしよう。その強い光は物理的な刺激に基づく感覚情報として目から入る。目から入った感覚情報は脳で処理され，その光を「まぶしい」と感じ，目を細め，顔を背けるという行動をとる。この時の外界からの刺激を受け取る感覚機能が，一般的に五感と呼ばれる視覚，聴覚，嗅覚，味覚，触覚である。感覚には五感以外にも運動感覚や平衡感覚，内臓感覚などが存在し，末梢の感覚受容器で受け取られた刺激は，脳へと送られ，より高次の情報として再構築される。この処理過程を知覚という。より簡潔に表現すると，知覚とは，感じ取った刺激に意味づけをするまでの過程を指す。前述の例であれば，知覚は太陽の強い光という物理的な刺激をもとに「まぶしい」と感じるまでの過程といえる。しかし，実際には私たちが受け取る感覚情報はひとつではない。多くの情報のなかから必要な部分を選択的に取り込み，複雑な処理を経て，ひとつのまとまりとして再構築している。そのため，実際上存在する情報と心理的に感じる情報にはズレが生じる場合がある。

　本章では，心理学で古くから主要な研究対象となっている視覚を中心に，人間がどのように外界からの刺激を知覚しているのか，どのようなズレが生じているのかをさまざまな側面から紹介していく。

1. 形の知覚

　私たちの周囲には多くの「形」が存在する。その形は，「まる」や「さんかく」などの記号で表すことができるものもあれば，特定の名称がつけられていない不定形なものまでさまざまである。人はそれらの形を明るさ，奥行き，質感などの違いによって区別し，認識している。しかし，人はそれらの形の物理的な特性をありのままに受け取っているのではなく，多くの情報に対して複雑な処理を行うことで，形を知覚している。ここでは，その形の知覚の基本的特徴について述べていく。

[1] 錯　視

　人は外界の事物を知覚する際に，実際とは異なるように見えたり，感じたりすることがある。このような現象を錯覚といい，そのうち，視覚情報における錯覚のことを，**錯視**（visual illusion）という。とくに，平面図形の大きさ，長さ，方向，角度などの幾何学的次元や関係において生じる錯視を**幾何学的錯視**（geometrical illusion）と呼び，これまでに数多くの錯視図形が発表されている。図 3-1 は錯視図形の代表例である。以下に図 3-1 の錯視図形について説

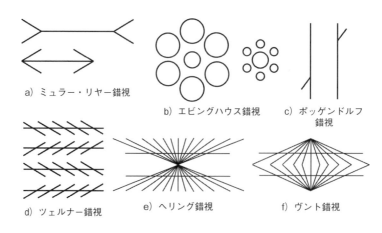

a) ミュラー・リヤー錯視

b) エビングハウス錯視

c) ポッゲンドルフ
錯視

d) ツェルナー錯視

e) ヘリング錯視

f) ヴント錯視

図 3-1　幾何学的錯視図形

明していく。

　a) ミュラー・リヤー錯視は，線分の両端から外側に向けて矢羽を付けると線分が長く見え，内側に向けて矢羽を付けると短く見えるという錯視である。b) エビングハウス錯視は，中央にある円が小さい円に囲まれると大きく見え，大きい円に囲まれると小さく見えるという錯視である。この二つの錯視図形は，それぞれ長さと面積という，モノの大きさに錯視が生じることを示している。次に，c) ポッゲンドルフ錯視は，斜めの線が障害物によって隠された時，その線がずれて見えるという錯視である。c) の図において斜めの線は一直線上につながっているが，視覚的には上にずれて見えるだろう。d) ツェルナー錯視は，平行な水平線に短い斜線を加えると，その水平線が傾いて見えるというものである。この 2 つの錯視図形が示している通り，人は周囲の状況などにより，位置や傾きにおいても錯視が生じる。そして，e) ヘリング錯視と f) ヴント錯視は，それぞれ水平に引かれた 2 本の平行線が，放射線のパターンと交差することで，平行な 2 本の直線が曲線状に湾曲して見えるというものである。これらの錯視は，背景となる放射線が遠近感の手がかりとなり奥行きの感覚が生じることで，水平線がゆがんで見えると考えられている。

[2] 図 と 地

　私たちが外界にあるさまざまなもののなかから，特定の対象物を知覚するためには，その対象を 1 つのまとまりとして周囲から分離しなければならない。この時，その対象の周囲にある環境は，背景として機能する。このまとまった形として知覚される部分を図（figure），背景となる部分を地（ground）と呼ぶ。そして，このような対象を背景から分離する働きを図と地の分化という。図 3-2 は図と地の分化の一例を示した，**図地反転図形**である。この図形においては，白い盃が見える場合と，向かい合った黒い横顔に見える場合がある。白い盃を図として見た場合，黒い領域は背景，すなわち地となる。一方，向かい合った黒い横顔を図として見た場合，白い領域は地となる。一般的に図は地よりも立体的に手前にあるように知覚される。そのため，白い盃や黒い顔を認識した際には，それぞれが手前にあるように感じられるだろう。

図 3-2　図地反転図形

　また図 3-2 において，白い盃と黒い顔のどちらかを対象と

して認識すると，もう一方を形として認識することができないことがわかるだろう。人が知覚する図と地は交互に反転し，その両方を同時に図として知覚することはできない。このように，外界の事物が同じであっても，人の意識や興味によって知覚される対象は異なるものになる。

[3] 恒 常 性

　私たちは同じ対象物を見ていたとしても，自身やその対象物が移動すると，見る方向や距離，あるいは照明などの違いによって，網膜に映る像は変化し続ける。しかし，私たちはその網膜上の変化をそれほど意識することなく，同一の特性を持つものとして対象物を知覚し続けることができる。このような働きを，**知覚の恒常性**と呼ぶ。

　知覚の恒常性は，物理的な事実と，人が認識している世界が時に異なることを示している。つまり，人の知覚とは，客観的な物理情報をそのまま認識しているのではなく，それが「どのようなものであるか」，あるいは「どうあるべきか」という，既存の情報や知識を基に脳で再構成されたものである。この恒常性は，奥行き，色，明るさ，大きさなど，さまざまな知覚情報において生じる現象である。

　対象物の形にも恒常性は生じ，図3-3はその一例を示したものである。ドアが開閉されるとき，網膜像は長方形から台形に変化するなど，一連の変化がある。しかし，私たちはドアの形が変化したとは認識せず，そのままの形でドアが開閉するのを知覚することができる。このように網膜像が変化しても，形の恒常性によって私たちは対象を安定して知覚し続けることができる。

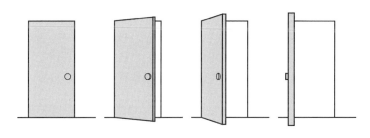

図3-3　形の恒常性

[4] 主観的輪郭

　外界から受け取る情報は，常に完全なものであるとは限らない。そのため，人は安定した世界を認識するために，過去の経験や記憶から，足りない線や形などの情報を補いながら知覚している。

　図3-4の左の図はカニッツァの三角形と呼ばれる図形である。この図を見ると，三つの黒い円と三つの輪郭の三角形の手前に，白い三角形があるように知覚される。また，同様に右の図

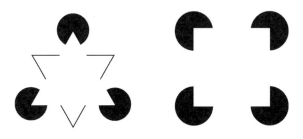

図3-4　主観的輪郭

においては，四つの黒い円の上に白い四角形があるように知覚される。このように，物理的には存在しない輪郭を，**主観的輪郭**（subjective contour）と呼ぶ。

［5］知覚的体制化

　人を取り巻く環境には，無数の図が存在するが，人はそれらを互いに関連づけて知覚する傾向にある。たとえば，星座は空にある無数の星のなかから，いくつかの星を関連づけて，そこに名前を付けたものである。このような，複数の図をまとまったものとして知覚することを，**知覚的体制化**，あるいは**群化**と呼ぶ。また，ゲシュタルト心理学では，知覚が簡潔なよい形にまとまることをプレグナンツの法則と呼んでいる。知覚的体制化を決定する要因はいくつか存在するが，以下ではウェルトハイマー（Wertheimer, M.）に代表されるゲシュタルト心理学者によって見いだされた群化の要因を紹介する。

　1) 近接の要因　　空間的，時間的に近いもの同士はまとまって知覚される。図 3-5 の a) には 6 つの黒い円があるが，近い位置にある二つずつにまとまって見える。

　2) 類同の要因　　色や形などが似ているもの同士はまとまって知覚される。図 3-5 の b) においては，黒い円と白い円がそれぞれまとまって見える。

　3) 閉合の要因　　閉じた領域はまとまって知覚されやすい。たとえば，図 3-5 の c) においては，かっこ［　］で括られた領域がまとまって見える。

　4) よい連続の要因　　なめらかで，よい連続性を持つもの同士はまとまって知覚される。図 3-5 の d) を見ると，1 本の直線と波のような線が重なって見える。この図では半円が六つあるともとらえることができるが，直線や波型の線と見る方が連続性が高いため，そのように知覚される傾向が強い。

　5) よい形の要因　　より規則的で安定した形にまとまって知覚される。図 3-5 の e) においては，円と四角形が重なっているように見えるだろう。上記の閉合の要因でいうならば，一部が欠けた円や扇形など三つのパーツに分解することも可能であるが，人は円と四角形という規則的で安定した形に分解して知覚する。

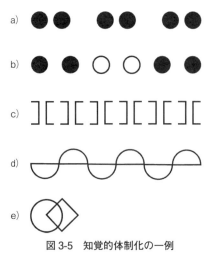

図 3-5　知覚的体制化の一例

2.　奥行きの知覚

　机上のペンをつかむ。横断歩道で他人とすれ違う。いずれも日常生活のなかで経験する場面である。こうした場面で，距離感を誤ってペンをつかみ損ねたり，他人とぶつかることはほと

んどない。これは，世界の三次元的な奥行きを私たちが正確にとらえているためである。しかし，私たちの網膜に映る世界は二次元の平面である。同様に近年流行している VR（Virtual Reality）のヘッドセットに映る映像も，二次元の平面である。それにもかかわらず，現実世界はもとより，ヘッドセットの映像も，奥行きを持つ三次元的な空間として認識できる。このように二次元の情報から三次元の世界を構成する視覚の働きを**奥行きの知覚**という。

　人はさまざまな手がかりをもとに，奥行きを知覚することがわかっている。この手がかりは大きく**両眼手がかり**と**単眼手がかり**に分かれる。まずは両眼手がかりの特徴を見ていく。

［1］両眼手がかり

　多くの生物は二つの目を持つ。成人の場合，左右の目と目（瞳孔）は約 6.5cm 離れている。遠くの対象物を見る時は，左右の目の視線はほぼ平行になる。しかし，とても近い対象を見る時は，左右の目を内側に回転させなければならない。このことを理解するには，腕を前方に伸ばし，人差し指を立て，注視しながら徐々に自分の顔へ近づけるとよい。両目が目頭の方に寄るのがわかるだろう。この時，右目と左目の視線が一点に収束してできる角度を**輻輳角**と呼ぶ（図 3-6 左）。遠くのものを見る時，輻輳角は小さくなり（θ_1），近くのものを見る時，輻輳角は大きくなる（θ_2）。輻輳角が大きいと目の周りの筋肉は収縮する。対象物までの距離に応じて変化する輻輳角の情報から，奥行きを知覚できる。

　もう一つの両眼手がかりは，**両眼視差**である。左右の目の位置が異なることで，それぞれの目から入力される情報にわずかなズレが生じる。試しに，右目だけで本書を見たあと，頭を動かさずに左目だけで見てほしい。わずかに文字や図の位置がずれて見えるだろう。右目と左目の視野のズレを両眼視差と呼ぶ（図 3-6 右）。わずかにずれた左目と右目の情報を脳内で再構成することで奥行きを知覚できる。なお，異なる角度から一つの対象物を写した 2 枚の写真を並べて作る立体視の画像（ステレオグラム）は，この両眼視差を利用した奥行き知覚のわかりやすい例である。

　両眼手がかりは，対象との距離が重要となる。対象が非常に遠いとき，両眼視差および輻輳角はとても小さくなる。この時，複数の対象間の両眼視差や輻輳角はほとんど変わらない。したがって，両眼手がかりは，自分から比較的近い対象の奥行きを知覚する際に有効となる。

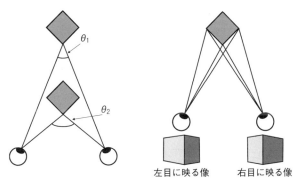

図 3-6　輻輳角と両眼視差

［2］単眼手がかり

　対象が非常に遠くにある時や，片目をつむっている時など，両眼手がかりが使えない場合がある。こうした場合，単眼手がかりが奥行きの知覚に重要な役割を担う。以降では，代表的な単眼手がかりを見ていく。

　1）きめの勾配　図 3-7 の左には，点が規則的に並んでいる。点と点の間は，上側ほど狭く

細かいが，下側ほど広く粗くなっている。それだけにもかかわらず，上側の点ほど遠くにあるように感じられるだろう。これは**きめの勾配**による奥行きの知覚である。きめの粗さが一様な模様が奥行きを伴って広がる時，観察者から遠いほどきめは細かく，近いほど粗くなる。このようなきめの特徴から，奥行きを知覚できる。

2）**陰影・濃淡**　図3-7の右には，影がついた二つの四角形が並んでいる。二つの四角形は上下を反転させた同じ図形である。しかし，左側の四角形は出っ張って，右側の四角形はへこんでいるように感じる。これは四角形に付帯している**陰影**が影響している。私たちが生活している環境では，光源は通常上のほうにある（e.g., 太陽）。そのため，上が明るく下が暗いものは出っ張っており，下が明るく上が暗いものは凹んで見える。このように，光源に関する仮定を置くことで，陰影の情報からも奥行きを知覚できる。

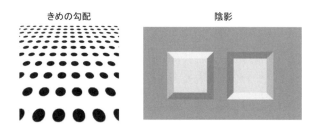

図3-7　きめの勾配と陰影

3）**重 な り**　車の運転中，赤信号の交差点で待っているところを想像してほしい。その時，向こう正面の横断歩道を，左から自転車が，右から歩行者が渡ろうとしている。自転車と歩行者はお互いに近づいていく。このままだとぶつかりそうだと思った瞬間，自転車は歩行者の姿に一瞬だけ隠れ，両者は何事もなくすれ違って横断歩道を渡っていった（図3-8下側）。このように，手前のもの（e.g., 歩行者）が奥のもの（e.g., 自転車）を隠す時，両者には**重なり**が生じる。こうした重なりもまた単眼手がかりの一つとなる。つまり，対象物同士の重なり方から，両者の位置関係に関する奥行きの情報が得られるのである。

4）**相対的大きさ**　グラウンドに二つのサッカーボールがある。一つは足元に，もう一つははるか遠くにある。ボールの大きさはまったく同じである。しかし，網膜上に映るボールは，近くにあるものほど大きく，遠くにあるものほど小さくなる。対象との距離によって物の大きさは異なって見える。これを**相対的大きさ**という。ある対象の大きさが同じだと予想できる時，相対的に大きいものは近く，小さいものは遠くに感じられる。そのため，図3-8に示した横断歩道を渡る二人の歩行者のうち，下側の大きな歩行者が手前に，上側の小さな歩行者が奥にいるように感じられるのである。

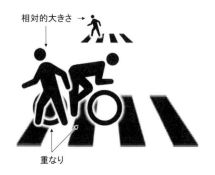

図3-8　重なりと相対的大きさ

5）**運動視差**　　移動しながら対象物を注視している時，その対象物より遠くにあるものは私たちの進行方向と同じ方向に移動し，近くにあるものは私たちとは反対方向に移動しているように見える（図3-9）。たとえば，電車に乗って外の風景を眺めている時，少し遠くにあるビルを注視していると，そのビルより遠くにある山は，進行方向と同じ方向に進んでいくように見える。一方で，近くの民家は進行方向とは反対方向に駆け抜けていくように見える。さらに，近くにある民家のなかでも，より近くにあるものほど速いスピードで動いているように見える。このように，観察者からの距離と，観察者の運動に伴って生じる対象物の見え方の違いは**運動視差**と呼ばれる単眼手がかりである。

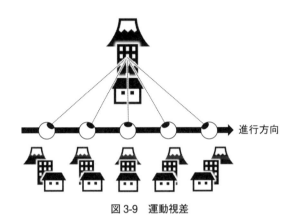

図 3-9　運動視差

3.　運動知覚

　私たちは日々さまざまなものの動きを知覚して生活している。前から歩いてくる人，交差点を横切る車，ホームに入ってくる電車，近づくと飛び立つ鳩，流れる雲，キャッチボールをしている時のボールなど，実際に見ているものが動いた時知覚される運動を**実際運動**という。

　私たちが視覚によって動きを知覚する場合，もっとも単純に考えると，網膜上で像が移動する必要がある。そのためには，静止した目の網膜上で対象物の像が移動する場合と，動いている対象物を目で追跡することで，対象物以外の像が網膜上を移動する場合とが考えられる。しかし，このような条件であれば，必ず運動を知覚するわけではなく，対象物の動きが速すぎても遅すぎても知覚できない。また，静止している対象物を見ながら，見ている私たちが動いたり，目だけを動かしたりしたとしよう。この場合でも，網膜上での像の移動は起こるが運動は知覚されない。つまり，運動は，単純な網膜上の対象物の移動だけでなく，その周辺情報（背景や位置関係）や，身体からの信号によって複雑に知覚されていることがわかる。

　一方で，私たちは実際には動いていないにもかかわらず動いたと知覚する場合がある。以下では，このような実際とは異なる運動が知覚される現象について説明する。

[1] 仮現運動

　あなたは教科書やノートの端にパラパラ漫画を描いたことはないだろうか。パラパラ漫画は1枚1枚少しずつ変化させた絵を複数枚描き，その絵をパラパラとめくると動いたように見えるというものである。このように，空間的に異なる複数の刺激が適度な距離と時間間隔で連続して示された場合，そのものが動いたように知覚される。これを**仮現運動**という。この仮現運動はゲシュタルト心理学の創始者であるウェルトハイマーによる運動視に関する実験的研究によって明らかにされた（Wertheimer, 1912）。彼の実験の様子を図3-10に示している。この図

の左のようにaの位置の棒とbの位置の棒を交互に呈示する。この時の呈示時間の間隔が長い（200ms以上）とaとbの棒は別々に呈示されたように見える（継時時相）。逆に，時間間隔が短い（30ms以下）とaとbの棒は同時に呈示されたように見える（同時時相）。ところが，この2つの時間間隔の間（60ms程度）で呈示すると，aからbへとなめらかに棒が移動したように見える（最適時相）。この現象は中央，右側の図のように呈示しても同様である。このような現象が生じる時間間隔は，刺激図形，距離，観察者によって異なる。

　なお，広義では，物理的な運動が生じていないにもかかわらず，運動を知覚する現象すべてを仮現運動という。つまり，ここで説明した狭義の仮現運動や後述する誘導運動，運動残効，自動運動も広義の仮現運動に含まれる。

図3-10　仮現運動の刺激図形（Wertheimer, 1912）

[2] 誘導運動

　夜空に浮かぶ雲を眺めていると，その近くの月が雲の流れる方向と反対方向に動いて見えることがある。実際には月も地球の自転に伴ってゆっくりと動いているが，この動きは遅すぎるため，本来，人の目では確認できないはずである。しかし，雲間の月は動いているように見える。他にも，実験室内で，暗闇のなか，光点を光の枠で囲み，光の枠をゆっくりと左に動かすと，静止しているはずの光点が右に動いているように見える（Duncker, 1929）。このように周囲にあるものが動いているために静止しているものが動いて見える現象を**誘導運動**という。これは，対象そのものは動いていないにもかかわらず，その対象を取り囲む視覚的空間の枠組みが動くことによって生じる。

　誘導運動は，対象物とその周りという関係だけでなく，対象物と観察者という関係でも成り立つ。たとえば，駅に停車中の電車に乗っている時，隣に並んで止まっている逆方面への電車が動き出すと，自分の乗っている電車が動いたと感じることがある。このような自己身体の移動感覚が生じる誘導運動を**視覚誘導性自己運動感覚**という。この現象は，テーマパークや遊園地のアトラクションで利用されている。古くはびっくりハウスというアトラクションで，比較的最近のものでは，VRを使用したアトラクションで用いられている。VRを用いたアトラクションは，視野いっぱいに広がる映像が大きく動くと，自分自身が動いているように感じられ

図3-11　視覚誘導性自己運動感覚

るものである。図 3-11 左のように映像が四方八方に広がって動く時自分は前に進んでいるように感じ，右のように中央に向かって動く時は自分が後ろに進んでいるように感じられる。

[3] 運動残効

　流れ落ちる滝を見続けた後，その横の木々や岸壁を見ると，それらが上昇しているように見える。これは，アダムス（Adams, R.）によるフォイヤーズの滝での観察実験により「滝の錯視」と呼ばれている。日常では，映画のスタッフロールが止まった時に下降していくように見える経験をしたことはないだろうか。このような錯視に見られる現象を**運動残効**という。この運動残効は，脳内の視覚ニューロンに存在する特定方向の動きに対する細胞が，一方向の動きを見続けることで順応することで生じる。つまり，順応によって一方向への運動検出器の応答が弱まり，拮抗する逆方向への応答が相対的に強まることで，静止しているものが動いて見えると考えられている。運動残効は動きに対する選択的順応であることから，運動知覚は形や位置とは独立して処理されることがわかる。

[4] 自動運動

　1799 年自然学者のフンボルト（von Humbolt, A.）は航海中に経験した星がフラフラと動いて見える錯覚を，「星のさまよい」と呼んだ。後にこの現象は**自動運動**という名で知られるようになる。自動運動とは，暗闇の中で静止した光点を凝視し続けると，その光点がさまざまな方向へ不規則に動いて見える現象である。この現象は，多くの対象が見えている時には起こらないことから，暗闇によって動きを知覚するための背景情報が得られずその位置が不安定となり生じると考えられている。また，直前の眼球運動により自動運動の起こりやすい方向が変化するため，眼筋の不均衡な疲労も自動運動の一因と考えられている（Gregory, 1966/1998）。日常生活では，暗闇のなかに一つの光点があるという状況は少ないが，パイロットにはよく知られている現象であり，夜間飛行中の星や他機の光は自動運動を引き起こす。

4. 注　意

　集中していた作業をやめると，時計の秒針が動く音に気づくことがある。ずっと同じ大きさで鳴っているはずの音なのに，聞こえる時と聞こえない時がある。心理学では，これを**注意**の働きによるものと考えている。すなわち，音，光，におい，味などの感覚情報は，注意されることではじめて意識されるものとなる，ということである。本節では，このような注意の働きについて，とくに音（聴覚情報）と光（視覚情報）に対する注意を取り上げ，その実験方法や提唱された理論，モデルの紹介を通して概説する。

[1] 注意とは

　何かに「注意する」とは，その対象に意識を集中させることである。しかし，日常生活において注意を向ける対象は一つとは限らない。ここでは，集中的に向けられる注意と分散される注意という視点から，注意の特徴について説明する。

　1）**選択的注意**　　**選択的注意**とは，音や光などの無数の感覚情報から，必要なものだけを選択する際に働かせる注意のことをいう。注意が向けられた情報は，物理的な特性の判断（音声情報でいうと声の高さなど）や意味的な処理（メッセージの内容を理解すること）が行われ，記憶にとどめられる。選択的注意の例として，**カクテルパーティ効果**がよく知られている。これは，パーティ会場のような周囲が騒がしいなかでも，特定の人の声だけを聞き取って会話を続けられるというものである。

2）注意の配分　「見る」，「聞く」など，何かに注意を向ける際には，**心的努力**が必要となる。しかし，心的努力は，無限に対象を増やして行えるものではない。カーネマン（Kahneman, D.）は，注意を働かせるには感覚情報の処理資源が必要であるという**注意資源理論（注意の容量モデル）**を提唱した（Kahneman, 1973）。たとえば，人ごみのなかで待ち合わせ相手を探す時には，人が少ないなかで探す時よりも資源を多く要する。そのため，注意を向けているもの以外に資源を使うことが難しく，探している相手以外の視覚情報や物音に気づきにくい。注意を向ける際には，どの対象に注意を向けるか，あるいは向けないかについて適切に資源を配分することが重要となる。

［2］聴覚性注意

　注意に関する研究は聴覚領域に端を発する。先に挙げたカクテルパーティ効果のように，注意には耳から入る複数の音声情報を取捨選択する機能がある。ここでは，聴覚による注意機能を明らかにするために行われた実験と，情報の選択に関するモデルを紹介する。

1）両耳分離聴　チェリー（Cherry, 1953）は注意の研究において**両耳分離聴**と呼ばれる実験手法を用いた。これは，右耳と左耳に異なる音声情報を同時に流し，一定時間後に音声情報の内容を覚えているかを調べるものであった。音声を流す際には，片方の耳だけに注意を向けさせるため，片方の耳から聞こえた内容を口頭で繰り返す**追唱**という手続きが加えられた。実験の結果，注意を向けた方の耳から入った情報については内容が覚えられていたが，注意を向けなかった方の内容は覚えられていなかった。しかし，注意を向けていなくても，声の持ち主の性別や途中に入ったピーという機械の音には気づくことができた。つまり，注意を向けた情報については意味的な処理まで行われるが，注意を向けていない情報については，物理的な特性の処理しか行われない，と考えられた。

2）注意に関するモデル　感覚器官に入った情報が，どの段階で，またどのような基準で取捨選択されるのかについては，次の3通りのモデルが提案されている。

　まず，ブロードベント（Broadbent, 1958）の**フィルター・モデル**である。これは，情報が感覚器官に入ると，早い段階で注意のフィルターにより重大な情報が選択される，というものである。フィルターにより残された情報は意味的な処理まで行われるが，それ以外の情報は意味的な処理が行われないこととなる。フィルター・モデルは情報の選択段階が早いため，**初期選択説**とされる。

　次に，ドイッチとドイッチ（Deutsch & Deutsch, 1963）の**最終選択モデル**である。これは，感覚器官に入った情報は，すべて意味的な処理が行われ，その後，重要度に応じて情報が取捨選択される，というものである。両耳分離聴の実験で，注意を向けられなかった情報でも自分の名前が入っていた場合，それに気づけたという実験結果も報告されたことから（Moray, 1959），このモデルが考えられた。最終選択モデルは，情報の選択段階が遅いため，初期選択説に対して**後期選択説**とされる。

　最後に，トリーズマン（Triesman, 1969）の**減衰モデル（限界容量モデル）**である。これは，感覚器官に入った情報のうち，まず重大な情報が処理される，というところまではフィルター・モデルと同様である。しかし，重大でない情報はフィルターで排除されるのではなく，注意の容量が残っていればその分だけ意味的な処理が行われる可能性を残す，というものである。

　さらに後年には，減衰モデルを発展させた**知覚的負荷理論**が提唱された（Lavie, 1995）。これは，［1］で述べたカーネマンの注意資源理論を，初期・後期選択の考えと統合させたものである。すなわち，まず処理しなくてはならない情報が注意資源を多く要する場合，その時残された注意資源の量に余裕がなければ，初期選択説が示すように，その他の情報は意味的な処理が

行われない。しかし，注意資源に余裕があれば，後期選択説が示すように，その他の情報も意味的な処理が行われる，というものである。

[3] 視覚性注意

　視覚を用いてどのように注意を向けるのか，と考える時，はじめに思いつくのは眼球運動であろう。視線を向けることでその対象の情報を得る，という流れは日常生活でも多く経験される。しかし，視線を向けずとも，人は空間位置に注意を向けられることがわかっている。ここでは，そのような視覚による注意の特徴を明らかにしてきた実験と，注意の特徴が何にたとえられるかを紹介する。

　1）視覚探索課題　　対象そのものへの注意に着目した実験として，トリーズマン（Triesman, A.）が行った**視覚探索課題**がある。これは，複数の刺激のなかからターゲットの有無を判断させる課題である。視覚探索課題においては，特徴検索と結合検索という二つのタイプがある（Triesman & Gelade, 1980）。

　特徴探索とは，ターゲットとそれ以外の刺激（妨害刺激）の違いが1種類しかない課題を指す。図3-12の（a）に示すように，ターゲットと妨害刺激の違いが刺激の色のみという状態である。この課題では，数ミリ秒単位で非常に速く反応できる。ターゲットが飛び出ているかのように見えるため，この現象は**ポップアウト**と呼ばれる。この時，妨害刺激の数が多くなっても反応時間が大きく変わらないことから，刺激全体を同時に並列探索していると考えられる。

　これに対して，**結合探索**とは，ターゲットと妨害刺激の違いが2種類以上ある課題を指す。図3-12の（b）に示すように，ターゲットと妨害刺激の違いが刺激の色と向きの2種類という状態である。この課題では，刺激の数が増えるほど反応時間が遅くなるため，探索時にはすべての刺激を一つひとつ系列的に逐次探索していると考えられる。

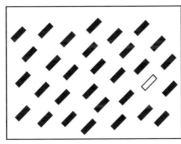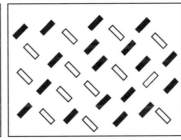

(a) 特殊探索課題　　　　　　　　　　(b) 統合探索課題

図3-12　視覚探索課題の例

　2）先行手がかり法　　空間位置への注意に着目した実験には，ポズナー（Posner, M. I.）が用いた**先行手がかり法**がある。これは，画面上に注視点を設定し，ある手がかりが提示された後，インターバルをおいて特定のターゲット（図形や文字など）が出現した時にキーを押して反応するという課題である（Posner, 1980）。ただし，ターゲットが手がかり通りに出現する場合（有効試行）と，手がかりとは異なる位置に出現する場合（無効試行）がある。一般に，無効試行より有効試行において反応時間が速くなることが知られている。

　手がかりには2種類あり，一つは**周辺的な手がかり**である。これは，図3-13の（a）および（b）のようにターゲットの出現する位置を光らせるなどして直接的に示す手がかりである。周辺的手がかりが示された時には，手がかりで示された位置にターゲットが出現する確率に関係なく反応時間が速くなる。もう一つの手がかりは，**中心的な手がかり**である。これは，図3-13の（c）のように画面の注視点に矢印等を示してターゲットの出現に注意させるものである。こ

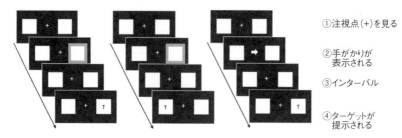

(a) 周辺的手がかり(有効試行) (b) 周辺的手がかり(無効試行) (c) 中心的手がかり

図3-13 先行手がかり法のイメージ

の場合は,手がかりで示された位置にターゲットが出現する時に反応時間が速くなる。

先行手がかり法では,実験中の注視点が画面の中央に定められ,注視点と異なる場所にターゲットが出現する。したがって,人は対象そのものに視線を向けなくても注意を向けられることが明らかとなった。つまり,人は,「見ていないところ」にも注意を働かせることができる。

3)**注意のメタファー(比喩)** これらの実験を踏まえ,ポズナー(1980)は,注意を視野という舞台上の空間を自由に動く**スポットライト**にたとえた。注意のライトを当てた対象とライト内にある対象の周辺に関する感覚情報は処理が行われ,意識や記憶に残るが,ライトの外にある情報は処理が行われず,意識や記憶に残らない。しかし,その後,注意を向けた対象から離れた位置の情報も処理が行われることが明らかになった。そのため,注意は**ズームレンズ**にたとえられ(Eriksen & St. James, 1986),注意の当たっている範囲とそうでない範囲が明確に区別されているわけではなく,注意の向けられる強さが,対象から離れるにしたがって次第に弱くなる,という方向に修正された。

コラム4 精神物理学

私たちは外界からの刺激を受け取り応答している。しかし,前述した錯視のように物理的事象とそれに対応する心理学的事象にはズレが生じる場合がある。そのため,物理量として測定された刺激と,それに対する体験された心理感覚との関係を,量的に把握することは難しい。そこで,ウェーバー(Weber, E. H.)は「弁別閾は基準となる刺激量の変化に比例する」というウェーバーの法則を見いだした。二つの刺激の一方の刺激量をIとし,他方の刺激量を調整することで弁別閾(ΔI)を測定したとすると,ウェーバーの法則は数式で下記のように表される。弁別閾(ΔI)とは,二つの刺激強度の違いがわかる最小の物理量の差のことである。

$$\Delta I / I = k$$

たとえば,重さの弁別実験を行い,100gを基準として少しずつ錘を重くして110gで区別できたとしよう。そうすると刺激量Iは100g,弁別閾ΔIは10gとなる。つまり,上記の式に当てはめると,10/100=1/10が定数kとなる。この$\Delta I / I$で表される刺激量と弁別閾との比率はウェーバー比と呼ばれる。この法則に基づくと,定数kは一定であるため,たとえば刺激量を倍の200gにすると弁別閾も倍の20gとなる。

その後,フェヒナー(Fechner, G. T.)はこのウェーバーの法則を発展させ,刺激量Iと感覚量Eとの関係を表すフェヒナーの法則を導き出した。この法則はウェーバーの法則がもとになっているため,ウェーバー・フェヒナーの法則と呼ばれることもある。フェヒナーの法則は「感覚量は刺激量の対数に比例する」というもので,下記のような数式で表される。

$$E = k \log I \quad (k は定数)$$

　この数式を用いると，たとえば，10g の錘と比べて 2 倍の重さと感じるには，物理的に何 g の錘が必要かを求めることができる。10g が基準となるため定数 k=10，感覚量 E=10g の 2 倍（20）となる。上述の数式に当てはめると，20 = 10log*I* となり，この数式を解くと，*I*=100 となる。つまり，10g の錘と比べて 2 倍の重さを感じるためには 100g の錘が必要となることがわかる。この数式を図に示すと，図 3-14 のように表される。刺激量が大きい時に，刺激量が小さい時の感覚量と同等の感覚量を感じるためには，より大きな刺激量の変化が必要となる。つまり，刺激量が大きくなるにつれて，感覚的には鈍感になるということがわかる。

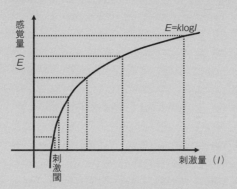

図 3-14　フェヒナーの法則

　フェヒナーは，このような刺激の物理的特性とその刺激によって生じる心理的過程との量的関係を研究する領域として精神物理学を提唱した。なお，彼は感覚を測定する方法を体系化し，平均誤差法，丁度可知差異法，当否法として提案した。これらはその後の研究で発展し，それぞれ現在の調整法，極限法，恒常法に対応しており，精神物理学的測定法と総称される。

■ 小テスト

1. 網膜に映る像の変化にかかわらず，同一の特性を持つものとして対象物を知覚し続けることができる働きを何というか。
2. 仮現運動の広義，狭義をそれぞれ説明しなさい。また，広義の場合に含まれる現象について説明しなさい。
3. さまざまな知覚情報のなかから，必要な情報や刺激だけを取捨選択する際に働かせる注意を何というか。また，その具体例を説明しなさい。

■ 引用文献

Broadbent, D. E. (1958). *Perception and communication*. London: Pergamon Press.

Cherry, E. C. (1953). Some experiences on the recognition of speech, with one and with two ears. *Journal of the Acoustical Society of America, 25*, 975–979.

Deutsch, J. A., & Deutsch, D. (1963). Attention, some theoretical considerations. *Psychological Review, 70*, 80–90.

Duncker, K. (1929). Über induzierte Bewegung. *Psychologische Forschung, 12*, 180–259.

Eriksen, C. W., & St. James, J. D. (1986). Visual attention within and around of the field of focal attention: A zoomlends model. *Perception & Psychology, 40*, 225–240.

Gregory, R. L. (1966/1998). *Eye and brain: Psychology of seeing* (1st ed.). London: Widenfeld & Nicolson./ (5th ed.). Princeton: Princeton University Press.

Kahneman, D. (1973). *Attention and effort*. Englewood Cliffs, NJ: Prentice-Hall.

Lavie, N. (1995). Perceptual load as a condition for selective attention. *Journal of Experimental Psychology: Human Perception & Performance, 21*, 451–468.

Moray, N. (1959). Attention in dichotic listening: Affective cues and influence of instructions. *Quarterly*

Journal of Experimental Psychology, 11, 56–60.

Posner, M. I. (1980). Orienting of attention. *Quarterly Journal of Experimental Psychology, 32*, 3–25.

Triesman, A. M. (1969). Strategies and models of selective attention. *Psychological Review, 76*, 282–299.

Triesman, A. M., & Gelade, G. (1980). A feature-integration theory of attention. *Cognitive Psychology, 12*, 97–136.

Wertheimer, M. (1912). Experimentelle Studien über Das Sehen von Bewegung. *Zeitschrift für Psychologie, 61*, 161–265.

第4章

学習と記憶

この章では，さまざまなかたちの「学び」や「教え」，「もの覚え」，「もの忘れ」に関する事項を取り上げる。前半では学習を取り上げ，どのように学びが形成され，維持され，修正されるのかといった話題を紹介する。後半は人間の記憶がどのような仕組みで成り立っているのかを解説する。学習と記憶に関する重要な用語や概念を中心に，これまでの主要な研究を概説する。

1. 学習の基礎と展開

　心理学では伝統的に，学習とは「経験による比較的永続的な行動の変容」と定義される。この場合，経験に基づかない生得的な行動の変化や，遺伝的に決定されている行動変化（発生や成熟，加齢など）は含まれない。薬物や疲労，あるいは病気やケガによって行動が一時的に変化することも，ここでの「学習」には含まれないことになる。その一方で，人がなんらかの経験をし，それによって行動が変化するというのは，かなり広い範囲の事柄を指している。スポーツの練習を積んでいるうちに身体の動かし方のコツをつかんだり，音楽や美術のトレーニングを受けて技術が向上したり，他者との交流を通じて自己の性格や態度を改めたりすることもまた，学習であると考えることができる。

　一度きりの成功や失敗で行動ががらりと変わることもあれば，長期間にわたって同じような経験を積み重ねるうちに徐々に習慣化されて特定の行動が定着することもある。あるいは，以前はできなかった新しい行動が一定期間の練習や訓練を通して身につくこともある。このような行動の変化や定着，新しい行動の獲得は，人間に限らず，ほかのさまざまな動物でも観察される。

[1] 条件づけ

1）古典的条件づけ　古典的条件づけは，パブロフ（Pavlov, 1927）が発見した条件反射が基礎になっている。イヌに対して，ベルの音を聞かせるのと同時にエサを与えるという手続きを繰り返し行うと，ベルの音を聞かせただけで唾液が分泌されるようになる。本来はエサが与えられなければ唾液は分泌されないが，エサとベルの音との対提示が繰り返されることで，ベルの音だけで唾液分泌が生じる（図4-1）。ここでのエサは**無条件刺激**（Unconditioned Stimulus; UCS），唾液分泌反応は**無条件反応**（Uuconditioned Response; UCR）と呼ばれる。この両者の関係は生得的に備わっているものである。その無条件刺激に対して，ベルの音などの本来は無関係な**条件刺激**（Conditioned Stimulus; CS）が同時に（あるいは，少し前に）与えら

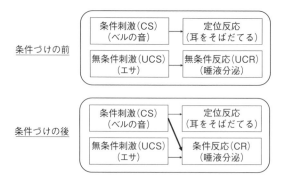

図 4-1 古典的条件づけが成立する前後

れることで，条件刺激だけで無条件反応が引き起こされるようになる。この反応を**条件反応**（Conditioned Response; CR）という。

　古典的条件づけでは，条件刺激と無条件刺激との対提示は条件反応の生起を強めることから**強化**という。ベルの音を聞かせてエサを与えないと（条件刺激と無条件刺激の対提示をやめると），唾液分泌が生じなくなる（条件反応が見られなくなる）。このことを**消去**という。また，ベルの音で唾液分泌が生じた後，ブザーの音でも唾液分泌が生じるようになることを**般化**といい，ベルの音とブザーの音を聞き分けてベルの音だけに唾液分泌が見られるのであれば，**分化**が生じたと考える。なお，古典的条件づけは唾液分泌のような応答的で受動的な反応を取り扱うため，**レスポンデント条件づけ**とも呼ばれている。

　パブロフの実験で，実験課題が難しく，課題に失敗すると電気ショックが与えられるような状況では，イヌは吠えたり，噛みついたり，落ち着きのない状態が慢性的に続くことが観察された。パブロフは，この状態が人間の神経症の症状に似ているとし，**実験神経症**と名づけた。

　ワトソンとレイナ（Watson & Rayner, 1920）は，生後9ヶ月のアルバートという乳児に，古典的条件づけの手法で恐怖を植え付けた。最初はネズミをまったく恐がらなかった乳児がネズミを見ている時に大きな音が鳴ると，そのうちにネズミを恐れて逃げるようになり，さらに般化して，白い物や毛のある物も恐がるようになった（第2章コラム3参照）。これは**恐怖条件づけ**と呼ばれ，**恐怖症**（phobia）を考えるうえで重要である。たとえば，行動療法の一種である**系統的脱感作**という技法では，弱い恐怖感や低い不安状態の時に緊張を和らげるリラクセーションを経験させ，徐々に強い恐怖や不安に対しても慣らしていき，恐怖症や不安障害の症状を改善していく。

　ガルシアら（Garcia et al., 1955）は，ネズミにサッカリンを入れた甘い水溶液を飲ませ，そのとき同時に放射線を照射して不快感を与えた。すると，そのネズミはあとになってもサッカリン水溶液を二度と飲まなくなった。これを**味覚嫌悪学習**（または**ガルシア効果**）という。

　2）オペラント条件づけ　ソーンダイク（Thorndike, 1898）は，「問題箱」と呼ばれる箱の中にネコを入れて，その箱の中からネコが脱出できるかどうかを観察した（図4-2）。この問題箱は，たとえば，内部の掛け金を引いて外すと扉が開くような仕掛けになっており，ネコは一種の問題解決の状況に置かれている。ネコははじめのうちはでたらめに反応を試みるが，そのうち偶然うまく脱出できる機会があり，そうした脱出経験を繰り返すうちにむだな反応をしなくなる。このように最初は**試行錯誤**によって問題解決を図ろうとするが，次第に無駄な反応が少なくなることを説明するために，ソーンダイクは**効果の法則**（満足のいく結果が得られると，その状況と反応は結びつきやすい）という考え方を提唱した。

　スキナー（Skinner, 1938）は，ソーンダイクの研究結果を受けて，古典的条件づけとは異なり，自発的で能動的な反応の条件づけについて明らかにした。**スキナー箱**という箱の中にネズ

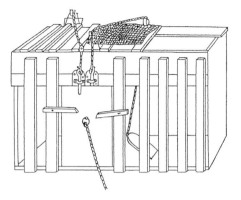

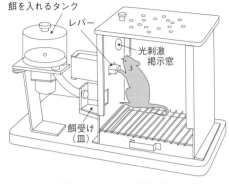

図 4-2　ソーンダイクの用いた問題箱（ネコ用）の例　　図 4-3　スキナー箱の例

ミを入れ，中に取り付けられたレバーをネズミが押すと，小さなエサが与えられるという実験状況を設定した。空腹なネズミはスキナー箱に入れられると，偶然に体の一部がレバーを押し，エサを食べることができた。その後，ネズミはレバーを押すことでエサがもらえることを学習し，レバーを何度も頻繁に押すようになった（図 4-3）。空腹なネズミがエサを求めてレバー押し反応を自ら進んで行ったように，能動的な反応や行動を**オペラント**といい，これに関する条件づけを**オペラント条件づけ**という。ネズミがエサを食べるために，あたかもレバー押し反応を一つの道具のように用いたという点に注目して，**道具的条件づけ**とも呼ばれる。

　オペラント条件づけでは，①ある状況や場面，文脈に人が置かれた時に，②何かに反応したり，行動を起こしたり，働きかけたりすることで，③結果として，なんらかの成果が得られ，快・不快，満足・不満足といった感情が生じる，という図式が成り立っている。つまり，①「どういう場合に」（先行条件），②「どうすれば」（行動），③「どうなるか」（結果），というのがオペラント条件づけによる学習の基本図式であり，これらの関係を**三項随伴性**という。人がなぜ，どうしてそのような行動をとったのかを理解するうえで，この「先行条件（antecedent）→行動（behavior）→結果（consequence）」という枠組みに基づいて特定の行動を特徴づける手法を，それぞれの頭文字をとって **ABC 分析**という。

　オペラント条件づけにおける強化とは，空腹なネズミにエサのような**報酬**（**強化子**，**強化刺激**，**好子**ともいう）を与えることをいう。その逆に，ある行動をネズミがとると即座に電気ショックを与えるようにすれば，その行動は生じなくなる。このように，特定の行動の生起頻度を減少させることを**弱化**という（ここでの電気ショックは**弱化子**，**嫌悪刺激**，**嫌子**という）。強化も弱化も，環境の下でなんらかの事象や刺激が加わることで生じる場合と，それまで与えられていた事象や刺激が除去されることで生じる場合がある。したがって，強化・弱化と反応の増減の組み合わせで，①反応の後に報酬が与えられると，その反応は増加する（**正の強化**），②反応の後に嫌悪刺激が与えられると，その反応は減少する（**正の弱化**，または正の罰），③反応の後に，すでに与えられている報酬が除去されると，その反応は減少する（**負の弱化**，または負の罰），④反応の後に，すでに与えられている嫌悪刺激が除去されると，その反応は増加する（**負の強化**），という四つのパターンがある。

　オペラント条件づけにおける消去とは，特定の反応に対して強化も弱化もしないと反応はやがて生じなくなることを指す。同じく般化とは，ある状況のもとで強化された行動が，よく似た別の状況でも生じることをいう。異なる刺激に対して異なる反応をすることを**弁別**という。報酬の与え方によって消去が容易に進む（**消去抵抗**が低い）場合と，消去がなかなか進まない（消去抵抗が高い）場合がある。特定の行動をとった時に常に報酬が与えられる（**連続強化**）よりも，報酬が時々与えられる（**部分強化**）ほうが消去されにくい。消去の手続きを行った後に

一定の時間が経過すると元の行動が再び生じるようになることがあり，これを**自発的回復**という。

[2] 洞察学習・観察学習・技能学習

1）洞察学習　試行錯誤のように，目標に向かって手あたり次第にさまざまな行動を試みるというのではなく，行動を起こす前に十分に状況を確認して目標と手段の関係を見通してから適切に行動するという場合がある。ケーラー（Köhler, 1925）は，檻の中のチンパンジーが外に置かれた好物のバナナに手が届かず，最初は騒がしくしていたが，近くに棒があるのを見つけると急に黙りこみ，その棒を使ってバナナを引き寄せたことを観察した。このことから，ケーラーは，目標と手段との関係を理解して問題解決への見通しを立てること（**洞察学習**）が重要であると考えた。動物の種類によってこうした洞察学習の程度は異なっている（図4-4）。

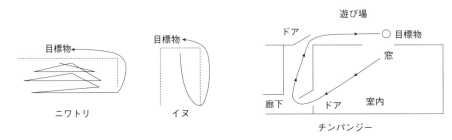

図4-4　回り道における動物の違いの例（Köhler, 1925 より一部改変）
矢印の線は動物が出発点から目標物（エサなど）に到達するまでの移動の道筋を示している。

2）観察学習　学習は，自らが実際に経験した行動だけに生じるとは限らない。たとえば，人間の子どもは親や教師，兄姉などの行動を観察することで新しい行動を獲得したり，これまでの行動を修正したりする。バンデュラ（Bandura, 1977）は，学習には個人が直接経験を通した学習のほかに，誰かが強化や罰を受ける場面を見ただけで生じる学習を**観察学習**と呼んだ。実験のなかで，モデル（手本）の大人が別の人を蹴ったり，叩いたり，激しいことばを使ったりするのを子どもに見せると，子どもは，そのような行動を見なかった統制群の子どもに比べて，乱暴な行動を模倣して高い攻撃性を示した。このような学習形態を**モデリング**という。乱暴な行動でなくても，モデルが特定の行動の後に報酬が与えられて強化されるという場面を見た場合，本人には直接報酬が与えられていなくても模倣が増える。これを**代理強化**という。一連の観察学習に関する理論は**社会的学習理論**または**モデリング理論**と呼ばれる。さらに，バンデュラは自らの行動が望ましい結果につながるという確信を**自己効力感**と呼び，直接的な目標達成経験だけでなく，観察学習に基づく代理強化の経験も自己効力感の形成に役立つと主張した。

3）技能学習　ギターが弾けるようになる，自動車の運転ができるようになる，といった，なんらかの技や活動が可能になることを**技能学習**（または**知覚運動学習**）という。これには，日常生活のなかで比較的単純な技能（窓を開ける，スプーンを使う，など）もあれば，特殊な場で披露される高度に洗練された技能（ショパンの曲をピアノ演奏する，フィギュアスケートで4回転ジャンプに成功する，など）もある。「話す」「聞く」「書く」「読む」といった言語的な能力も一種の技能である。このような技能の多くは，かなりの時間と努力を費やして獲得される。実験的には，たとえば，**鏡映描写課題**（鏡に映った図形と自分の手の鏡映像を見ながら図形の輪郭を正しくなぞらせる課題）や**回転盤追跡課題**（一定の速度で回転する円盤の上の標的に絶えず棒を接触させておく課題）を用いて，知覚されたものと身体動作とを結びつける

（協応させる）という能力がどのように獲得されていくかを調べる。

[3] 教室場面の教授と学習

　基礎的な学習の理論に基づいて，さまざまな学びに関する実践応用が展開されている。なかでも，教室場面での学習と教授はどうあるべきかについて研究されている。

　1）プログラム学習　　スキナー（Skinner, 1954）は，オペラント条件づけの考え方をもとに，教室での授業方法の改善を目指して，**プログラム学習**という指導法を開発した。これは，教科内容を組織的に編成して学習者に提示し，個別学習を進め，むだなく目標に到達させる方法である。その際，次の五つの原理が重要である。①スモールステップの原理（最終目標に向かって小さな単位（ステップ）を一つずつ段階的に進めていく），②積極反応の原理（各ステップでの問題に積極的に取り組ませる），③直後フィードバックの原理（各ステップの問題に答えると，ただちにその正誤が教える），④自己ペースの原理（学習者の個人差に合わせて各自で最適のペースで進めていく），⑤フェイディングの原理（最初は正しく答えられるように援助するが，次第に援助を控え，子ども自身の力で正答できるようにする）。現在の**コンピュータ支援教育**（Computer-Assisted Instruction; CAI）の多くはプログラム学習の原理に基づいている。

　2）発見学習　　ブルーナー（Bruner, 1966）は，子どもの創造性を高めるには直観的思考が大切であると考え，生徒にいろいろな事柄の背後にある規則性や全体の構造を自ら発見することを導く**発見学習**という指導法を提唱した。発見学習の理論は洞察学習の研究結果に影響を受けている。発見学習は基本的に，①学習課題の理解，②仮説の設定，③仮説のねりあげ，④仮説の検証，⑤発展とまとめ，というような順序で学習を進めていく。子ども自身が仮説を立て，それが成り立っているかどうかを確かめさせることに重点が置かれている。

　3）有意味受容学習　　オーズベル（Ausubel, 1963）は，プログラム学習のように教材を機械的に覚えていくのではなく，教材を一つの意味のまとまりであるととらえ，学習者がその意味を受け取ることで理解が進んでいく点を重視した。そこで，**有意味受容学習**という指導法を提唱した。教材の意味の構造をとらえやすくするための，理解の骨組みとなる概念を**先行オーガナイザー**（先行オルグともいう）と呼び，教材を提示する前に，先行オーガナイザーを提示することが重要であると主張した。

[4] 学習曲線・学習転移・分散学習と集中学習

　1）学習曲線　　学習の進み具合を把握する方法として，学習曲線による分析がある。学習曲線は，横軸に累積学習時間や学習試行数，縦軸に学習成績（学習率など）をとった折れ線グラフである（図4-5）。学習時間の型は学習課題の内容や学習材料，学習者の能力などによって

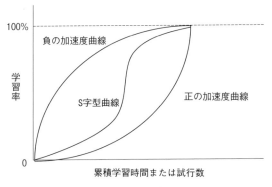

図4-5　学習曲線の例

変化するが，もっとも典型的に見られるのは**負の加速度曲線**である。この場合，最初は学習が急速に進むが学習が完了に近づくにつれて進度が遅くなる。逆に，最初は学習がなかなか進まないが，ある時点から急速に学習が進み完了に至るという場合は**正の加速度曲線**が見られる。この両方の加速度曲線を合わせ持つ場合は，**S字型曲線**が得られる。学習の途中で進展が見られず，一時的な停滞が現れる状態を**高原（プラトー）**という。これは，複雑な学習課題に対応するために学習者の構えを改めたり，行動の体制を組み替えたりする必要がある場合に多く見られる。

2）学習転移　　先に行われた学習が後で行われた学習に影響を及ぼすことを学習転移という。先の学習が後の学習を促進する場合を**正の転移**，先の学習が後の学習を妨害する場合を**負の転移**という。実験的には，課題Aの学習の後に課題Bの学習を行う実験群と，課題Aの学習を行わないで課題Bの学習だけを行う統制群で，同一の課題Bの学習成績を比較し，実験群が統制群より成績が優れていれば正の転移，劣っていれば負の転移が生じたと考える。学習転移には，学習者の**準備状態（レディネス）**や**構え**，能力，前の学習の量，前の学習と後の学習との間の時間間隔などが影響を及ぼす。

3）分散学習と集中学習　　学習の実践応用を考える点で，限られた学習時間をどのように配分すれば効果的に学習を進めることができるかは重要な問題である。たとえば，学校で特定教科の学習にかける時間が一定であるとすると，その学習時間をまとめて集中的に学習する場合（**集中学習**）と，休憩や別の教科の学習を差しはさんで分散させて学習を行う場合（**分散学習**）とが考えられる。一般に，分散学習のほうが集中学習よりも有利であることがわかっている。たとえば，学習者の年齢が若いほど，あるいは能力が低いほど，あるいは学習課題が難しくなるほど，分散学習のほうが集中学習よりも有利であるとされる。

2. 記憶の機能と構造

私たちは，一生の間に数多くのさまざまな事柄を自らの記憶にとどめ，時に応じてそれらを思い出す。しかしながら，思い出そうとして思い出せないことや，忘れようとして忘れられないことも多くある。記憶とは一般に，過去に経験した事柄を保持し，後にそれを再現する精神機能である。また，記憶は保持されている内容そのものを指し，「思い出」とほぼ同義に用いられることもある。一方，忘却とは，記憶された内容が時間経過とともに思い出せなくなることである。

人間の記憶のプロセスは，**記銘，保持，想起**という三つの段階から構成されると考えられている（図4-6）。記銘は新たに何かの事柄を覚えることであり，保持はそれらの事柄を忘れずに覚えておくこと，想起はそれらをなんらかのかたちで思い出すことである。人間を一種のコンピュータシステムとしてとらえるならば，記銘，保持，想起は，それぞれ情報の**符号化，貯蔵，検索**という用語に置き換えることができる。

図4-6　時間軸上の記銘と保持と想起

[1] 記憶測定法と記憶の仕組み

1）記憶測定法　　エビングハウス（Ebbinghaus, 1885）は，TUK, RIW など母音と子音を組

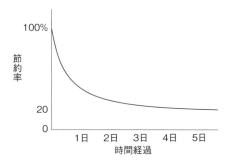

図 4-7　エビングハウスによる忘却曲線の例
(Ebbinghaus, 1885 より一部改変)

表 4-1　主な記憶測定法

記憶測定法	手続き
再生法	実験参加者に一定の刺激材料を記銘させた後に，その材料を思い出すように求める。あるいは，もともと実験参加者が知っている事柄について思い出すように求める。
再認法	実験参加者に一定の刺激材料を記銘させた後に，その材料に新たな刺激材料を加えたうえで，もとの刺激材料を答えさせる。あるいは，もともと実験参加者が知っている事柄について，別の事柄と正しく区別できるかどうかを求める。
再構成法	実験参加者に一定の刺激材料を記銘させた後に，あるいは，あらかじめ実験参加者が知っている事柄について，もとの位置や順序を再現させる。
再学習法	実験参加者に一定の刺激材料の記銘を求めた後に，再び同じ刺激材料の記銘を求め，その所要時間や所要試行数を測る。場合によっては，その後も同じ刺激材料に対して記銘を求めることがある。

み合わせて辞書にない（意味を持たない）**無意味綴り**をつくり，自らが実験参加者となっていくつかの無意味綴りを記銘し，時間経過に伴う記銘内容の変化の過程を忘却曲線（または保持曲線）として示した（図 4-7）。無意味綴りは，学習者の過去経験や既有知識による影響をできるだけ排除するために開発されたものである。

　記憶の測定法として，いくつかの手法が考案されている（表 4-1）。学校などで行われる通常のテストの形式に関連して説明すると，**再生法**は，記述式あるいは穴埋め式のテストにあたる。**再認法**は，多肢選択式あるいは○×式のテストに相当する。**再構成法**では，答えの一部を正しい順序に並べ変えたり，組み合わせたりすることが求められる。**再学習法**は，以前に覚えた内容を再び覚え直すと，一定の成績基準に達するのに，以前に比べてどれほど時間や試行数が少なくてすむか（節約できるか）を調べる。その節約の程度を表す**節約率**という指標も考案されている。

　同じ再生法でも，もとの順序の通りに再生しなければならないもの（順序再生，系列再生），思い出せるものから順に再生すればよいもの（自由再生），思い出す時の手がかりとしてヒントが与えられるもの（手がかり再生），覚えた後ですぐに再生が求められるもの（直後再生），一定時間をおいた後で再生が求められるもの（遅延再生）などがある。

コラム5 記憶術とメタ記憶

記憶術は，特定の刺激材料に対する効果的な物覚えの技法のことである。たとえば，語呂合わせは数字を単語に変換する記憶術の一種である（26 →風呂，794 →泣くよ，など）。そのほかに，頭字法（いくつかの単語の最初の文字だけを適当に並べかえて意味の通る文や単語にして覚える）や場所法（普段からよく知っている場所や道順を選び，その場所や道順のなかの特定の部分に記銘項目のイメージを配置して覚える），ペグワード法（英語圏で用いられ，one ＝ bun（パン），two ＝ shoe（靴），three ＝ tree（木），…，ten＝hen（雌鶏）というように，1〜10の数字と同じ韻をふむ具体物（ペグワード）を覚えておき，記銘項目とペグワードとをイメージで関連づけて覚える）などが知られている。多くの記憶術は，すでに持っている知識に基づいて，もともとは意味を持たない刺激材料に意味を与え，それらを短縮して構造化することによって想起や検索が容易になるように工夫されている。

　このように，記憶術は刺激材料に対して積極的に働きかけて長期記憶に保持しようとするものである。その一方で，「喉まで出かかっているのに出てこない（tip of the tongue）」という状態を経験することがある。これは TOT 状態と呼ばれ，多くの場合，再生はできなくても再認は容易にできる。広く，自己および他者の記憶に関する認識や理解，思考などのことを**メタ記憶**という。メタ記憶には，記憶する人の状態，記憶すべき課題や材料の性質，覚え方・思い出し方に関する知識など，記憶に関連したさまざまな事柄が含まれている。たとえば，忘れそうだから大事なことをメモや手帳（これらを外的記憶補助という）に控えるとか，TOT 状態に陥ってしまうことなどもメタ記憶に関係した行動や現象である。

2）一時的記憶保持の仕組み：感覚記憶と短期記憶　　人間の記憶は，保持時間の長さに基づいて，**感覚記憶**，**短期記憶**（Short-Term Memory; STM），**長期記憶**（Long-Term Memory; LTM）に分けて考えることが多い。これを記憶の多重貯蔵モデルという（図 4-8）。感覚記憶は，視覚や聴覚など，感覚器官を経て得られた外界の刺激情報がほぼそのままのかたちで，ごく短い時間だけ（1〜2秒程度）貯えられるものである。このうち，とくに視覚に関する感覚記憶は**アイコニックメモリ**（または**視覚情報貯蔵**，Visual Information Storage; VIS），聴覚に関する感覚記憶は**エコイックメモリ**（または**聴覚情報貯蔵**，Auditory Information Storage; AIS）と呼ばれる。

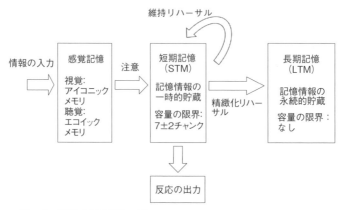

図 4-8　記憶の多重貯蔵モデル（Atkinson & Shiffrin, 1971 より一部改変）

コラム6　自己調整学習

　教育心理学では，子どもたちが能動的に学習に取り組むためのさまざまな指導法が検討されている。そのなかの一つに**自己調整学習**がある。ジマーマンとシャンク（Zimmerman & Schunk, 2001）は，バンデューラの社会的学習理論の考え方に基づいて，①予見→②遂行→③自己評価→①予見…，というように三つの段階が一つのサイクルとして循環していくと考えた。①の予見は学習前にあらかじめ課題や自己の動機づけをとらえ，学習目標を設定すること，②の遂行は学習中に自己の状態を把握し，どこにどれほど注意するかなど，自らの学習活動を意識的にコントロールすること，③の自己評価は学習後に学習活動をふりかえり，学習活動の成否の原因を探ること，を指す。

　予見段階では，学習者の動機づけだけでなく，自己効力感も影響する。やみくもに高い学習目標を設定しても，自己効力感が低下し，後の学習活動に悪影響が出る。遂行段階では，単に学習活動を実行するのではなく，さまざまな要因や状況変化に対応して学習活動を適切に修正していく必要がある。その際，メタ認知が重要な役割を果たしている。メタ認知は，メタ記憶の上位概念で，いわば「認知についての認知」であり，個人の認知的特性や課題などに関する知識・気づき（「自分は英語の勉強が苦手だ」「今度のテストは○×式だから試験勉強は楽だ」など）を含んでいる。それらを意識的に確認する（モニタリングを行う）ことで効果的な学習活動のコントロールにつながる。自己評価段階では，学習活動の評価とともに，学習結果に関する原因帰属が重要である。たとえば，学習結果がテスト成績のかたちで戻ってきた時に，成績が悪かったことを自己の努力不足や学習方法に帰属するなら，次の学習活動のより良い進展につながる。しかしながら，自己の恒常的な能力不足や運・不運，他者の影響に帰属するならば，学習そのものへの動機づけは確実に低下する。その逆に，テスト成績が良かった時に，自己の努力が報われ，能力が高いことに帰属するなら，その後の学習への動機づけも高まる。

　外界からの刺激情報は，感覚記憶までは，いわば自動的に入ってくるはずである。しかし，目に映ったものや耳に聞こえたものがすべて意識されるわけではない。短期記憶は，「心理的な現在」とも呼ばれ，感覚記憶からの情報はすべて短期記憶へと送られるのではなく，特定の「気にとめた」情報だけが選択的に短期記憶で処理され，意識化される。この「気にとめる」ことが**注意**である（詳しくは第3章参照）。

　短期記憶は，感覚記憶よりも刺激情報の持続時間は長いが，永続的保持とはいえないほどの，せいぜい数秒〜数十秒の間，刺激情報を保持するための記憶貯蔵システムである。この短期記憶の大きな特徴は，その刺激情報を収めるときの容量に限界を持っていることである。一般的に短期記憶の容量は 7 ± 2 **チャンク**といわれている。ここでのチャンクとは情報のまとまりの単位であり，無意味な文字や数字の並びであれば，一つ一つの文字や数字が1チャンクになる。意味を持つ単語であれば，一つの単語が1チャンクに相当する。

　短期記憶の容量に限界があることは，たとえば，一度に多くの刺激情報を覚えきれないことからわかる。1秒に1個の割合で数字をでたらめに聞かせ，いくつかの数字を聞かせた後で，聞かせた順番の通りに口頭による再生を求めると，一般成人でおよそ5〜9個くらいしか正しく思い出せない（この最大個数を**数唱範囲**といい，個人の短期記憶の容量を端的に示している）。

　このように短期記憶は，容量の限られた一時的な情報の貯蔵庫のようなものだと考えられている。単に情報をしばらくの間だけ保持しておくためというよりも，複雑な認知課題（たとえば，推論，問題解決など）を遂行する際に，こうした一時的に保持された情報が役立つことが多い。つまり，新しく入ってきた情報と自分がすでに持っている情報を照合したり，関連づけたりする場合に，一定のスペースを持った作業台や仕事机のような働きが必要とされる。短期記憶における作業台の役割を重視して発展させた，**ワーキングメモリ**という考え方が広く受け入れられている。

　短期記憶には容量に限界があるため，絶えずなんらかの仕方で情報を短期記憶に留めておくか，あるいは積極的に短期記憶から長期記憶へと情報を送り出す必要がある。その役割を果た

すのが**リハーサル**であり，異なる 2 種類のものがある。一時的に短期記憶内にある情報の保持を引き延ばすために，単純にその情報を繰り返すようなリハーサルを維持リハーサルという。長く覚えておく必要がある時には，意味を付け加えたり，具体的なイメージを思い浮かべたりする精緻化リハーサルが行われる必要がある。

　　3）**永続的記憶保持の仕組み：長期記憶**　　見聞きした事柄を長く保持するには，長期記憶に情報を貯えなければならない。長期記憶には，いくつかの異なったタイプの情報がしまわれている（図 4-9）。言葉で表現できるような情報がしまわれている場合（**宣言的記憶**）と，言葉では表現できない情報がしまわれている場合（**非宣言的記憶**，または**手続き記憶**）とがある。宣言的記憶は，さらに一般的な知識や意味に関する情報が収められている**意味記憶**と，特定の時間や場所に関連した個人的な出来事が収められている**エピソード記憶**とに分かれる。意味記憶に含まれる情報は，エピソード記憶の場合とは違って，特定の時間や空間に規定されることなく，他者との間で共有できるものである。これらは，たとえば，「クジラは哺乳類である」，「フランスの首都はパリである」といった一般的な事柄として記憶に貯えられている。自分自身の事柄に関する記憶（**自伝的記憶**）は，その多くがエピソード記憶に関連している。時には，事実とはまったく異なる出来事がエピソード記憶に残ることがある。こうした誤った記憶を**フォールスメモリ**という。一方，非宣言的記憶には，身体運動や技能，習慣，条件づけられた行動に関連した情報がしまわれている。

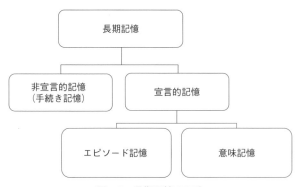

図 4-9　長期記憶の区分

[2] 知識の表現形式と顕在記憶・潜在記憶

　　1）**知識の表現形式**　　意味記憶において，言葉の概念はバラバラに収められているのではなく，さまざまなかたちで構造化されている。たとえば，図 4-10 のように，それぞれの概念が上位概念や下位概念を持ち，階層的に構造化されている場合がある。あるいは，図 4-11 のように，一つの概念が別の概念と意味的に結びつき，全体として網の目のように互いに結びついたかたち（意味的ネットワーク構造）をなしている場合もある。個々の概念だけでなく，いくつかの概念がまとまりになって，一つの事柄を表す場合，そのような知識の集合体のことを**スキーマ**という。さらに，スキーマのなかでもとくに日常生活での一連の行為に関するものを**スクリプト**という。

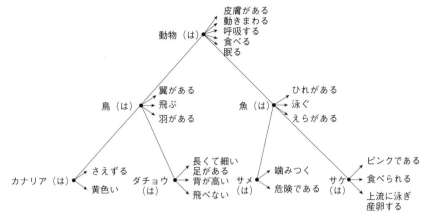

図 4-10　意味記憶における仮想構造の例 (Collins & Quillian, 1969 より一部改変)

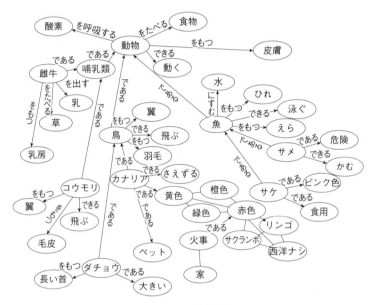

図 4-11　意味記憶におけるネットワーク構造の例 (Lachman et al., 1979 より一部改変)

2）顕在記憶と潜在記憶　　私たちは特定の出来事を直接思い出していないのに，過去の経験によって行動や判断が影響を受けているということがある。再生法や再認法などを用いて個人の記憶力を測定する時，もっぱら個人の想起意識を伴う記憶が調べられている。この記憶は**顕在記憶**と呼ばれている。それに対して，本人が特定の過去の経験を意識していない場合の記憶は**潜在記憶**と呼ばれる。潜在記憶とは，過去の経験や出来事を思い出しているという意識を伴わずに，さまざまな行動に過去経験の効果が現れることを指す。とくに実験的に，先行して提示された刺激（プライム刺激）の受容が後続の刺激（ターゲット刺激）の処理に影響を及ぼすことを**プライミング**という。

コラム7 隠蔽記憶と検索誘導性忘却

　忘却とは，一般に，記憶に保持された情報が時間の経過とともになんらかの理由で喪失して思い出せなくなることをいう。ただし，思い出せないからといって，経験した事柄が記憶から完全に失われているとは限らない。断片的な関連事項が記憶に残っていたり，手がかりや文脈が与えられれば思い出せたりするからである。忘却の原因については，記憶内容に関する情報を短期記憶から長期記憶に送りだすことに失敗したというほかに，長期記憶での保持の段階で，目標とする記憶情報がほかの記憶情報と混同され，あるいは誤って結びついたために生じたという可能性が考えられる。

　精神分析の考え方では，忘却は「抑圧」の働きによって生じるとされている。ここでの抑圧とは，自己防衛機制の一つで，苦痛な体験やかなえられない欲求などを無意識のなかに封じ込めることをいう。とりわけ心的外傷体験（トラウマ体験）や，倫理的に禁じられた欲求が抑圧されやすい。そうした抑圧によって，自らの空想も含んだ無関係な記憶が形成される場合に，それらの記憶は真の記憶を覆い隠すものだという意味で隠蔽記憶と呼ばれる。

　認知心理学では，ある事柄を繰り返し思い出すことによって，それに関連する事柄の想起がかえって思い出されにくくなるという現象（検索誘導性忘却）が知られている。実験は①学習→②検索経験→③最終テスト，という三つの段階から構成される。学習段階で実験参加者は，カテゴリー名とそれに属する事例（項目）を組み合わせた単語対（例：「果物ーミカン」「野菜ーキャベツ」）を覚える。検索経験段階では，学習した単語対の一部を，カテゴリー名と語幹手がかり（例：果物ーミ ＿ ＿ ）を用いて再生することが求められる。最終テスト段階では，すべての学習項目について再生するように求められる。その結果，検索経験段階で提示されなかったカテゴリーを持つ項目（例：「キャベツ」）に比べて，検索対象となったカテゴリーを持つ項目（例：「ミカン」）の記憶成績が良く，検索経験段階で検索対象となったカテゴリーと同一のカテゴリーであるが検索されなかった項目（例：「スイカ」）の記憶成績は悪いという結果が得られた。検索経験段階で「果物」から「ミカン」を思い出そうとした際に「スイカ」の活性化が抑制（抑止）されたために，後の最終テスト段階で「スイカ」が思い出されにくくなったと考えられる。

■ 小テスト

1. 自分の周囲の身近な例で，古典的条件づけによって形成されたと考えられる行動を挙げなさい。
2. 正の強化，負の強化，正の弱化，負の弱化の違いについて述べなさい。
3. 人間の記憶を測定するための方法について述べなさい。
4. 記憶情報を貯えておくための，保持期間の異なる3種類の記憶貯蔵システムについて述べなさい。

■ 引用文献

Atkinson, R. C., & Shiffrin, R. M.（1971）The control of short-term memory. *Scientific American, 224*, 82–89.（船津孝行（訳）（1971）．記憶をコントロールする機構　サイエンス11月号　日本経済新聞社）

Ausubel, D. P.（1963）. *The psychology of meaningful verbal learning.* New York: Grune & Statton.

Bandura, A.（1977）. *Social learning theory.* Englewood Cliffs, NJ: Prentice Hall.（原野広太郎（訳）（1979）．社会的学習理論—人間理解と教育の基礎　金子書房）

Bruner, J. S.（1966）. *Toward a theory of instruction.* Cambridge: Harvard University Press.（田浦武雄・永越敏行（訳）（1977）．教授理論の建設（改訂版）　黎明書房）

Collins, A. M., & Quillian, M. R.（1969）. Retrieval time from semantic memory. *Journal of Verbal Learning and Verbal Behavior, 8*, 240–247.

Ebbinghaus, H.（1885）. Über das Gedächtnis.（Translated by H. A. Ruger & C. E. Bussenius（1913）. *Memory: A contribution to experimental psychology.* London: Dover.）（宇津木　保（訳）（1978）．記憶について　誠信書房）

Garcia, J., Kimeldorf, D. J., & Koelling, R. A. (1955). Conditioned aversion to saccharin resulting from exposure to gamma radiation. *Science, 122,* 157–158.

Köhler, W. (1925). *The mentality of apes* (Translated by Winter, E.). New York: Harcourt, Brace and World. (宮 孝一 (訳) (1962). 類人猿の知恵試験 岩波書店)

Lachman, R., Lachman, J. L., & Butterfield, E. C. (1979). *Cognitive psychology and information processing: An introduction.* Hillsdale, NJ: Lawrence Erlbaum Associates.

Pavlov, I. P. (1927). *Conditioned reflexes* (Translated by Anrep, G. V.). London: Oxford University Press. (川村 浩 (訳) (1975). 大脳半球の働きについて 上・下 (岩波文庫) 岩波書店)

Skinner, B. F. (1938). *The behavior of organisms: An experimental analysis.* New York: Oxford, England: Appleton-Century.

Skinner, B. F. (1954). The science of learning and the art of teaching. *Harvard Educational Review, 24,* 86–97.

Thorndike, E. L. (1898). Animal intelligence: An experimental study of the associative processes in animals. *The Psychological Review: Monograph Supplements, 2,* i–109.

Watson, J. B., & Rayner, R. (1920). Conditioned emotional reaction. *Journal of Experimental Psychology, 3,* 1–14.

Zimmerman, B. J., & Schunk, D. H. (2001). *Self-regulated learning and academic achievement: Theoretical perspectives.* Mahwah, NJ: Lawrence Erlbaum Associates. (塚野州一 (編訳) (2006). 自己調整学習の理論 北大路書房)

第5章

感情と動機づけ

私たちが行動を起こそうとする時，そこには感情や動機づけが関わっている。感情とは，喜び，怒り，悲しみといった気持ちのことである。また，動機づけとは，いわゆる「やる気」のことで「〜したい」「〜しなければならない」と感じる際の心の働きである。私たちは楽しいと感じるものごとには，やる気を生じ，積極的に取り組もうとするし，嫌なことがらからは目を背けたいと思う。また，取り組み始めたことがらに対して，楽しさを感じたりやる気が維持されれば，その活動を続けるであろうが，嫌になったりやる気が失われれば，それをやめようとするだろう。本章では，私たちの日常を彩る感情と動機づけの仕組みについて解説する。

1. 感　　情

[1] 感情とは

　私たちは「うれしい」「悲しい」など日々さまざまな感情を経験している。あなたの昨日一日を振り返ってみてほしい。朝すっきりと良い気分で目覚められた，友達とのおしゃべりが楽しかった，バスが渋滞で遅れてイライラしたなど，多種多様な感情を生じていたのではないだろうか。

　感情を表す心理学用語にはさまざまあり，感情，情動，気分が代表的である。**感情**（feeling, affect）は，広義には経験の情感的または情緒的な面を表す用語であり，情動や気分を包含する。狭義に用いられる場合には，感情は快－不快を両極とする中間状態を意味する。**情動**（emotion）は，いわゆる喜怒哀楽のことで，急激に生じ短時間で終わる比較的強い感情を指す。これには，主観的状態の変化とともに，生理的な反応や，表出行動が伴う。たとえば，怒りの情動を生じた時には，心拍が速まり，血圧は上昇，眉間にしわが寄るといった変化が伴う。**気分**（mood）は，数日から数週間にわたって持続する，弱い感情のことである。日常でも，「今日は良い気分だ」，「最近，気分がすぐれない」のように表現される。以上のように，感情，情動，気分の語は，その強度や持続時間によって使い分けられるが，その区別は必ずしも厳密なものではない。そこで，本節では原則として「感情」の語を用いることとし，情動，気分の語が一般的なケースに関しては，特定の用語を用いる。

[2] 感情の喚起過程

　一般的に，感情が生じる時には，「認知的評価」，「感情状態」，「感情経験」，「感情表出」の4つの位相が組み合わさって働くと考えられている（濱ら，2001；図5-1）。最初の過程は**認知的**

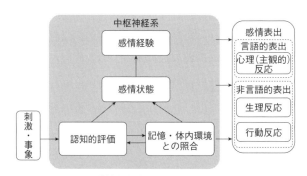

図 5-1　感情喚起過程（濱ら，2001 を一部改変）

評価であり，これは感情の原因となる刺激や事象が，良いか悪いか，危険か安全か，有益か有害かなどを判断することである。認知的評価は，過去の記憶や，その時の体内環境の影響を受ける。たとえば，恋人に道で出会うという出来事は，通常好ましいと評価される。しかし，前日にその恋人とケンカし，関係がギクシャクしていたなら，好ましくないと評価されるかもしれない。認知的評価の結果を受けて，次の位相である感情状態が生起する。感情状態とは，出来事の認知に対して生じる，身体的・生理的活動の特定の変化と定義される。これは感情が生じているという体内の複合的な状態を指す仮説構成概念であり，個別の身体的・生理的な変化を意味するものではない。感情状態を「うれしい」「悲しい」などと主観的に感じ取ったものが感情経験と呼ばれる。したがって，感情状態が生じていたとしても，それに注意を向けていなければ感情は経験されない。また，感情経験は他者の目には見えない個人的な経験である。感情が他者からも感じ取れるかたちになるには，感情表出の過程が必要となる。感情表出は，言葉や表情，しぐさなどのさまざまなチャネル（channel：伝達手段のこと）を通して感情状態が顕在化したものである。感情表出のチャネルは言語的表出と非言語的表出に大別される。このうち，言語的表出は「うれしい」「楽しい」などの言葉による感情の報告を指し，心理反応や主観的反応とも呼ばれる。非言語的表出はさらに生理反応と行動反応に分けられる。生理反応は血圧，心拍，脳波，筋活動などの変化であり，行動反応は表情，しぐさ，姿勢などの表出行動の変化を指す。

　以上が感情を生じる際の一連の過程であるが，その構成要素や生起順序は理論的立場によって必ずしも一致するわけではない。次の節では，代表的な感情理論をいくつか取り上げる。

[3] 感情の古典的理論

　1）ジェームズ・ランゲ説　「悲しい」「恐い」といった感情とその反応との関係を考える時，私たちはふつう「悲しいから泣く」とか「恐いから逃げる」のように，感情を経験することによって身体反応が生じると考える。しかしながら，ジェームズ（James, 1884）は，「泣くから悲しい」のであり，「逃げるから恐い」のだと主張した。つまり，ある刺激によって生じた身体反応（骨格筋や内臓の活動，表情や声などの変化）を知覚したものが感情だというのである。同じころ，ランゲも同様の主張をし，この考えは**ジェームズ・ランゲ説**として広く知られることになった。

　2）キャノン・バード説　キャノン（Cannon, 1927）は，ジェームズ・ランゲ説を批判し，独自の理論を提唱した。彼はジェームズ・ランゲ説への批判として，内臓を大脳から切り離しても感情反応が起こること，内臓の動きは緩慢であり感情よりも時間的に先行して反応するとは考えにくいことなどを挙げている。キャノンの説によると，通常は大脳新皮質によって抑制されている視床（現在では視床下部に相当する部位）が，ある刺激によって解除されると興奮

を生じる。続いて，この視床の反応が，大脳新皮質へ伝達されることで感情経験が生じ，内臓や骨格筋に送られることで身体反応が生起する。つまりこの説では，感情経験と身体反応は同時かつ独立に生じると考える。後にバード（Bard, 1928）がこの主張を発展させた論文を発表し，**キャノン・バード説**と呼ばれるようになった。

　3）情動の2要因説　　シャクターとシンガー（Schachter & Singer, 1962）は，感情経験は身体の生理的覚醒に対して認知的解釈をした結果であると主張した。この考えは，情動が生じるのに生理的覚醒と認知的解釈の二つが必要であると主張することから，**情動の2要因説**と呼ばれる。彼らはこの説を確かめるために，エピネフリン（Epinephrine）注射を用いた実験を実施した。エピネフリンは生理的覚醒をもたらす薬物であり，注射されると心拍や血圧の増加を引き起こす。実験参加者は，エピネフリンを注射され，この薬物の効果について正しく説明を受ける条件と，何も説明を受けない条件に振り分けられた。次に，参加者は待合室で過ごすようにいわれ，そこには陽気に振る舞うサクラか，イライラと怒りを表出するサクラのいずれかが居合わせていた。その後，参加者にどのような感情が生じたか尋ねたところ，エピネフリン注射について説明を受けなかった参加者には，居合わせたサクラと同様の喜びまたは怒り感情が生じていた。つまり，エピネフリン注射によって生じた自身の生理的覚醒を，周囲の人が表出する感情によるものと解釈したと考えることができる。

［4］現代の感情理論

　1）基本感情説と次元説　　感情には基本感情があるという考えは，ジェームズ・ランゲ説やダーウィン（Darwin, C.）の進化論の影響を受けて生まれた。エクマン（Ekman, 1972）は**基本感情説**の立場に立つ代表的な研究者である。彼は，感情には少なくとも六つの基本感情（驚き，幸福，嫌悪，悲しみ，怒り，恐れ）があり，それぞれが特定の刺激事象によって引き起こされ，特定の表情表出パターンや自律神経系の活動を生じると主張した。エクマンは，基本感情は生物学的にプログラムされたものであり，全世界共通であるという。このことを検証するため，エクマンとフリーセン（Ekman & Friesen, 1971）は，西洋文化との接点を持たず，欧米人の顔を見た経験がほとんどないニューギニアのフォア族の人々に対して実験を実施した。この実験では，「怒り」「喜び」などの基本感情を喚起するであろう短いシナリオをフォア族の人々に呈示し，そのシナリオにもっとも適した表情を，アメリカ人の表情写真から選ばせた。すると，ほとんどの感情において高い正答率が得られたのである。

　基本感情説に対しては批判的な見解も見られ，その一つが**次元説**である。この立場では，感情は「怒り」「喜び」といった離散的なカテゴリーで存在するのではなく，少数の次元上に連続的に存在していると考える。たとえば，私たちは怒りと悲しみが入り交じった感情を経験することがある。この場合，基本感情説では感情カテゴリーを明確に線引きし，「怒り」か「悲しみ」のいずれかがラベルづけされるが，次元説では両者の境界線は曖昧で連続的である。次元説の代表例として，ラッセル（Russell, 1980）の提唱した円環モデルがあり，すべての感情は「快－不快」，「覚醒－睡眠」の2次元の空間に円環状に並んでいるとされる（図5-2）。この次元上

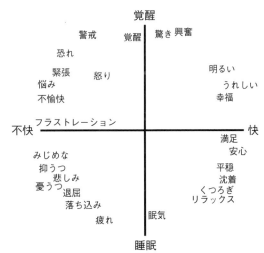

図 5-2　円環モデル（Russell, 1980 をもとに作成）

で，喜びと興奮といった類似度の高い感情は近接して布置され，喜びと悲しみといった対照的な感情は対角線上に布置される。ラッセル（Russell, 1994）は，基本感情説の根拠とされる表情の文化普遍性にも疑問を呈し，選択肢を用いずに自由回答法により表情を判断してもらった場合には，人々が読み取る感情が一貫しないことを指摘している。たとえば，日本人において，悲しみ表情は 80％の確率で正しくラベルづけされるものの，怒り表情と嫌悪表情は 50％前後にとどまり，恐怖表情は 14％しか正しく認識されなかったのである（Russell et al., 1993）。

　最近の研究でも，基本感情を表す表情の文化普遍性には疑問が呈されている。佐藤ら（Sato et al., 2019）は，日本人を対象として，基本 6 感情のシナリオに基づいて表情を表出してもらい，表情表出パターンの分析を行っている。すると，エクマンが指摘した表情パターンと一致したのは喜びと驚きの表情のみであり，それ以外の表情はかなり異なっていることが示された。基本感情説は世界的に有名であるが，研究結果に基づいて修正する必要があることが示唆されている。

　　2）コア・アフェクト（core affect）理論　　**コア・アフェクト**とは，快－不快，覚醒－睡眠の 2 次元で表される神経生理学的現象であり，感情経験の生物学的基盤である（Russell, 2003; Barrett et al., 2007）。快－不快の状態は感情の中核成分と考えられており，その根拠として快－不快がすべての文化で共通して見られることや，誕生時から経験されることなどが挙げられている。コア・アフェクトは常に意識されるわけではないものの，連続的に生じており，これが言語によってカテゴリーに切り分けられた時に，特定の感情が経験される。この過程は色の知覚にたとえると理解しやすい。たとえば，私たちはリンゴを見て「赤色」と認識するが，それは本来連続的な光のスペクトラムに対して「赤」とラベルづけしているに過ぎない。同じように，感情が経験される際も，連続的なコア・アフェクトの状態に対して「喜び」と言語的にラベルづけすることによって，その感情を認識するのである。つまり，喜び，怒り，恐怖といった感情カテゴリーは人間の作り出したものであって，生物学的実体ではないことを指摘しており，基本感情説とは激しく対立する考えである。

［5］感情の伝達

　　1）表　　情　　私たちは嬉しい時には微笑み，腹が立っている時には眉間にしわが寄るなど，顔の表情を通じて他者に感情を伝達している。表情研究には，**感情表出的視座**と**行動生態学的視座**の二つの立場がある。ダーウィン（Darwin, 1872）は，『人及び動物の表情について』という著書のなかで，人や動物の表情を丹念に観察し，両者の近似性を指摘している。この指摘の影響を受けて，表情の研究を発展させたのが感情表出的視座に立つ研究者たちである。前述のエクマン（Ekman, P.）の基本感情説は，感情表出的視座の代表的な例であり，基本 6 感情（驚き，幸福，嫌悪，悲しみ，怒り，恐れ）に特異的な表情の存在を指摘している（図 5-3）。彼の考えでは，表情は「うれしい」「悲しい」などといったその人の感情が漏れ出たものとされる。しかしながら，普段他者に感情を伝達する際には，図 5-3 のような典型的な表情が表出されることはまれであり，弱めたり，強めたり，別の感情で覆い隠したりすることが多い。この点に関して，エクマン（Ekman, 1972）は表示規則の観点から説明している。**表示規則**とは，その状況においてどのような感情を感じているように見せるべきか（あるいは，見せないべきか）に関するルールのことである。たとえば，人からプレゼントをもらった時には，それが意に沿わない場合であっても，うれしそうに振る舞うべきだといったことである。表示規則は後天的に学習されるルールであり，文化により異なる。フリーセン（Friesen, 1972）は，日米の表示規則の違いについて実験的に検証を行っている。この実験では，日本人またはアメリカ人に対して，嫌悪感情を喚起する映像を一人で視聴する条件と，実験者からのインタビューを受けながら見る条件を設け，両者の表情表出の違いを観察している。映像を一人で見ている時には，

幸福　　　　驚き　　　　悲しみ　　　　恐れ　　　　嫌悪　　　　怒り

図 5-3　基本 6 感情を表す表情 (Ekman & Friesen, 1976)

誰からも影響されないため真の感情が顔に表れる一方，実験者がいる状況では，表示規則の影響を受けた表情が表出されることが予想される。実験の結果，映像を単独で視聴した場合には，日本人，アメリカ人ともに，不快な感情が顔に表れた。ところがインタビュー中では，アメリカ人は単独の場合と同様に不快な表情を示したのに対し，日本人は快表情を表出したのである。これは，日本人では人前で不快な感情を表出すべきでないという社会的規範があり，笑顔によるマスキングという表示規則が働いたためと解釈されている。

　行動生態学的視座は，表情は個人の感情と必ず対応するものではなく，他者に社会的メッセージを伝えるものだと主張する。この立場に立つフリッドルンド (Fridlund, 1994) は，表情が個人の社会的動機（攻撃，服従，親和など，これから起こそうとする一連の行動意図）を他者に伝達するツールであると考えた。すなわち，表情を自然な表出と表示規則によって調整される表出に区別することは間違っており，表情は感情を生じた時に他者に何を伝えたいかを反映するものだと指摘する。この点を検証するため，クラウトとジョンストン (Kraut & Johnston, 1979) は，ボーリング場にいる人々の表情を観察し，ボーリングのピンに向かって投球の結果を見ている時と，投球後に友人の方を振り返った時の笑顔の頻度を比較した。すると，スペアやストライクといった良い成績を出した時（喜びがピークに達した時）であっても，ボーリングのピンに顔を向けている時には，笑顔はあまり表出されず，友人の方を振り返った時に多く表出されることが見いだされた。つまり，笑顔は喜び感情が顔に漏れ出たものではなく，他者に伝達するために表出されたといえる。

　このような社会的場面における表情表出には，他者との関係性（友人か初対面か），他者の役割（評価者か同等の立場か），喚起された感情価（快か不快か）などが影響を及ぼす (Wagner & Lee, 1999)。このうち，他者との関係性は，笑顔の表出に影響を及ぼす重要な要因であることが繰り返し確認されてきた。山本・鈴木 (2005) は，友人関係のペア，未知関係のペア，単独のいずれかの条件において，実験参加者に快感情または不快感情を喚起する映像の視聴を求めた。快・不快のいずれの感情喚起映像を見ている時にも，友人関係では未知関係や単独の実験参加者と比べて，笑顔の表出が促進されることが見いだされた。また，友人関係では笑顔が同期して表出されやすいことも示されている。

　2）感情の社会的共有　　私たちは非常に嬉しかったり腹が立ったりした場合には，そのことについて誰かに話したい衝動に駆られる。このような感情経験を言葉を介して他者に語る行動のことを，**感情の社会的共有**と呼ぶ。リメイら (Rimé et al., 1998) の調査によると，感情経験の約 80%が当日のうちに他者に語られる傾向がある。また，社会的共有は 1 回限りで終わるというより，くり返し，複数の人に対して，行われることがわかっている。日本においても余語・尾上 (Yogo & Onoue, 1998) が調査を行い，幸福，悲しみ，怒り，恐怖，嫌悪，愛，不安，恥，罪悪のいずれの感情経験も，高い確率で他者と共有されることが明らかとなっている。

　社会的共有の対象には家族や友人など親しい相手が選ばれることが多く，他者との絆を深めるのに役立つ。ローレンソーら (Laurenceau et al., 1998) は，他者とのコミュニケーションにおいて，感情や事実，情報を話した量や，相手との親密性の記録を，2 週間にわたる日記法により集めた。その結果，感情の社会的共有は事実や情報を語ることに比べて，対人関係におけ

る親密性を高めることが明らかとなっている。

　近年では，ソーシャルメディアの発達により，SNS を介した社会的共有が認められる。とくに，事件や災害など多くの人が同時に経験した衝撃的な出来事の後には，社会的共有が生じやすい。たとえば，2011 年の東日本大震災においては，その直後からツイッター上でネガティブ感情の社会的共有が認められること，原子力発電所の事故に関する怒りのツイートは 1 年経過してもあまり減少しないことが報告されている（三浦ら，2015，2019）。

コラム 8　トラウマを打ち明けると健康になる？

　感情経験を他者に語ることは心身の健康状態とも関連する。強力なネガティブ感情を伴うトラウマティックな経験を持っている場合には，それを秘密にしているよりも，他者に開示した方が健康状態が良いことがわかっている（Pennebaker, 1989）。しかしながら，トラウマを他者に打ち明けようと思っても，受け入れてもらえないのではないか，批判されるのではないかと心配になって，難しい場合も多いのではないだろうか。リメイ（Rimé, 2009）は，恥や罪悪といった感情やトラウマティックな経験は語られにくいこと，周囲の人に拒否される可能性がある場合には感情の社会的共有が妨げられることを指摘している。また，山本ら（2004）は，感情経験が他者に語られない理由について調査を行い，七つの理由を見いだしている（表 5-1）。このうち，「明確化の困難さ」と「意識化の回避」は自分のなかで感情を処理できていないことを表しており，残りの理由は対人関係を意識した社会心理学的な理由である。

表 5-1　感情経験を他者に語らない理由

1　自己保護
　　例：その出来事や感情を人に話すのが恥ずかしかった

2　明確化の困難さ
　　例：その出来事で生じた自分の感情をうまく言葉で言い表せなかった

3　意識化の回避
　　例：その出来事や感情を忘れたかった

4　否定的な他者反応の予防
　　例：人に自慢しているように思われるのが嫌だった

5　対人関係悪化への懸念
　　例：その後の人間関係への影響を心配した

6　他者への配慮
　　例：その出来事や感情を話すと聞き手に不快感を与えると思った

7　話題の社会的価値の低さ
　　例：自分にとっては重要な出来事であるが，人にとっては大したことでないと思った

　他者に開示することが難しい場合には，筆記による開示を行う方法がある。ペネベーカーとビオール（Pennebaker & Beall, 1986）は筆記による開示の効果を確かめるため，過去のトラウマティックな経験について，1 日 15 〜 30 分間鉛筆で紙に書き記す作業を，3 〜 4 日間続けるという実験を行った。その結果，トラウマティックな経験について，感情的な側面を交えて筆記を行った場合には，短期的にはネガティブ感情が増大するが，長期的には健康上の問題が改善し，医療機関への受診回数が減ることが明らかとなっている。一方で，感情的な側面を交えずに事実だけを書き記した場合には，このような効果は認められていない。あくまで感情的な側面を筆記することが，心身の健康状態にとって有用なのである。

　筆記開示パラダイムは，トラウマのような強力なネガティブ感情経験だけに有効なのではなく，日常的に頻繁に生じる感情経験に対しても役に立つようである。関谷・湯川（2009）は，福祉・看護・介護などの対人援助職に従事している人を対象として，感情的不協和経験（職務上クライエントに表出する感情と，実際に抱く感情とのずれによって生じる状態）の筆記開示研究を行っている。すると，職務中の感情的不協和経験について 3 週間にわたり筆記した対人援助職者は，筆記しなかった者と比べて，感情的不協和の頻度が低減することが示されている。感情的不協和はバーンアウトに結びつくことが指摘されていることから，筆記開示は対人援助職につく者の職務満足感を向上したり，離職を防ぐことにもつながる可能性があると考えられる。

2. 動機づけと欲求

[1] 動機づけとは

　人が何かを行う際，それを行う理由はさまざまである。たとえば，英語の勉強を毎日１時間している大学生がいたとする。その大学生は，将来，アメリカに留学したいから勉強しているのかもしれないし，英語のテストで悪い点を避けるために仕方なく勉強しているのかもしれない。このように，**動機づけ**とは「〜したい」などの欲求，「〜するために」などの目的によって行動を起こし，またその行動を維持し，さらにその行動のパターンを統制していく過程を指す。同じ１時間の勉強という行動を量だけの視点から考えたとしても，意欲の理解は不十分である。したがって，意欲の質を理解することが重要だといえる。そして，動機づけとは，このような意欲の質を説明する概念である。本節では，動機づけの概要を説明し，さらに動機づけに関する代表的な理論を取り上げることで理解を深める。

[2] 生理的動機づけと社会的動機づけ

　生きていくうえで，食事や睡眠をとることは不可欠である。もし，睡眠をとらないままで平気でいれば，人は命を落とす危険性があることは容易に想像できるだろう。そのため，栄養が不足したり，睡眠不足になったりすると「空腹を満たしたい」，「睡眠をとりたい」といった欲求が生じる。このように，生まれながらに備わっている欲求を一次的欲求と呼ぶ。そして，それによって生じる動機づけを**生理的動機づけ**という。

　生理的動機づけに関する研究としては，アトキンソンとマクレランド（Atkinson & McClelland, 1948）の実験が挙げられる。この研究では，人物が書かれたイラストを参加者に提示し，そのイラストから思いつくストーリーを作らせた。この課題を１時間後，４時間後，16時間後の計３回実施した。この間，参加者は自由に食事をとることができなかった。ストーリーの内容を分析した結果，１時間後ではランチの場面など食事に関する内容が多かったが，16時間後には，「空腹に耐えきれず食べ物を探している」のように，空腹を解消するための具体的な行動に関する内容が多くなっていた。この実験からも，空腹という一次的欲求が生じると，私たちはそれを満たそうとする動機づけが働くことがわかる。

　一方で，一次的欲求とは対照的に，親しい人間関係を築きたい，周囲から尊敬されたいといった社会生活のなかで生じる欲求として二次的欲求がある。そして，これを満たすための動機づけとして**社会的動機づけ**がある。アメリカの臨床心理学者マレー（Murray, 1964）は，この社会的動機づけを28種類のリスト形式で表現した。例を挙げると，達成欲求（人生で成功したい），防衛欲求（自分自身を守りたい），親和欲求（他人と仲良くなりたい），支配欲求（これまでの環境やそこにいる人を支配したい）などである。冒頭で挙げた「アメリカに留学したいから英語の勉強をしている」とは，留学したいという達成欲求によって引き起こされた行動であるといえる。また，「留学することを目標に英語の勉強を継続する」というように，行動を維持する際にも社会的動機づけが働く。

　さらに，アメリカの心理学者マズロー（Maslow, 1943）は，一次的欲求と二次的欲求の関係を表した**欲求階層説**を提唱している。この説では，人の欲求は，以下の五つの欲求に分類され，生理的欲求や安全欲求など低次の欲求が満たされると，一段階上の欲求が高まり，その欲求を満たすための行動を起こすようになるという。つまり，他者と関係を築きたい，他者から認められたいといった二次的欲求を高めるためには，まず空腹や生命の安全といった一次的欲求が満たされる必要があることがわかる。

　①生理的欲求：空腹や睡眠など生命を維持したい

②安全欲求：生命に関するものを安定的に維持したい

③親和欲求：他者と関わりたい，集団に帰属したい

④承認欲求：他者から価値ある存在と認められたい

⑤自己実現欲求：自分の能力を発揮して創造的活動をしたい

　さらに晩年のマズローは，5番目の「自己実現欲求」の先に「自己超越」の段階があると発表している。この段階は，自己実現を越え同一性を追求し，個人の人間性さえも超越する究極の人間欲求を表すものとして付け加えられた。

［3］内発的動機づけと外発的動機づけ

　社会的動機づけとは，行動要因の違いによって，**内発的動機づけ**と**外発的動機づけ**に分類される。一般的に人の行動を促進する，あるいは制止させるためには，報酬や罰といった外的な力が有効だと考えられている。たとえば父親が子どもに，「次のテストで100点をとったら，自転車を買ってあげるから，頑張って勉強しよう（報酬）」という場合や，ピアノの先生が生徒に「次のピアノのコンクールで優勝できなかったら休みはなし（罰）」という場合が当てはまる。

　しかしながら，私たちの行動は常に外的な力によって導かれているのだろうか。たとえば，純粋に新しい知識を得ることが楽しくて勉強する子どももいるだろうし，自ら決めた目標を達成する喜びを得るために日々の練習に励む者もいるだろう。このように人の行動を理解するためには，内発的動機づけと外発的動機づけを分けて考える必要がある。

　内発的動機づけとは，その活動自体から得られる快感や満足のために活動を行おうとする動機づけである。つまり，ご褒美や罰がなくても自発的に行動する状態といえる。もう少し具体的に見ていくと内発的動機づけは，好奇心，熟達，挑戦などから成り立っている。たとえば，プロのピアニストの演奏方法を知りたい（好奇心），もっと上手にピアノを弾きたい（熟達），よりレベルの高いコンクールで演奏したい（挑戦）などは内発的動機づけによって行動していると考えられる。

　一方で，外発的動機づけは，報酬を得るため，あるいは罰を回避するために活動を行おうとする動機づけである。外発的動機づけによって行動を変えるのは，人間だけでなく動物も同じである。ご褒美のために芸をする犬やイルカなどは，正しくできればご褒美，間違ったことをすれば罰を与えるという報酬と罰によって行動を動機づけられている。外発的動機づけは，即効性がある動機づけであるが，行動が持続しにくい短所がある。たとえば，試験前なのに勉強しない子どもに対して「今度の試験で良い点数を取れたら，お小遣いをあげよう」と言えば，子どもが勉強する意欲を持ち，試験が終わるまではまじめに勉強を続けるかもしれないが，試験が終わると勉強しなくなるかもしれない。

　さらに，同じ行動であっても内発的に動機づけられていることもあれば，外発的に動機づけられていることもあるといえる。たとえば，あるサッカー選手が，サッカーをすることで得られる満足や楽しさのために競技に取り組んでいるのであれば，内発的に動機づけられているといってよいだろう。一方で，その選手が，将来高額な給料を得られるプロ選手になるための手段としてサッカーに取り組んでいるのであれば，それは外発的動機づけに基づいた行動だといえるだろう。つまり同じ行動でも，その行動をとる理由は人によってさまざまである。そして，このように動機づけの視点から，意欲の質をとらえることで，人の行動を深く理解することができる。

［4］自己決定理論

　これまで見てきたように，動機づけには，興味関心に基づく内発的動機づけと，外的報酬に基づく外発的動機づけがある。それでは内発的動機づけに基づく行動に対して外的報酬が与え

図 5-4　自己決定理論における動機づけと調整との関係（Ryan & Deci, 2000 をもとに作成）

られるとどうなるのだろう。たとえば，楽しく勉強している子どもに，テストで良い点が取れたらお小遣いをあげる場合，子どもの動機づけはどう変化するだろうか。この点に関して，デシ（Deci, 1971）の実験はたいへん興味深い結果を示している。

　デシはまず，実験参加者の大学生に自由にパズルを解かせることで内発的動機づけの程度を測定した。次に，実験参加者のうち，実験群の学生にはパズルを解いた数に応じて報酬を与えた。一方，統制群の学生には報酬を与えず自由にパズルを解かせた。こうした操作を行った後，両群の学生に報酬に関係なくパズルを解かせたところ，実験群の学生は統制群の学生よりもパズルを解く数が少なかった。つまり，実験群の学生の内発的動機づけが低下したのである。このように，内発的動機づけによる行動に対して外的な報酬が与えられると，その後の内発的動機づけが下がる現象を**アンダーマイニング効果**と呼ぶ。外的報酬によって他者から行動を統制される感覚が強まるため，このような効果が生じる。ここから，私たちの内発的動機づけには，自らの行動を主体的に決定しているという感覚，すなわち自律性が重要だということがわかる。

　ところで，「将来の夢をかなえるために勉強をする」場合，その動機づけは何であろうか。興味に基づくわけではないため，内発的動機づけとはいえない。しかし，他者に強いられているわけではないため完全な外発的動機づけともいい難い。このような動機づけは，デシとライアン（Deci & Ryan, 1985）によって提唱された**自己決定理論**（図 5-4）から解釈できる。自己決定理論は，自律性（自己決定感）の程度によって外発的動機づけをいくつかのタイプに分ける。たとえば，親から「テストで良い点が取れたら欲しいものを買ってあげる」と言われて勉強を始める場合の動機づけは，外発的動機づけのなかでもとくに自律性が低い。これを外的調整という。その次の取り入れ的調整による動機づけとは，「できなければ恥ずかしいから」といった理由で勉強する場合の動機づけである。他者の評価という他律的な側面もあるが，自ら勉強を始める点で自律性が高まっている。さらに自律性が高い動機づけに，同一化的調整による動機づけがある。これは，将来必要になるから勉強するように，勉強の価値を認め，他者から指示されなくとも自ら進んで勉強に取り組む段階である。そして，他の価値と一致すると自律性が高い統合的調整による動機づけとなる。この段階では，勉強の価値が内在化されているため，勉強をやめてテレビを見たいといった，ほかの活動との葛藤が生じなくなってくる。

　なお，このように，価値を内在化させ，自律性を高めるためには，他者と結びつきを持ちたいという関係性への欲求や，自分自身の有能さを感じたいという有能さへの欲求を充足させることが重要であると考えられている。

［5］学習性無力感

　内発的であれ外発的であれ，動機づけが高まれば課題に取り組むことができる。しかし，課題に対する高い動機づけを常に維持できるだろうか。時には何もしたくない状態になることもあるだろう。たとえば，頑張ってテスト勉強をしたのに，結果が伴わないという経験を繰り返せば，勉強をする気力がなくなるだろう。それでは，なぜこのような動機づけが生じない無気

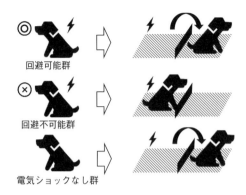

図 5-5　学習性無力感に関する実験の略図

力な状態に陥るのだろうか。

　この無気力状態に関して，セリグマンとマイヤー（Seligman & Maier, 1967）は犬を対象とした実験を行った（図 5-5）。実験は二つの段階に分けられる。はじめに，犬たちは頭部だけを動かせる状態で固定され，電気ショックを繰り返し与えられた。その際，半数の犬たち（回避可能群）は頭の横にあるパネルを押せば電気ショックを止められることを学習した。残りの半数（回避不可能群）はパネルを押しても電気ショックを止めることができなかった。次の段階では，①回避可能群，②回避不可能群の犬たちに加えて，電気ショックを受けていない③電気ショックなし群の犬たちが，ゲージの中に入れられた。このゲージは犬たちが乗り越えられる高さの壁で仕切られていた。そのため，一方の床に電気を流したとしても，壁を乗り越えれば電気ショックを回避することができる状態であった。この時，犬がいる側の床に電気を流したところ，①回避可能群，および③電気ショックなし群の犬たちは，壁を乗り越えて電気ショックを回避するようになった。一方で，②回避不可能群の犬たちは，うずくまって電気ショックを回避することはなかった。回避不可能群の犬たちは，はじめの段階でパネルを押すという自分の行動が電気ショックという不快な刺激をコントロールできないこと，つまり随伴性がないことを学んだ結果，自分からは何もしない無気力な状態に陥ったのである。無力感を学習するという意味で，この現象を**学習性無力感**と呼ぶ。

　学習性無力感は人間でも生じる。結果が伴わないテスト勉強の例は，まさに学習性無力感の一例である。テスト勉強をしても良い結果が得られないこと，つまり自分の行動によって結果をコントロールできないことを学ぶと，たとえ最初は動機づけが高かったとしても無気力な状態に陥るのである。

［6］原因帰属

　テストで良い点がとれた時，何が原因だと考えるだろうか。部活動の試合で負けた時はどうだろうか。成功も失敗も自分の努力が原因だと考える人もいるだろう。一方で，運が良かったまたは悪かったなどと，自分以外が原因だと考える人もいるだろう。このように，ある事象の原因をどこに求めるかを原因帰属と呼ぶ。

　原因帰属の対象にはさまざまなものがある。努力や運のほかにも，能力や課題の難しさがある。ワイナー（Weiner et al., 1971）は**原因帰属理論**を提唱し，統制の所在と原因の安定性という二つの次元から，原因帰属の対象を大別している（表 5-2, 第 11 章も参照）。たとえば，努力は自分次第で変えられるが，課題の難しさは自分では変えられない。統制の所在とは，このように原因が自分の内にあるか外にあるかを意味する。一方，原因の安定性とは，原因が時間に伴って変化しうるか，または安定しているかを意味する。たとえば，テスト勉強でどれだけ努

表 5-2　原因帰属モデル（Weiner et al., 1971 をもとに作成）

安定性	統制の所在	
	内的	外的
安定	能力	課題の難しさ
不安定	努力	運

力するかは，テストごとに変わるため不安定である。しかし，もともと持っている能力は簡単に変わることがないため安定的な原因として位置付けられる。

　こうした統制の所在と安定性は，それぞれ異なるプロセスでその後の行動に影響する。テストでの成功を，運のような外的な原因よりも，努力のような内的な原因に帰属すると，誇りのようなポジティブな感情を感じる。統制の所在の次元は，原因を帰属した後の感情に影響を及ぼす。一方で，テストの成功を，能力という安定的な原因に帰属すれば次回も同じような結果になるという期待が高まる。安定性の次元は，原因を帰属した後の期待に影響を及ぼす。このように生じた感情や期待はその後の行動に影響を与える。したがって，同じ成功や失敗であっても，その後の帰属の仕方で私たちの行動は大きく左右されるのである。

　なお，同じ内的かつ不安定な原因であっても，普段の生活における努力は自分でコントロールできるが，その日の気分はコントロールできない。ここからワイナーは，統制の所在と安定性に加えて，コントロール可能性を含めた三次元のモデルをその後提唱している。

コラム 9　動機づけ雰囲気

　動機づけは必ずしも個人的なものではない。たとえば，「このチームだと目標達成に向けて頑張れそうだ」，「A 先生の体育の授業は楽しいから，一所懸命取り組む気持ちになる」というように，目標達成に向けて集団が個人の動機づけに影響を与えることがある。これを**動機づけ雰囲気**という。

　動機づけ雰囲気は，大きく成績雰囲気と熟達雰囲気に分類される（Ames, 1992a）。成績雰囲気とは，良い成績を残すことや競争を通して目標を達成することを重視しており，結果を出すことを求められる雰囲気を指す。具体的には，①他者と競争することや勝敗が重視される雰囲気，②不平等な評価がなされる雰囲気，③失敗すると非難される雰囲気が含まれる。一方で熟達雰囲気は，努力に価値が置かれ，学習や熟達のプロセスが重視されている雰囲気を指す。こちらには，①個人の上達や努力が高く評価される雰囲気，②個人の役割が重視される雰囲気，③協力的に学習に取り組める雰囲気が含まれる（Newton et al., 2000）。

　こうした動機づけ雰囲気は，これまで体育の授業やスポーツ場面で研究されてきた。セイフリズら（Seifriz et al., 1992）は，チームの雰囲気を熟達的と認知していることが，①メンバーの内発的動機づけ，②チームの一員であることへの満足感，③競技に対する不安の低減に効果的な影響を及ぼしていることを明らかにしている。さらに，パパイアノウ（Papaioannou, 1994）は，体育授業のクラスを対象に研究を行った。その結果，クラスが成績雰囲気であると認知する生徒は，不平等感を持ちやすく緊張や不安が高く，動機づけが低下する傾向があった。一方で，クラスが熟達雰囲気を持っていると認知する生徒は，授業が楽しいと感じやすく，練習に一所懸命取り組むことが報告されている。以上のように，体育の授業やスポーツにおいて，熟達雰囲気を高めることが重要であることが明らかになっている。

　では，体育・スポーツ場面において熟達雰囲気を高めるためにはどのようにしたら良いのだろうか。エームス（Ames, 1992b）は，エプスタイン（Epstein, 1988）の TARGET 構造[1]を参考に，課題・権威・評価と承認の 3 つの次元を取り上げ，熟達雰囲気を高める指導方法を提唱している。具体的には，生徒が自分で確認できる短期的な目標を設定できるように援助する（課題），生徒が意思決定できるように援助する（権威），生徒の努力を認める（評価と承認）などが例として挙げられる。さらに，TARGET 構造を用いた研究としてソロモン（Solomon, 1996）は，中学生の体育授業において，熟達雰囲気あるいは成績雰囲気に基づく指導を行った。その結果，熟達雰囲気の教師の下で学習した中学生の方が，ビデオ撮影によって客観的に評価された練習量が多かったと報告している。

　このように動機づけ雰囲気の形成には，教師やコーチといった指導者の役割が大きい。また近年では，指導者だけでなく，チームメイトが動機づけ雰囲気に及ぼす影響も研究されている。以上のことから動機づけ雰囲気が個人の動機づけに及ぼす影響に関する研究が蓄積されることによって，実践場面に対して有用な知見を提供できることが期待される。

---

1) 課題 (Task)，権威 (Authority)，報酬 (Reward)，集団化 (Grouping)，評価 (Evaluation)，タイミング (Timing) の頭文字をとった達成場面における，動機づけ過程の理解に関連するさまざまな構造的側面を説明したもの。

■ 小テスト

　【　　　】に当てはまる語句を答えなさい。

1. ラッセル (Russell) の円環モデルは，【　　　】の立場に立つ代表的なモデルである。この考えによれば，感情には【　　　】と呼ばれるものは存在せず，すべての感情は【　　　】，「覚醒−睡眠」の2次元空間に連続的に布置される。

2. その活動自体から得られる快感や満足のために活動を行おうとする動機づけを【　　　】動機づけという。

3. テストで良い点が取れた時，その原因を「自分の能力」という，統制の所在が内的で，【　　　】原因に帰属したとする。すると，次回のテストに対する【　　　】が高まることで，その後の動機づけが【　　　】なる。

■ 引用文献

Ames, C. (1992a). Classroom, goals, structures, and student motivation. *Journal of Educational Psychology, 84,* 261–271.

Ames, C. (1992b). Achievement goals, motivational climate, and motivational processes. In G. C. Roberts (Ed.), *Motivation in sport and exercise* (pp. 161–176). Champaign, IL: Human Kinetics.

Atkinson, J. W., & McClelland, D. C. (1948). The projective expression of needs. II. The effect of different intensities of the hunger drive on Thematic Apperception. *Journal of Experimental Psychology, 38,* 643–658.

Bard, P. (1928). A diencephalic mechanism for the expression of rage with special reference to the sympathetic nervous system. *American Journal of Physiology, 84,* 490–516.

Barrett, L. F., Mesquita, B., Ochsner, K. N., & Gross, J. J. (2007). The experience of emotion. *Annual Review of Psychology, 58,* 373–403.

Cannon, W. B. (1927). The James-Lange theory of emotions: A critical examination and an alternative theory. *American Journal of Psychology, 39,* 106–124.

Darwin, C. (1872). *The expression of the emotions in man and animals.* London: John Murray. (浜中浜太郎（訳）(1931). 人及び動物の表情について　岩波書店)

Deci, E. L. (1971). Effects of externally mediated rewards on intrinsic motivation. *Journal of personality and Social Psychology, 18,* 105–115.

Deci, E. L., & Ryan, R. M. (1985). *Intrinsic motivation and self-determination in human behavior.* New York: Plenum.

Ekman, P. (1972). Universals and cultural difference in facial expression of emotion. In J. Cole (Ed.), *Nebraska symposium on motivation.* Vol. 19(pp. 207–283). Lincoln, NE: University of Nebraska Press.

Ekman, P., & Friesen, W. V. (1971). Constants across cultures in the face and emotion. *Journal of Personality and Social Psychology, 17,* 124–129.

Ekman, P., & Friesen, W. V. (1976). *Pictures of facial affect.* Palo Alto, CA: Consulting Psychologists

Press.

Epstein, J. L. (1988). Effective schools or effective students: Dealing with diversity. In R. Haskins & D. MacRae (Ed.), *Policies for America's public schools: Teachers, equity, and indicators* (pp. 89–126). Norwood, NJ: Ablex Publishing.

Fridlund, A. J. (1994). *Human facial expression: An evolutionary view*. San Diego, CA: Academic Press.

Friesen, W. V. (1972). Cultural differences in facial expressions in a social situation: An experimental test of the concept of display rules. Unpublished doctoral dissertation, University of California, San Francisco.

濱　治代・鈴木直人・濱　保久 (2001). 感情心理学への招待：感情・情緒へのアプローチ　サイエンス社

James, W. (1884). What is an emotion? *Mind, 9*, 188–205.

Kraut, R. E., & Johnston, R. E. (1979). Social and emotional messages of smiling: An ethological approach. *Journal of Personality and Social Psychology, 37*, 1539–1553.

Laurenceau, J.-P., Barrett, L. F., & Pietromonaco, P. R. (1998). Intimacy as an interpersonal process: The importance of self-disclosure, partner disclosure, and perceived partner responsiveness in interpersonal exchanges. *Journal of Personality and Social Psychology, 74*, 1238–1251.

Maslow, A. H. (1943). A theory of human motivation. *Psychological Review, 50*, 370–396.

三浦麻子・小森政嗣・松村真宏・前田和甫 (2015). 東日本大震災時のネガティブ感情反応表出：大規模データによる検討　心理学研究, *86*, 102–111.

三浦麻子・小森政嗣・松村真宏・平石　界 (2019). ソーシャルメディアにおけるネガティブ情動の社会的共有：東日本大震災関連ツイートの長期的変化　エモーション・スタディーズ, *4*, 26–32.

Murray, E. J. (1964). *Motivation and emotion*. Englewood Clifts, NJ: Prentice-Hall.

Newton, M., Duda, J. L., & Yin, Z. (2000). Examination of the psychometric properties of the Perceived Motivational Climate in Sport Questionnaire-2 in a sample of female athletes. *Journal of Sport Sciences, 18*, 275–290.

Papaioannou, A. (1994). Development of a questionnaire to measure achievement orientations in physical education. *Research Quarterly for Exercise & Sport, 65*, 11–20.

Pennebaker, J. W. (1989). Confession, inhibition, and disease. In L. Berkowitz (Ed.), *Advances in experimental social psychology*. Vol. 22 (pp. 211–244). New York: Academic Press.

Pennebaker, J. W., & Beall, S. K. (1986). Confronting a traumatic event: Toward an understanding of inhibition and disease. *Journal of Abnormal Psychology, 95*, 274–281.

Ryan, R. M., & Deci, E. L. (2000). Self-determination theory and the facilitation of intrinsic motivation, social development, and well-being. *American Psychologist, 55*, 68–78.

Rimé, B. (2009). Emotion elicits the social sharing of emotion: Theory and empirical review. *Emotion Review, 1*, 60–85.

Rimé, B., Finkenauer, C., Luminer, O., Zech, E., & Phillippt, P. (1998). Social sharing of emotion: New evidence and new questions. In W. Stroebe & M. Hewstone (Eds.), *European review of social psychology*. Vol.9 (pp. 145–189). New York: John Wiley & Sons.

Russell, J. A. (1980). A circumplex model of affect. *Journal of Personality and Social Psychology, 39*, 1161–1178.

Russell, J. A. (1994). Is there universal recognition of emotion from facial expression?: A review of the cross-cultural studies. *Psychological Bulletin, 115*, 102–141.

Russell, J. A. (2003). Core affect and the psychological construction of emotion. *Psychological Review, 110*, 145–172.

Russell, J. A., Suzuki, N., & Ishida, N. (1993). Canadian, Greek, and Japanese freely produced emotion labels for facial expressions. *Motivation and Emotion, 17*, 337–351.

Sato, W., Hyniewska, S., Minemoto, K., & Yoshikawa, S. (2019). Facial expressions of basic emotions in Japanese laypeople. *Frontiers in Psychology, 10*, 259.

Schachter, S., & Singer, J. (1962). Cognitive, social and physiological determinants of emotional state. *Psychological Review, 69*, 379–399.

Seifriz, J. J., Duda, J. L., & Chi, L. (1992). The relationship of perceived motivational climate to intrinsic motivation and beliefs about success in basketball. *Journal of Sport and Exercise Psychology, 14*,

375–391.

関谷大輝・湯川進太郎 (2009). 対人援助職者の感情労働における感情的不協和経験の筆記開示　心理学研究, *80*, 295–303.

Seligman, M. E. P., & Maier, S. F. (1967). Failure to escape traumatic shock. *Journal of Experimental Psychology, 74*, 1–9.

Solomon, M. A. (1996). Impact of motivational climate on students' behaviors and perceptions in a physical education setting. *Journal of Educational Psychology, 88*, 731–738.

山本恭子・鈴木直人 (2005). 他者との関係性が表情表出に及ぼす影響の検討　心理学研究, *76*, 375–381.

山本恭子・余語真夫・鈴木直人 (2004). 感情エピソードの開示を抑制する要因の検討　感情心理学研究, *11*, 73–81.

Yogo, M., & Onoue, K. (1998). Social sharing of emotion in a Japanese sample. In A. Fischer (Ed.), *ISRE '98: Proceeding of Xth Conference of International Society for Research on Emotions* (pp. 335–340).

Wagner, H. L., & Lee, V. (1999). Facial behavior alone and in the presence of others. In P. Philippot, R. S. Feldman, & E. J. Coats (Eds.), *The social context of nonverbal behavior* (pp. 262–286). England: Cambridge University Press.

Weiner, B., Frieze, I. H., Kukla, A., Reed, L., Rest, S., & Rosenbaum, R. M. (1971). *Perceiving the causes of success and failure*. Morristown, NJ: General Learning Press.

第6章

心の生物学的基盤
脳と神経

> この章では，心を生み出す脳の構造と神経細胞の仕組みについて学ぶ。私たちヒトの神経系は，中枢神経と末梢神経に分けられ，体中くまなく神経ネットワークがはりめぐらされている。中枢神経系は脳と脊髄に分かれる。脳はさらに，大脳（終脳），間脳，中脳，橋，小脳，延髄に分かれ，中脳，橋，延髄をまとめて脳幹という。まず，大脳と間脳の構造（解剖）と機能について説明する。次に脳の働きを支える脳膜，脳室系，脳の血管系の構造について見ていく。最後に，中枢神経系を構成する神経細胞の構造と機能を説明する。

1. 大　脳

　大脳の重さは約 1,200 ～ 1,400g といわれているが，個人差が大きい。大脳は**大脳縦裂**という溝により右大脳半球と左大脳半球の左右二つの半球に隔てられ，**脳梁，前交連**などの**神経線維**の束により一部結合している。大脳は，表面に広がる神経細胞の薄い層である**大脳皮質**と神経線維の集まりである白質からなる外套，**大脳基底核，脳室**に分かれる。外套には，**前頭葉，頭頂葉，後頭葉，側頭葉**のほか，**島，透明中隔，嗅脳，脳梁，前交連，脳弓**などがある。大脳皮質には多数のしわ，すなわち大脳溝と溝の間の高まりである大脳回がある。大脳溝および大脳回には個人差が著しく，同一人物の左右大脳半球間でさえ一致することは稀であるが，基本的なパターンは類似しているため，多くの人に共通して見られる構造を知っておくことは大脳の理解に必要不可欠である。代表的な**大脳溝**と**大脳回**についてその名称と場所を説明していく。

[1] 大脳半球外側面の解剖（図6-1，6-2）

　図 6-1 は，左大脳半球を外側から見た面（外側面）の図である。大脳半球表面は，脳溝を境として，前頭葉，頭頂葉，側頭葉，後頭葉の四つの**脳葉**に分けられる。脳葉を分ける大脳溝を**葉間溝**という。葉間溝には，**外側溝**（シルビウス裂），**中心溝**（ローランド溝），および**頭頂後頭溝**がある。外側溝は，大脳半球外側に見られるもっとも長い大脳溝で，前頭葉および頭頂葉と，側頭葉との境界となっている。中心溝は，大脳半球の外側面において，半球上縁のほぼ中央部から前下方に走り，外側溝後枝の近くに終わり，前頭葉と頭頂葉の境界となっている。頭頂後頭溝は，大脳半球内側面（大脳半球を内側から見た面）にあり，その後上部において，半球上縁から前下方に向かって走り頭頂葉と後頭葉との境となっている。頭頂葉と後頭葉を分ける頭頂後頭溝は大脳半球の内側面にあるため，図 6-1 の外側面からは見えない。

　1）前頭葉　　前頭葉は大脳半球の前方に位置する。前端は前頭極と呼ばれ，外側面には三つの溝と四つの回がある。中心溝の前方でほぼこれと平行する中心前溝と，中心前溝から始ま

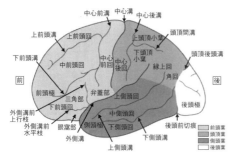

図 6-1　大脳半球外側面（沼田, 2017）

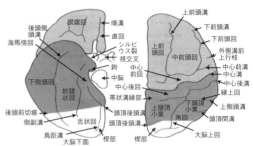

図 6-2　大脳皮質下面（左）・上面（右）（沼田, 2017）

って前方に走行する上下の前頭溝があり，中心溝と中心前溝との間に**中心前回**，上前頭溝の上方に**上前頭回**，上下の前頭溝間に**中前頭回**，下前頭溝の下方に**下前頭回**がある。下前頭回は，外側溝の**前枝**と**上向枝**により 3 部に分けられ，後部を**弁蓋部**，中部を**三角部**，前部を**眼窩部**という。左半球の弁蓋部と三角部は**ブローカ領域**と呼ばれ，言語機能に関係するといわれている。前頭葉はヒトでは大きく発達しており，言語のほかにも運動，意思決定などの機能を担っている。

　2）頭頂葉　　頭頂葉は前頭葉の後方に位置する。頭頂葉の外側面には二つの溝と三つの回がある。すなわち中心溝の後方ではほぼこれと平行する中心後溝と中心後溝から始まり，後方へ走行する**頭頂間溝**とがあり，中心溝と中心後溝との間に**中心後回**，半球上縁と頭頂間溝の間に**上頭頂小葉**，頭頂間溝の下方に**下頭頂小葉**がある。下頭頂小葉はさらに，前部の**縁上回**と，後部の角回に分けられ，縁上回は外側溝の後端を囲み，角回は上側頭溝の後端を囲んでいる。頭頂葉は体性感覚，空間関係の理解，計算，読み書きなどの機能を担っている。

　3）側頭葉　　側頭葉の前端は側頭極と呼ばれ，その外側面は境界不明瞭に底面へと移行している。後方の後頭葉との境も明らかではなく，**頭頂後頭溝**の上端と側頭葉底面の後頭前切痕とをむすぶ仮想の線を大体の境界としていることが多い。外側面には二つの溝と三つの回がある。すなわち，外側溝に平行して後方に走行する上下の側頭溝があり，外側溝と上外側溝との間の**上側頭回**，上下の側頭溝の間の**中側頭回**，下側頭溝と外側面外縁との間の**下側頭回**がある。上側頭回の背側面にあり外側溝に隠れている部分は**横側頭回**と呼ばれ，聴覚の一次中枢である。上側頭回の後方は**ウェルニッケ領域**と呼ばれ，言語理解に関係している。側頭葉は主に言語，記憶などの機能を担っている。

　4）島　　島は外側溝の底をなす部分で，通常表面からは見えない。図 6-5 の大脳半球内部の構造で確認することができる。島を覆う部分を弁蓋という。

　5）後頭葉　　後頭葉は大脳半球の後部に位置し，視覚情報の処理に重要な役割を担っている。後頭葉外側面の大脳溝および大脳回は非常に不規則である。漠然と上部と外側部に分けて，上後頭溝および回，外側後頭溝および回と呼ばれている。底面は側頭葉の溝および回の延長部となっている。後端は後頭極と呼ばれている。頭頂後頭溝は大脳半球内側面にあり，その後上部において半球上縁から前下方に向かって走り，頭頂葉と後頭葉との境となっている。この頭頂後頭溝の後方が後頭葉となる（図 6-3）。後頭葉の内側面には**鳥距溝**があり，この溝を挟んで上下部分が視覚の一次中枢である。

［2］大脳半球内側面の解剖（図 6-3, 6-4）

　図 6-3 は大脳半球の正中断面（右半球と左半球をちょうど等しく分けた断面）から見た図である。大脳半球内側面には，各脳葉に固有な外方部と二つ以上の脳葉に共有される内方部とがある。内側面には六つの脳溝，すなわち脳梁溝，海馬溝，帯状溝，頭頂下溝，頭頂後頭溝，鳥

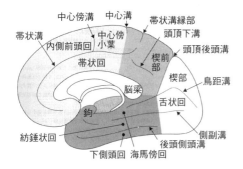

図 6-3　大脳半球内側面 (沼田, 2017)

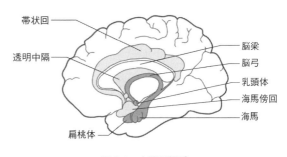

図 6-4　大脳辺縁系
図 6-3 の正中断面より深部。

距溝がある。内側面の外方部分の前部は前頭葉で，頭頂後頭溝の後方は後頭葉となる。内側面の内方部分には**帯状回**，**海馬傍回**があり，また図 6-3 の正中断面よりの深部には，海馬，扁桃体などがある。これらの帯状回，海馬傍回，海馬，扁桃体などは，**大脳辺縁系**と呼ばれる部分を構成している（図 6-4）。大脳辺縁系は，本能行動や感情，さらには記憶などに関連している。

[3] 大脳白質（髄質）の構造

　次に大脳半球の内部の構造について説明する（図 6-5）。大脳半球の内部は神経線維で構成されている白質（髄質）からなる。白質の神経線維は，**連合線維**，**交連線維**，および**投射線維**の三つのタイプの神経束に分けられる。神経線維は，大脳半球内や半球間の情報を伝達したり，大脳と脳幹・小脳・脊髄との情報を伝達したりする役割を担っている。

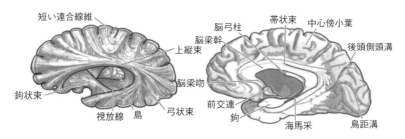

図 6-5　大脳白質の神経線維（連合線維と交連線維） (Carpenter, 1976)

　1）連合線維（図 6-5）　　　同側半球内の皮質間を連絡する神経束であり，以下の五つがある。
①**弓状束**（島の周囲を通り，前頭葉と側頭葉とを結ぶ神経束）
②**上縦束**（弓状束の上部で前頭葉と頭頂葉・後頭葉とを結ぶ神経束）
③**下縦束**（側頭葉と後頭葉とを結ぶ神経束）
④**鉤状束**（島下面を経て側頭葉前部と前頭葉下面とを結ぶ神経束）
⑤**帯状束**（脳弓回の中を通って頭頂葉・後頭葉と海馬傍回およびその近傍とを結ぶ神経束）
　2）交連線維（図 6-5）　　　左右大脳半球の皮質間を連絡する神経束で，脳梁と前交連がある。脳梁は両側大脳半球の系統発生的に新しい部分を結ぶ交連線維である。脳梁は正中断では全体としては釣針状で，脳梁膨大，脳梁幹，脳梁膝，および脳梁吻の 4 部に分けられる。前交連は両側大脳半球の系統発生的に古い部分を連結する交連線維である。
　3）投射線維　　　大脳皮質と脳幹や小脳，脊髄などとを連絡する神経路であり，大脳皮質に電気信号を伝達する求心性線維と，大脳皮質から電気信号を伝達する遠心性線維の 2 種類がある。

[4] 大脳皮質の深部にある構造

1）大脳基底核（図6-6）　　　大脳基底核は大脳内部（深部）に位置する対称的な神経細胞の集まり（核）であり，**尾状核**，**レンズ核**，**扁桃体**の三つがある。レンズ核の外部は**被殻**といい，内部は**淡蒼球**と呼ばれる。被殻と尾状核とを合わせて**線条体**と呼ばれることが多い。尾状核とレンズ核は，運動の制御を担っている。扁桃体はレンズ核のすぐ腹側に位置する小さなアーモンド状の形をした核であり，情動に関係する。

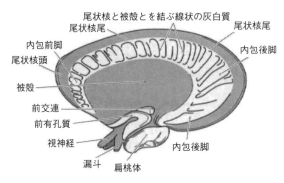

図6-6　大脳基底核（平沢ら，1950）

2）海馬（図6-7）　　　**海馬**は，側頭葉の内側面深部に位置し，海馬溝により形づくられている隆起した部分である。アンモン角とも呼ばれ，記憶と深く関係している。その前端部の上面にはいくつかの肥厚した部分があり，海馬足や海馬指と呼ばれている。歯状回，海馬および海馬傍回へと移行する部分である海馬台を総称して**海馬体**と呼ぶ。

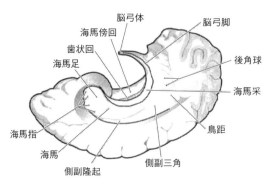

図6-7　左側の側脳室と海馬（平沢ら，1950）
手前が大脳外側面，奥側が大脳内側面となる。

2. 間　脳

　間脳は大脳半球と中脳の中間に位置し，底部の一部を除いて大脳半球に完全に覆われている。間脳は，**視床**，**視床後部**，**視床上部**および**視床下部**の４部に分かれている。

[1] 視床（図6-8）

　視床の形は卵円形に近く，外，内，上，下の４面を区別することができる。視床の内部は内側髄板という白質により大きく前核，内側核群，外側核群に分けられ，さらにさまざまな核に分類される。**視床前核**は，記憶に関係する**パペツ回路**の一部となっている。**視床内側核**は大脳

の前頭葉と結合しており，情動に関係する**ヤコブレフ回路**の一部となっている。後内側腹側核と後外側腹側核は体性感覚情報の出入力の中継点である。内側髄板内には不規則に散在する髄板内核があり，また視床内側核の腹側には中心内側核という核があるが，この二つは脳幹の背側部に広がる網様体の最後部をなし，広汎に大脳皮質と結合しており**非特殊核**と呼ばれている。視床は，嗅覚を除き，視覚，聴覚，体性感覚などの感覚を大脳皮質へ中継する役割を担う。

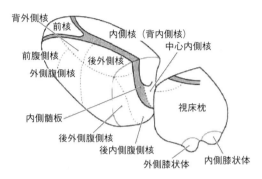

図 6-8　視床と視床後部 (川村，1985)

［2］視床後部（図 6-8）

　視床の後部には，内外 2 個の隆起があり，それぞれ**内側膝 状 体**および**外側膝状体**と呼ばれる。内側膝状体は聴覚情報を皮質へ送る役割を担い，外側膝状体は網膜からの視覚情報を後頭葉へ送る中間核としての役割を担う。

［3］視床上部

　手綱，手綱三角，松果体および後交連などからなる。

［4］視床下部（図 6-9）

　視床下部は視床の下にある狭い部分で，自律神経や神経内分泌の中枢である。図 6-9 は視床下部を拡大した図である。前から後に向かって，終板，**視神経交叉**および視索，**下垂体**，漏斗，灰白隆起，**乳頭体**などがある。下垂体はホルモンの分泌に関連する。

　以下に大脳と間脳の解剖と機能をまとめる。大脳の表面は神経細胞が集まる皮質で覆われ，多数の脳溝と脳回がある。大脳深部には神経線維が縦横無尽に走行する。大脳の深部には神経細胞が集まる大脳基底核がある。脳回や神経核は運動・感覚・認知機能などを担い，神経線維束は情報を連絡する役割を担う。

　大脳と脳幹の中間には間脳がある。間脳は，嗅覚をのぞく感覚情報を大脳皮質へ中継する役割を担い，自律神経や神経内分泌に関連している。次に，脳の働きを支える脳膜，脳室と脳脊髄液循環，脳の血管系について見ていく。

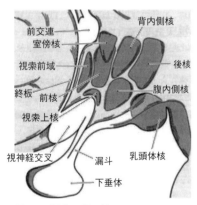

図 6-9　視床下部の核 (Carpenter, 1976)

3. 脳膜（図 6-10，6-11）

　脳は他の臓器と異なり，硬い頭蓋骨で守られた頭蓋腔内にあり，さらに**硬膜，クモ膜，軟膜**の 3 つの**脳膜**により覆われている（図 6-10）。硬膜は脳膜の最外層をなす強靭な被膜で，内外 2 葉からなる。内膜は頭蓋腔に向かって大脳鎌，小脳鎌，小脳テントと呼ばれるひだをつくり，それぞれ，左右大脳半球，左右小脳半球，および大脳半球後頭葉と小脳半球とを隔てている。硬膜の内外 2 葉の間には**硬膜静脈洞**という数多くの大きな静脈がある（図 6-10）。

　クモ膜は硬膜の内面にある柔らかい膜で，軟膜に向かって網状の線維束の突起を出している（図 6-11）。軟膜とクモ膜との間を**クモ膜下腔**といい，脳脊髄液で満たされ，クモ膜と硬膜との間を**硬膜下腔**と言い，リンパ液で満たされている。クモ膜下出血という病気は，軟膜とクモ膜の間の出血のことを指す。

　軟膜は最内層をなす薄い柔らかい膜で，脳表面に密着している。クモ膜と軟膜とは組織学的には一続きのものである。大脳回などでは，両者が互いに接近して 1 枚の膜になっているが，大脳溝などではクモ膜は飛び越えているのに対し，軟膜は大脳溝に沿って脳表面を覆っている。

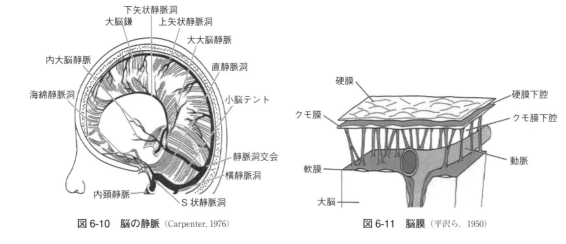

図 6-10　脳の静脈（Carpenter, 1976）

図 6-11　脳膜（平沢ら，1950）

4. 脳室系と脳脊髄液循環（図 6-12）

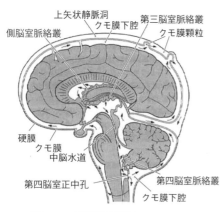

図 6-12　脳脊髄液循環（浅田ら，1999）

　脳の内部には，脳室という**脳脊髄液**を蓄えた腔がある。脳脊髄液は脳を衝撃から守る役割などがある。脳脊髄液の産生は，主に脳室内の**脈絡叢**で行われており，1 日 400 ～ 500ml の脳脊髄液がつくられる。脳脊髄液は室間孔（モンロー孔）を通り，第三脳室と中脳水道を経て，第四脳室から正中孔（マジャンディー孔）と外側孔（ルシュカ孔）を通り，クモ膜下腔へと出る。ここからクモ膜下腔全体へ広がって上行し，クモ膜顆粒から静脈洞に入り血液中に還っていく。

5. 脳の血管系（図6-13，6-14）

　脳は体の臓器の中でもっともエネルギーを必要とするため，多くの血液が必要となる。脳は，左右の**内頚動脈**と**椎骨動脈**により灌流し，血液が供給されている。内頚動脈は**前大脳動脈**と**中大脳動脈**に分かれる。前大脳動脈は大脳縦裂を上前方に走り，**前交通動脈**によって左右の動脈を結ぶ。前大脳動脈は前頭葉の内側，頭頂葉の内側に血液を供給している。中大脳動脈は外側溝を後外側に走り，大脳半球外側面の大部分の血液を供給する。内頚動脈は，前中大脳動脈に分かれる直前に，**後交通動脈**を分岐し**後大脳動脈**と交通する。椎骨動脈は鎖骨下動脈から起こり，左右が合一して**脳底動脈**となり，その後，左右の後大脳動脈になる。このように内頚動脈と椎骨動脈の枝は連絡して輪状の動脈吻合を形成しており，これを**大脳動脈輪（ウィルスの動脈輪）**という。大脳動脈輪を構成している動脈は，前大脳動脈，前交通動脈，内頚動脈，後交通動脈，後大脳動脈である。大脳動脈輪により，大脳は1本の動脈から血液の供給が途絶えても，他の動脈から血液が供給できる仕組みとなっている。

　大脳の静脈はほとんど動脈とは関係なく走行することが特徴である。大脳表面（脳表）にある静脈と大脳内部にある静脈とに分けられる（図6-10）。脳表の静脈は**架橋静脈**（橋静脈）を経て近傍の硬膜静脈洞に注いでいる（図6-14では上矢状静脈洞にあたる）。架橋静脈とは脳表の静脈の脳表面から静脈洞に入るまでの部分をいう。硬膜静脈洞とは，硬膜の内外2葉の間，また正中部で左右の脳硬膜が合わさる部分の隙間にある管腔構造である。硬膜静脈洞では脳を通ってきた静脈血を集めて内頚静脈に送る。頭をひどく揺さぶられると架橋静脈が引っ張られて出血し，血液が硬膜の下にたまる硬膜下出血を引き起こす。図6-10に示したように，内部では多くの静脈が集まって左右の内大脳静脈となり，さらにこれらが合わさり1本の大大脳静脈となって直静脈洞に注いでいる。

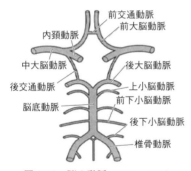

図6-13　脳の動脈（平沢ら，1950）

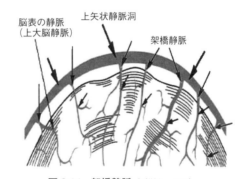

図6-14　架橋静脈（平沢ら，1950）

　最後に，脳膜，脳室と脳脊髄液循環，脳の血管系の構造についてまとめる。脳は硬膜，クモ膜，軟膜によって覆われている。脳脊髄液は脳室の脈絡叢で産生され，クモ膜下腔へ出た脳脊髄液は，クモ膜顆粒を通って静脈内に流れ込む。脳の動脈は，複数の動脈が輪状につながるウィルス動脈輪を形成している。

6. 中枢神経系を構成する細胞（図6-15，6-16）

　次に神経系の構成要素を細胞レベルで見てみる。中枢神経系は，**神経細胞（ニューロン）**と**グリア細胞（神経膠細胞）**で構成されている。

[1] 神経細胞（ニューロン）

　神経細胞（ニューロン）は**細胞体**，**樹状突起**，**軸索**の3部からなる（図6-15）。細胞体は核とその周囲の細胞質をいう。樹状突起は通常複数の，信号を受け取る突起で，多くの分岐を持っている。これに対し，軸索は1本の長い突起であり，その末端で，他の神経細胞の細胞体または樹状突起に**シナプス**という構造を介して信号を伝えている。シナプスは軸索終末部のシナプス前部，神経細胞間の**シナプス間隙**，および信号が伝えられる神経細胞にあるシナプス後部から構成されている（図6-16）。軸索には絶縁体の鞘が取り巻いているものがあり，絶縁体の鞘の部分を**髄鞘**，髄鞘を持つ神経線維を**有髄線維**と呼ぶ。神経細胞には樹状突起や軸索などの性状によりさまざまな種類がある。

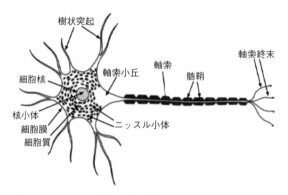

図6-15　神経細胞の模式図（山鳥ら，2007）

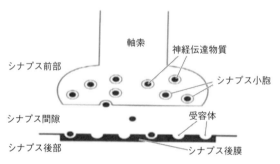

図6-16　シナプスの構造と伝達（山鳥ら，2007）

[2] グリア細胞（図6-17）

　グリア細胞は神経細胞を栄養し，支え，電気的に絶縁し，外部環境から保護することにより，神経細胞の機能を補助する細胞である。グリア細胞には，星状膠細胞（アストロサイト），乏突起膠細胞（オリゴデンドログリア），上衣細胞，小膠細胞（ミクログリア）がある。

7. 神経細胞内の信号伝達

[1] 静止電位（図6-18）

　神経細胞内の信号連絡は電気を使って行われている。神経細胞が電気信号を発生するメカニズムは，神経細胞膜の内側と外側に存在するイオンの不均衡な分布による。神経細胞の内側には，カリウム（K^+）が多く，外側にはナトリウムイオン（Na^+）と塩素イオン（Cl^-）が多く分布している。カリウムとナトリウムはプラスのイオンであり，塩素はマイナスのイオンであ

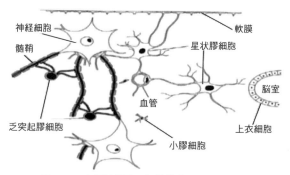

図 6-17　中枢神経系の組織構成 （山鳥ら，2007）

る。神経細胞の内側にはマイナスに帯電したタンパク（A⁻）が集まっており，細胞が静止状態にある時，膜の内側は，外側に対して，約マイナス 70 ～ 90 ミリボルト（1 ミリボルトは 1000分の 1 ボルト）の電位差を保っている。これを**静止電位**と呼ぶ。この不均衡なイオン分布は，細胞膜がカリウムイオンは通すが，ナトリウムイオンは通しにくいという半透膜であるということ，それでも入ってくるナトリウムイオンを，エネルギーを使って能動的に細胞外に排出し，カリウムを細胞内に取り込むポンプを持っていることにより維持される。

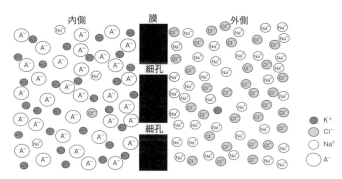

図 6-18　細胞内外のイオン分布 （Schmidt et al., 1978）

[2] 活動電位（図 6-19，20）

　信号が軸索を通って伝えられる時には，まず，細胞体の膜の電位が，ほんの一瞬，プラスに逆転する。このプラス方向への電位変化を**脱分極**という。この膜の電位の逆転のきっかけは，ほかの神経細胞から信号を受け取った結果引き起こされることもあるし，また，外界からの物理的，あるいは，化学的刺激によって引き起こされることもある。その後，膜の電位は，速やかに元へ戻る。このマイナス方向への電位変化を**再分極**という。この 1000 分の 1 秒以下の短い時間に引き起こされる膜の電位変化を**活動電位**と呼ぶ。オシロスコープなどで活動電位を観察すると，鋭く尖った波形が見られることから，**インパルス**，スパイク，発火，発射などと呼ばれている。

　活動電位は，細胞の外からの急速なナトリウムの流入とそれに続く細胞内からのカリウムの流出によって引き起こされる。細胞体に活動電位が発生する時は，細胞膜の電位がマイナス数十ミリボルトの静止電位から次第にプラス方向にシフトし，一定のレベル（閾値）を超えると，まず，細胞外のナトリウムイオンの細胞内の流入（gNa）が起こり，その直後に細胞内のカリウムイオンの細胞外の流出（gK）が起こる。活動電位はこの二つの変化が連続して起こることで一気に発生する。このため活動電位の大きさは，発生の時間間隔が極端に短くならない限り

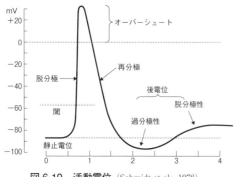

図 6-19　活動電位 (Schmidt et al., 1978)　　　　図 6-20　活動電位 (Schmidt et al., 1978)

は常に一定である。つまり，発生する活動電位の大きさは，神経線維を遠くまで伝わっていく時にも一定の大きさに保たれていて弱まることはない。

　神経細胞が電気信号を伝える神経線維（軸索）は，通常何本も束になって走っている。電気信号（活動電位）が軸索を伝わっていく時，何本も隣りあっていると，お互いに電気信号が漏れてしまい混信する恐れがある。混信を防ぐため，神経線維の周囲を絶縁物質が取り巻いている。脊椎動物における多くの神経線維では，この絶縁物質の薄い膜が何重にも巻き付いており髄鞘と呼ばれる。絶縁物質の薄い膜は，数十ミクロン間隔（1 ミクロンは 100 万分の 1 メートル）で，途切れくびれた部分をつくっている。この部分を**ランビエの絞輪**という。

8．神経細胞間の信号伝達（シナプス伝達のメカニズム）（図 6-16）

　細胞体から軸索を伝わってきた電気信号は，軸索終末で隣の神経細胞に伝達されなくてはならない。この細胞間で信号が伝達される接続部をシナプスという。シナプスには，20 〜 30 ナノメートル（1 ナノメートルは 10 億分の 1 メートル）の隙間があり，これをシナプス間隙という。シナプス前終末には神経伝達物質という化学物質を含んだたくさんのシナプス小胞がある。軸索を伝わった電気信号はシナプス前終末に達し，そこでシナプス間隙に**神経伝達物質**を放出させる。シナプス後膜に到達した神経伝達物質は膜上にある神経伝達物質の受容体（リセプター）に結合する。その結果，後シナプス電位が発生し，電気信号が隣の神経細胞に伝達される（図 6-16）。

コラム 10　大脳皮質の機能局在

　大脳皮質の機能は部位によって異なっており，これを脳の機能局在という。つまり特定の機能については特定の部位がとくに重要な働きをもっており，そのような部位をその機能の中枢と呼ぶ。運動や知覚の中枢領域は一次皮質と呼ばれる。これに対し，一次皮質以外の大脳皮質は連合皮質と呼ばれている。連合皮質は系統発生的にもっとも新しい領域で，言語や遂行機能などのいわゆる高次脳機能を担っている。以下に五つの中枢領域を挙げる。

（1）一次運動皮質
　随意運動の中枢である。大脳半球の中心前回と中心傍小葉前部にあたり，この領域から起始する錐体路が延髄錐体部で交叉するため，左半身は右半球が，右半身は左半球がそれぞれ支配している。運動中枢には体部位局在があり，中心傍小葉前部および中心前回の上方は下肢，中心前回の中央部は上肢，中心前回の下部は顔面，舌，喉頭，咽頭および咀嚼筋などに相当する（図 6-21）。中心前回の損傷により，損傷部位と反対側の上下肢・顔面の麻痺が出現する。

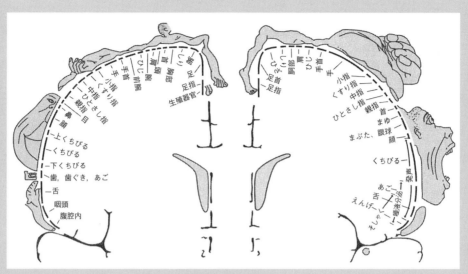

図 6-21　運動野の体部位局在（Kahle et al., 1990）

（2）一次体性感覚皮質

　皮膚知覚，すなわち圧覚，触角，痛覚，温度覚および深部覚などの中枢で，主として中心後回と中心傍小葉後部にあたる。身体部位との関係は運動中枢と同様で，左右も上下の関係も逆になっている。中心後回の損傷により，損傷部位と反対側の手足・顔面の感覚障害が出現する。

（3）一次視覚皮質

　大脳半球内側面の後頭葉の鳥距溝周囲皮質にある。左右の眼球の右側の網膜（左視野）の情報が右半球に，左側網膜（右視野）の情報が左半球にそれぞれ連絡する。

（4）一次聴覚皮質

　上側頭回上面の横側頭回にある。両側とも両耳からの刺激を受けるが，反対側との連絡のほうが強い。

（5）連合皮質（高次脳機能の中枢）

　一次皮質以外の大脳皮質は連合皮質である。連合皮質は，視覚・聴覚・体性感覚など複数の情報を相互に結びつけて統合する領域である。高次の脳機能である言語，行為，記憶，遂行機能などを担っている。連合皮質の損傷により，失語，失行，健忘，遂行機能障害などの高次脳機能障害が出現する。

■ **小テスト**

1. 大脳は四つの脳葉に区分される。四つの脳葉の名称を答えなさい。
2. 脳は 3 層の脳膜により覆われている。三つの脳膜の名称を答えなさい。
3. 神経細胞は三つの部分から構成される。3 部の名称を答えなさい。

■ **引用文献**

浅田妙子他（1999）. 系統看護学講座 10　脳神経疾患患者の介護［第 10 版］　医学書院

Carpenter, M. B.（1976）. *Carpenter's human neuroanatomy*（7th ed.）. Baltimore, MD: Williams & Wilkins.

江藤文夫・飯島　節（2017）. 神経内科学テキスト［改訂第 4 版］　南江堂

平沢　興・岡本道雄（1950）. 解剖学（2）［第 10 版］　金原出版

Kahle, W., Leonhardt, H., & Platzer, W.（1986）. *Taschenatlas der Anatomie für Studium und Praxis*（5th ed.）.（越智淳三（訳）（1990）. 解剖アトラス　第三版　文光堂）

川村祥介 (1985). 視床の解剖と線維結合 *Clinical Neuroscience, 3,* 12-15.

沼田憲治 (2017). 脳機能の基礎知識と神経症候ケーススタディ―脳血管障害を中心に メジカルビュー社

Schmidt, R. F. (1978). *Fundamentals of neurophysiology* (2nd ed.). (内薗耕二・佐藤昭夫・金 彪 (訳) (1979). 神経生理学 金芳堂)

山鳥 重・早川裕子・博野信次・三村 將・先崎 章 (2007). 高次脳機能障害マエストロシリーズ1 基礎知識のエッセンス 医歯薬出版

第 7 章

認知と認知機能の障害

映画を見る，本を読む，友人と話をする，出来事を思い出すなど私たちの日常のさまざまな活動は，すべて脳の活動のうえに成り立っている。目や耳などの感覚器官から入力されたさまざまな情報はどのように脳に届き，そこでいかに処理されるのだろうか。私たちが何かを覚える時，あるいは思い出そうとする時には，脳に何が起こっているのであろうか。

認知とは私たちの心の過程，すなわち心理過程である。また，機能とは働くこと，その能力を実現していることである。認知の働きや能力の側面を強調する場合は，一般的に**認知機能**と呼ばれることが多い。この章では，認知機能とそれを生み出す脳との関係について注目し，代表的な認知機能として，視覚認知・言語・記憶の仕組みを学ぶ。さらに，脳が正常に働かなくなった場合には認知機能はどうなるのか，すなわち脳の損傷の結果として生じる認知機能の障害についても学習する。

1. 認知機能と認知症

[1] 認知・認知機能とは

　感覚・知覚を中心とした概念として認知を指す場合もあるが，一般的に心理学では，認知は理解・判断・論理などの知的機能を含んだ心理過程として用いられることが多く，知能に類似した用語として使われることが多い。一方で，認知の働きや能力を意味する認知機能という用語は，記憶，言語，視覚認知，実行（遂行）機能などを含む脳の高次脳機能と同義で用いられる場合が多い。各認知機能はこのテキストのほかの章でも取り扱っているため，ここでは視覚認知，言語，記憶について脳の働き（脳機能，神経機能と呼ばれる）との関係を学ぶ。**視覚認知機能**とは，目から入った刺激（視覚情報）を脳内で処理する働きである。第 3 章で取り上げたように，視覚情報には形や色，動きなど多様な種類があり，その種類に応じて脳は異なる処理を行っている。**言語機能**には，耳から入った音声や，目から入った視覚情報を言語として認識する受動的な側面と，言葉を発し文字を用いて言語を表出する能動的な側面がある。**記憶機能**は，第 4 章で学んだように，覚える→貯蔵する→思い出すという働きがある。また，記憶の種類は多様であるため，視覚，聴覚，嗅覚などの知覚だけでなく情動とも密接に結びついており，脳の異なる複数の領域が関与している。

[2] 認知機能と脳の関係

　心理学における「行動」が「刺激」に対する「反応」として説明されるように，脳の活動も「刺激」に対する「反応」である。ここでの脳への刺激とは，光や音など物理的エネルギーや化

学物質などを意味し，反応はそれらの刺激に対する脳の物理的・化学的変化にあたる。脳の活動とは，具体的には**神経細胞（ニューロン）**による**活動電位**の発生である。大脳には1,000億を超える神経細胞が存在し，神経細胞の連結点である**シナプス**の数は10兆を超えるといわれている。この膨大な数の神経細胞がどのように働いて心を生み出すのか，すなわち神経（脳）機能がどのように認知機能を産出するかについては未だ多くが謎であるが，以下に記す複数の研究領域がその解明を試みている。

　1）神経心理学からのアプローチ　　神経心理学とは主に，脳を損傷した患者の認知機能を調べることにより，健常者の認知機能について洞察を得ようとする学問領域である。神経心理学の考え方の一つに脳の**機能局在論**がある。機能局在論は，特定の行動や認知機能が脳のある特定領域に関連するという考え方である。

　　もう一つの神経心理学の考え方に，**離断**と呼ばれるものがある。大脳半球の内部では神経線維（連合線維）が離れた領域をつないでおり，左右の大脳半球をつなぐ分厚い線維の束（交連線維）も存在する（第6章参照）。これらの神経線維は脳内で情報を送受信している。離断とは，ある認知情報を送り出す特定の部位から，その情報を受け取る別の部位をつなぐ神経線維に何らかの損傷が生じ，その情報が適切に伝わらないことである（Geschwind, 1965）。また近年では脳内のネットワーク機能という考え方が注目されている。この**脳内ネットワーク仮説**では，脳の領域は単独ではなく他の領域とともに活動すると考える。すなわち異なるいくつかの領域がネットワークとして協働することにより，複雑な認知機能を支えると考えるのである。

　2）認知科学・神経（脳）科学からのアプローチ　　認知科学は，脳と認知の関係をテーマとし，心理学，人工知能（Artificial Intelligence; AI），哲学，言語学，脳（神経）科学などが融合した研究分野である。1950年代より，それまで心理学のなかで隆盛を極めていた行動主義に代わり，人間の個体内部で生起する情報処理や操作などの心理過程，つまり認知の過程が重視される傾向が高まった。また，コンピュータの発展とともに，人間の心理過程を情報処理システムとしてとらえようという考え方が高まり，認知科学や認知心理学に発展した。さらに，脳の測定技術の発展とともに脳の活動が視覚的に理解できるようになり，脳の働きと認知の関係を調べる**認知神経科学**も台頭した。最近の認知科学は，計算モデルを使って心を説明しようという計算論的認知科学の研究手法を取り入れ，人工的に動物や人間の認知システムを構築した人工知能を用いて，脳内のネットワーク機能や認知の解明に取り組んでいる。

　3）脳の進化における比較心理学・比較神経学からのアプローチ　　比較生物学とは，異なる生物間の形態や構成要素，行動，機能などを比較する研究分野であり，比較心理学や比較神経学は，比較生物学のなかでも主に脳機能や認知機能の比較をテーマとする。生物の種により，脳の各部位の形状や大きさはさまざまであるが，この多様性は生物の進化の過程を経て出現した。そのなかでも，哺乳類，特に霊長類の動物では大脳新皮質と呼ばれる領域は増大した。ヒトの脳では全体の8割が新皮質であり，この新皮質のなかの前頭連合野は高次の認知機能との関連が深い。また一方で，最近の研究では脊椎動物においては大脳，脳幹，小脳などの基本的な脳の領域は共通であることがわかっており，分子レベルや遺伝子レベルにおいても動物とヒトの脳の比較研究が発展している。

［3］認 知 症

　1）認知機能障害とは　　**認知機能障害**とは，脳の損傷により正常な認知機能が損なわれた状態を指す。認知機能障害は，高次脳機能障害や神経心理症状などと同意語として用いられることもあるが，一般的に認知症に関わる場合は認知機能障害と表現されることが多い。また，年齢による脳の変化（**加齢変化**）によって認知機能に低下が生じた状態は認知機能低下と呼ばれ，日常生活に問題が生じるようなものを認知機能障害として区別する場合もあるが，実際の

臨床場面ではその境界があいまいである。脳の損傷の原因は，脳血管障害，頭部外傷，アルツハイマー病などの神経変性疾患，脳腫瘍，無酸素脳症などがある。

2）認 知 症　　認知症（dementia）とは，一度正常に発達した認知機能が後天的な脳の障害により持続的に低下し，日常生活や社会生活に支障をきたすようになった状態を指す。世界的な基準である世界保健機関の「疾病及び関連保健問題の国際統計分類（International Statistical Classification of Diseases and Related Health Problems; ICD-10）」では，認知症を「通常，慢性あるいは進行性の脳疾患によって生じ，記憶，思考，見当識，理解，計算，学習，言語，判断などの多数の高次機能の障害からなる症候群」と定義している。また，2013 年にアメリカ精神医学会が示した新たな診断基準（Diagnostic and Statistical Manual of Mental Disorders Fifth Edition; DSM-5）では，今まで認知症と和訳されていた dementia という用語は，神経認知障害（neurocognitive disorder）という総称へと変更された。そして，少し複雑であるが，神経認知障害のなかで日常生活に支障をきたす major neurocognitive disorder がしばしば現在では認知症と和訳されている。DSM-5 では，認知機能を複合的注意，実行（遂行）機能，学習と記憶，言語，知覚－運動，社会的認知の 6 つの領域に分類し，これらの障害の重症度により評価することになっている。

　認知症になる疾患はさまざまであるが，手術などによる治療の可能性がある認知症（慢性硬膜下血腫や正常圧水頭症など），発症や進行の予防が重視される血管性認知症，進行性で根本的治療が難しい変性認知症（アルツハイマー病，レビー小体型認知症，前頭側頭型認知症など）などに分類することができる。

2. 視覚認知とその障害

［1］視覚認知と脳機能

1）眼の仕組み　　まず，眼に入った光（視覚情報）が眼でどのように処理されるかを述べる。視覚情報は透明の角膜の後方にある瞳孔を通り，水晶体が調節して焦点を合わせ，網膜上に映す（図 7-1）。網膜には桿体（rod）と錐体（cone）と呼ばれる視細胞がある。一つの眼の網膜に桿体は約 13,000 万個，錐体は 600 万個あり，桿体は主に明暗に反応し，錐体は色に反応する。網膜上の視覚情報は，双極細胞，アマクリン細胞，神経節細胞など複数の細胞を経て，視神経を通して脳に送られる。

2）視覚伝導路　　次に視覚情報が視神経から脳へと伝わる過程を示す。視覚情報は左右の眼の視神経を通り，合流して視交叉で交わる。その後視索を介して，視床の外側膝状体に入り，そこから視放線を通って主に後頭葉の一次視覚野へ送られる。この視交叉の交わり方はやや複雑である（図 7-2）。私たちが両眼でとらえる空間の全領域は視野と呼ばれ，中心から左側の視野（左視野）と右側の視野（右視野）で異なる情報が処理される。左右両眼とも，左視野の情報は右視索を，右視野の情報は左視索を通る。このため，左視野の情報は右半球に入り，右視野の情報は左半球で処理される。

3）脳内の視覚経路の種類　　視覚情報には，物体，顔，絵などさまざまな種類があるが，一次視覚野に入った情報は，その後その情報の種類に応じて異なる視覚経路をたどり処理が進む。まず第 1 の視覚経路は「What 経路」と呼ばれており，言葉の通り視覚情報が「何」であるかを判断する経路である。人の顔，色や形などを

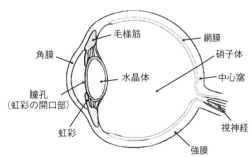

図 7-1　眼の構造

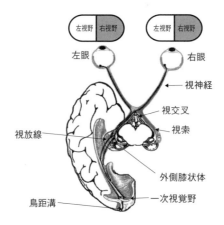

図 7-2　視覚伝導路

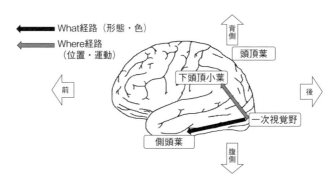

図 7-3　2 種類の視覚経路

処理する場所は側頭葉の下部にあり，この経路では，一次視覚野から側頭葉へと腹側を伝達していくため腹側経路とも呼ばれる。第 2 の視覚経路は「**Where 経路**」と呼ばれ，「どこ」にその視覚情報が見えたかを判断する経路である。位置や運動の処理に関係する脳の領域は頭頂葉の下部にあり，一次視覚野から頭頂葉の下頭頂小葉（頭頂間溝の下部）へ伝わる背側の経路である。

[2] 視覚認知の障害

1）視覚性失認　　視覚性**失認**とは視野や視力などの要素的な感覚の障害，注意・意識の障害，または知能の低下などがないにもかかわらず，視覚認知ができない状態を指す（Frederiks, 1969）。つまり，触る（触覚），聴く（聴覚）などほかの感覚を介する場合には問題がないが，見ること（視覚）を通してのみ，その対象が何かわからない，すなわち認知できないという障害である。また，その対象の意味そのものは理解しているが，視覚という特定の感覚のみの処理ができない状態を指す。視覚性失認の他にも，聴覚性失認，触覚性失認などがある。以下に主要な視覚性失認を示す。

①物体失認

物体を触ったり，それを使用する時の音を聴いたりすると同定や認識ができるが，物体すべてを視覚的に認知できない。左側または両側の後頭葉の損傷で生じる。

②相貌失認

よく知っているはずの顔の認知ができず，新しい顔も覚えられない。眼や口など顔の部分は

認知できるが，全体としての顔がとらえられず，誰の顔なのかがわからない状態である。右側または両側の紡錘状回（ぼうすいじょうかい）の損傷で生じる。

③色彩失認

色彩の認知ができない状態である。赤いリンゴを見ても色がわからない，リンゴと同じ赤い色を選べないなど，色彩に関わるさまざまな問題が生じる。目の前の赤色が何色かと質問されて「赤」と答えられない場合は，言語障害により色名の呼称ができない可能性もある。このため，視覚性の色彩失認と言語障害（色名失語）との鑑別が重要である。

④純粋失読（視覚失認性失読）

文字の視覚認知が障害された状態であり，個々の文字が読めず，逐次読み（文字を1字ずつ拾って読むこと）が困難な状態である。純粋失読は失語を伴わない場合が原則であり，書字能力が保たれているために文字の形態を模写することはできるが，自分自身で模写した文字を読むことができない。

2）半側空間無視　　**半側空間無視**とは，さまざまな刺激に対する反応や行動時に，損傷された大脳半球と反対側の空間に与えられた刺激に対する注意が障害され，その刺激に気づかず反応しない症状を指す（Heilman & Valenstein, 1979）。半側空間無視は主に頭頂葉や後頭葉などの損傷により生じ，視空間認知における視覚性注意の障害と考えられている。右大脳半球損傷による左側半側空間無視の場合が多いが，左大脳半球損傷による右側の半側空間無視もある。半側空間無視の患者は注意が向かない，気がつかないという状態であり，感覚や運動の障害がないことが前提となる。さらに，視野の問題でもなく，視線を自由に動かせる状況下で，一側の対象を見落とすという高次の脳の機能障害である。たとえば，左側の半側空間無視を持つ患者の食事場面では，食器や食べ物はきちんと見えており，上肢の運動にも問題がないにもかかわらず，左側の食器に気がつかず，手を伸ばそうとしない。絵を描かせると，中心が右に偏り，左半分を無視するような描画になる。実際に目の前にある視覚情報を無視するだけでなく，頭に思い浮かべた視覚イメージの半側空間無視も報告されている（Bisiach & Luzzatti, 1978）。

3. 言語機能とその障害

［1］言語と脳機能

1）耳の仕組み　　私たちの耳にはどのように言葉が伝わるのであろうか。音（聴覚情報）は耳介で集められ，外耳道を伝って鼓膜に伝わり，振動させる。鼓膜の内側は中耳と呼ばれ，鼓膜の振動は三つの耳小骨（ツチ骨，キヌタ骨，アブミ骨）を経て内耳の蝸牛（かぎゅう）に伝わる。聴覚受容器である蝸牛の中のコルチ器の中の有毛細胞の繊毛（せんもう）の動きにより，受容器電位に変換され，蝸牛神経を経て脳に到達する（図7-4）。

2）聴覚伝導路　　図7-5に示すように，聴覚情報は，蝸牛神経を通って延髄にある蝸牛神経核，上オリーブ複合体に入る。そこから中脳の下丘に収束する。中脳の下丘からの情報は，視床の内側膝状体を介して両側の側頭葉の**一次聴覚野**に入る。そこで音声言語であるか，あるいは非言語性の音響であるかを区別する。その後，音声は言語優位半球（右利きの場合は左半球）の**ウェルニッケ領域**で受け取られる

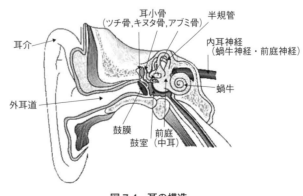

図7-4　耳の構造

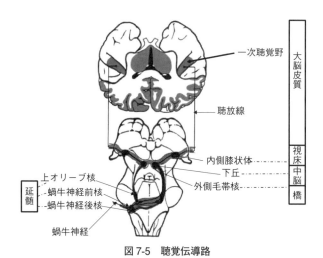

図7-5　聴覚伝導路

一次聴覚野

大脳皮質

聴放線

内側膝状体
下丘
外側毛帯核

視床
中脳
橋

上オリーブ核
蝸牛神経前核
蝸牛神経後核
蝸牛神経

延髄

ブローカ領域

ウェルニッケ領域

角回

第一次聴覚野

背側

前

後

腹側

図7-6　主要な言語領域

（図7-6 参照）。ウェルニッケ領域に入った音声は，私たちの脳内に記憶されている**心内辞書**（mental lexicon）と照合され，言葉としての意味を理解するといわれている。心内辞書とは，私たちの脳内に蓄えられている語彙の情報であり，意味，文法，形態・音韻の3種類の情報が含まれているとされる。

　3）**話　　す**　　私たちが話をする場合，脳はいかに働くのであろうか。私たちは喉や舌，口の周囲などのさまざまな筋肉（喉頭筋，咽頭筋，舌筋など）を用いて，中空器官（咽頭，喉頭，口腔，鼻腔など）の呼気の流れを調節することによって，音声を作り（構音），言葉を発する（発語）。これらの構音の働きは，脳幹の運動神経核から出る神経により支配されている。これを支配するもっとも重要な脳の場所は，前頭葉の**ブローカ領域**に含まれる（図7-6 参照）。ブローカ領域は，言葉を話す際に必要な単語を呼び出し，単語をつないで文章を作る際にも重要な場所である。

　4）**読む・書く**　　言語機能のなかで，「聞く」・「話す」働きが音声言語と呼ばれるのに対応して，文字・文章を「読む」・「書く」働きは文字言語と呼ばれる。読みの機能とは，単なる線分の集まりである文字や文章に対して，視覚的に文字の形態を同定し，心内辞書を用いて音韻処理，意味処理を行うことである。また，書字の場合はいくつかの形態があり，聴いた音や音列を文字や文章に変換する**書き取り**と，意味や概念から言語音を想起し文字に変換する**自発書字**などがある。文字言語は複雑な認知処理が要求されるため，意味理解に関わるウェルニッケ領域，**角回**やその前部の縁上回，さらには言語生成に関するブローカ領域も関与している（図7-6）。

コラム 11　高齢者の自動車運転事故と認知機能

　近年，高齢者による自動車運転事故がマスメディアにより注目されている。2009 年の道路交通改正法で 75 歳以上の高齢者が運転免許を更新する際に，認知機能を検査することが義務づけられた。さらに 2017 年には高齢運転者の認知症対策を強化した改正道路交通法が施行され，認知機能の低下により生じやすい一定の違反をした場合においても，免許更新時に認知機能検査が実施されることとなった。注意力や判断力などの認知機能が低下した認知症高齢者が事故を起こすのであろうか。もしそうであるなら，認知機能障害は自動車運転にどのような影響を及ぼすのであろうか。

　警察庁（2019）の資料によると，平成 30（2018）年の交通事故件数は約 43 万件であり（負傷者数約 5 万人），全体としての事故件数は前年度より減少している。そのなかでも，交通事故死者数は約 3,500 人程度で

あるが，これも同様に減少傾向である。一方で，高齢運転者による死亡事故件数は 75 歳以上，80 歳以上のいずれも前年度より増加している。ここでの疑問は，高齢者は最近頻繁に交通事故を起こすようになったのか，それとも，人口の高齢化に伴い高齢運転者が増えるため，相対的に高齢運転者の交通事故が増えるか，ということである。日本の高齢者の交通事故について 20 年前との比較研究（森田ら，2017）によると，高齢運転者は若年運転者に比べて交通事故を起こしやすい傾向にあるが，20 年前からこの傾向は見られ，近年になってとくに事故を起こしやすい高齢者が増えているわけではないらしい。

　高齢運転者の交通事故につながるような認知的要因も調べられている。たとえば，加齢により低下する視覚や聴覚の機能は，単一の機能低下では事故の発生とは関連がないが，二つ以上になると事故率が上がるという（Green et al., 2013）。つまり，加齢によって目が見えにくく耳が遠くなった高齢者は交通事故の確率が増えるということである。また，運転中のハンドルやペダルの操作では，視覚情報を処理すると同時に身体をコントロールするという視覚 - 運動協調機能の作業が求められる（Stelmach & Nahom, 1992）。運転中の道路は直線や曲線にその形状（視覚情報）を刻々と変えるが，常に白線内に自分の車の位置を維持（運動コントロール）しなくてはいけない。また，渋滞などの道路の状況（視覚情報）に合わせて，速度を調節するためにペダルを操作（運動コントロール）する必要がある。この作業は後頭葉や前頭葉を含む脳の多くの部分を用いる。加齢により注意や視覚認知，遂行機能などが低下すると，この複雑な視覚 - 運動協調機能も低下する。出会い頭の交差点での事故において高齢運転者が占める比率が高いのは，この視覚 - 運動協調機能の低下により，反応が遅れるためである。運転手にとってより複雑な判断が必要な場合，たとえば前方の車の速度を判断する能力も前頭葉機能の低下とともに衰え，この読み間違えにより事故につながるケースもある。さらに，自動車運転者が注視する周辺の視野（有効視野）での視覚情報の処理は，加齢により低下する。道路脇の標識の見落としや，脇道から飛び出してきた人や車に対して，とっさに反応できないのはこの有効視野の制限も関与しているであろう。

　一方で，認知機能障害のない高齢者が死亡事故の半数を起こしていることも指摘されている。交通事故分析センター（2018）の調査によると，最近問題となるブレーキとアクセルペダルの踏み間違いは，股関節の柔軟性が低下した高齢者の運転姿勢や足の開き方が原因であるという指摘もあり，注意力や判断力といった認知機能の問題だけでは説明できない。認知機能は自動車を安全に運転できるかどうかの一つの要素であるが，身体機能の面からも検討する必要がある。

[2] 言語の障害

1) 失 語 症　　**失語症**とは，脳の後天的な損傷によって引き起こされた言語の障害である。失語症になると，相手と自由な言葉のやりとりができなくなり，言葉を話す・聞く・読む・書く場面においてさまざまな症状が現れる。研究者によって多少異なるが，右利きの人の 9 割以上，左利きの人の 5 〜 6 割以上が，言語の主要な脳の場所（**言語野**）は左大脳半球に存在するとされる。この言語野の左大脳半球への偏りを**側性化**と呼ぶ。この側性化のため，失語症を発症する人の多くは，言語野の損傷，つまり左半球の損傷後が多い。失語症には多様な症状があり，失語症をきたす脳の部位と症状によって複数の失語症に分類されているが，ここでは代表的な二つの失語症の類型（タイプ）を紹介する。

2) ブローカ失語　　**ブローカ失語**とは，フランス人の外科医であるブローカ（Broca, P.）の名前にちなんだ失語症の類型の名称である。ブローカは 1861 年に最初の失語症の症例を報告した（萬年・岩田，1992）。Mr. Tan と呼ばれたこの症例は，こちらの言葉の理解は良好であるものの，話す言葉は「Tan, Tan」という意味をなさない単語がほとんどであった。その後，ブローカは左大脳半球の下前頭回に損傷を持つ失語症の 8 名の右利きの患者について発表し，左下前頭回が言語の表出，いわゆる構音の中枢であると述べた。現在では，ブローカ失語とは，言語表出面での障害を中心とする失語症（運動性失語とも呼ばれる）を指す。その失語症状は，一般的には発話が非流暢となり，構音の障害，錯語（表出される語の誤り）や，喚語困難（言いたい語を思い出せないこと），書字の障害などがある。言語理解面でも必ずしも良好ではなく，文法や文字・文章の理解も困難になることが多い。また，ブローカが唱えた左大脳半球の前頭葉下部弁蓋部（べんがいぶ）はブローカ領域と呼ばれるが，現在ではブローカ失語の症状は，必ずしもこの領

図 7-7　ピエール・ポール・ブローカ
(Pierre Paul Broca, 1824-1880)

図 7-8　カール・ウェルニッケ
(Carl Wernicke, 1848-1905)

域のみで生じるとは考えられていない。

　3）**ウェルニッケ失語**　　ブローカが失語症の症例を発表した 10 数年後，ドイツ人のウェル
ニッケ（Wernicke, C.）は，左側頭葉の損傷の後に言葉の理解に重い障害を示した患者を報告
した。ウェルニッケは，言語の理解障害が顕著な失語を感覚性失語と呼び，左側頭葉の後方に
は聴覚イメージが貯蔵されていると考えた。そして，感覚性失語は左側の上側頭回の損傷によ
り生じると考えた。また，感覚性失語に対してブローカ失語を運動性失語と呼び，運動性失語
はブローカ領域の損傷が関わると考えた（Wernicke, 1874）。現在，一般的には左側頭葉の上側
頭回の後方 1/3 をウェルニッケ領域と呼び，発話は流暢であるが，言語理解面での障害が顕著
なものを**ウェルニッケ失語**という。ウェルニッケ失語の患者では，錯語や未分化な音の系列を
含む言葉が大量に含まれるため，流暢ではあるが意味不明で空虚な内容の発話が特徴的である。
喚語や復唱（聴いた語をそのまま繰り返すこと）が困難で，読み書きも障害される。

4. 記憶機能とその障害

［1］記憶と脳機能

　1）**シナプスの可塑性と学習**　　学習により私たちの知覚や行動，思考のパターンなどは変
容する（第 4 章参照）。この理由は，神経系内の知覚や運動に関与する神経回路が変化し，それ
らの神経回路の結合も変化するからである。形を変える性質は可塑性と呼ばれ，シナプスの可
塑性が記憶との関係で長年注目されてきた。ヘッブ（Hebb, D. O.）は今から数十年以上も前に，
「神経細胞 A が神経細胞 B を繰り返し発火させると，A から B へのつながりが増強する」とい
うヘッブの学習則（Hebbian learning）を提唱した（Hebb, 1949）。1973 年には，ウサギの海馬
において二つの神経細胞の間のシナプスで繰り返し刺激を与えると，シナプスの神経伝達が数
時間以上増強されること（**長期増強**）が発見され（Bliss & Lomo, 1973），海馬のシナプスの長
期増強が記憶形成に関わると指摘された。その後，シナプスに存在するタンパクであるグルタ
ミン酸受容体などについて分子レベルでの研究が進んでおり，海馬だけでなく中枢神経系のど
のシナプスにも長期増強が観察されることがわかっている。

　2）**記憶の固定化と長期記憶**　　短期記憶から長期記憶への変換は**固定化**と呼ばれる。記憶
の固定化と海馬との関係は，動物実験や後述する脳損傷患者の記憶障害の研究から解明が進ん
でいる。一般的に固定化のプロセスは，海馬と新皮質間のシナプスが結合し長期増強すること

により，新皮質間のみで記憶の想起が可能になり，長期記憶が形成されると考えられている。また，この固定化による長期記憶形成の作業は主に睡眠中に行われることがわかり，記憶における睡眠の働きについても注目が集まっている。

　第4章で記憶は異なる種類の記憶に分類され，一様ではないことを学習した。図7-9は長期記憶の種類により，脳の異なる領域の機能が関わっていることを示している（Squire & Zola-Morgan, 1991）。宣言的（陳述的）記憶は海馬や新皮質の機能が，非宣言的（非陳述）記憶の形成には小脳や大脳基底核の機能が重要であることがわかる。

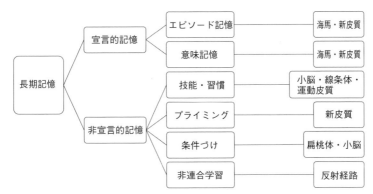

図 7-9　長期記憶と関連する脳領域（Squire & Zola-Morgan, 1991 より一部改変）

［2］記憶の障害

　1) 症例 H.M. と記憶研究　　27歳の男性 H.M. は10歳のころから頻発するてんかん発作の治療のため，両側の海馬，扁桃体，その周囲を含む側頭葉の一部を手術により切除した。手術後にてんかん発作は改善したが，H.M. には重い記憶障害（**健忘症**）が残った。数十秒から数分の間の短い時間は新しいことを覚えられたが，それより長い時間になると記憶したことをすっかり忘れてしまい，出会った人には何度会っても初対面のように振る舞い，手術から何年経っても自分は27歳だと思っていた。また，新しいことを覚えられない（**前向性健忘**）だけでなく，手術前の3年にわたる過去の記憶も失われていた（**逆向性健忘**）。一方で，彼の知能は正常であり，人格も問題がなく，診察や記憶の研究への参加にも協力的だった。H.M. の記憶障害の症状を詳しく調べた研究者らは，短期記憶と長期記憶が異なる記憶の働きであり，H.M. の記憶障害の特徴として，短期記憶は正常である一方で，短期記憶を長期記憶へ移行し固定化できなくなったと考えた。そして，H.M. の損傷部位である海馬を含む内側側頭葉が，記憶の形成や固定化と関連すると考えた。また，H.M. の記憶以外の認知機能はほぼ正常であったため，記憶と知能が異なるメカニズムを持っていることも指摘された（Milner et al., 1968; Scovill, 1968）。その後，脳画像の撮影技術が向上し，H.M. の脳損傷の程度について，より正確な把握ができるようになった（図7-10）。

　2) 精神障害と記憶障害　　DSM-5 によると，**うつ病**は抑うつ気分と興味または喜びの喪失のうち少なくとも一つと，食欲低下，不眠，気力の減退，抑うつ，集中力の減退などのなかから四つ以上の症状を伴い，日本人の12ヶ月有病率（過去12ヶ月にうつ病になった人の割合）は1〜2%である。うつ病患者の記憶障害は以前から報告されていたが，近年の脳画像研究の進歩とともに，これまで不可能であった脳の微細な形態変化や活動が可視化され，うつ病患者の脳のメカニズムが解明されつつある。一般的に，情動のコントロールには視床，扁桃体，海馬を含む大脳辺縁系と前頭前野が重要な部位であることが知られている。うつ病患者は同年齢の健常な成人に比べると前頭前野の神経活動が低下しており，情動を伴う記憶に関連する海馬

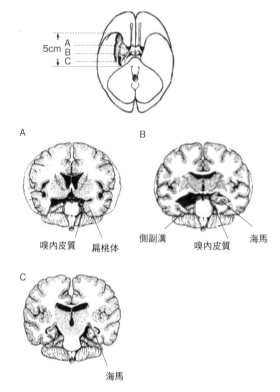

図 7-10　手術後の H.M. の脳（Corkin et al., 1997 より一部改変）
注）当時，脳外科医による HM の切除部分はより広範囲（8cm）だと考えられていた。

や扁桃体の体積減少なども報告されている（Koolschijn et al., 2009; Malykhin & Coupland, 2015）。

　ストレス障害である**心的外傷後ストレス障害**（Post-Traumatic Stress Disorder; PTSD）においても，記憶障害との関連は以前から指摘されており，うつ病患者と類似した結果が報告されている。PTSD は，トラウマ的な出来事をきっかけとして過去に経験したネガティブな出来事が無意図的に想起（**侵入記憶**）されるため，トラウマに関連する情報を持続的に回避するようになり，認知と気分のネガティブな変化や情動や反応の変化という症状が表れ，日常生活を送ることに著しい障害が生じる精神疾患である。小児期に大人から虐待を受けた女性や，ベトナム帰還兵で PTSD と診断された患者の脳を調べてみると，海馬と扁桃体の体積が健常な成人と比較して小さいことがわかる。最近では，認知行動療法に代表される心理療法の効果を調べる目的で，PTSD 患者の認知機能や脳活動が測定されることも多い（Wingenfeld & Wolf, 2014）。

コラム 12　脳を鍛えると認知症になりにくい？
―脳予備能（brain reserve）と認知予備能（cognitive reserve）

　年齢とともに認知機能は低下し，認知症のリスクは高まる。認知症予防という観点から，若いころにどのような生活を送ることが，高齢になってからの脳に良い影響を与えるのかということについて，関心を持つ人が多い。「脳を鍛えると認知症になりにくい」や「脳が大きいと認知症のリスクが低い」などの説は科学的に正しいのであろうか。

　認知症やその他の脳の病理変化に対する個人差については，脳の「ハードウェア」である脳予備能と，「ソフトウェア」としての認知予備能と呼ばれる二つの予備力（reserve）で説明されることがある。これらの予備能が高いとアルツハイマー病などの脳疾患の発症が遅いという理論が，スターン（Stern, Y.）により最初に唱えられた（Stern, 2002）。脳予備能とは，脳の物理的・構造的な大きさのことである。脳予備能が高いとは，脳の重量が重く容積が大きいために，アルツハイマー病のような認知機能低下を起こすような脳の病理的な変化に対して，神経細胞やシナプスなどの形態・機能的な余裕があることを示している。脳の大きさは，他の身体的な大きさや特徴と同様，遺伝や性別などで規定されることが多い。

　一方，認知予備能は病前知能とも呼ばれ，脳の損傷や病気による認知機能の低下に対して防衛的に働く認知機能の予備力と考えられている。すなわち認知予備能とは，加齢による認知機能低下や脳損傷を受ける以前に，各個人がどのように脳のネットワークを活用させて認知機能を維持していたかという心理・行動的な結果である。具体的には，認知機能低下を起こすまでの教育年数，職業における知的作業や複雑性，余暇活動，食生活，運動，ボランティアなどの社会的活動など，個人の生活習慣や経験などが認知予備能に影響を与えるといわれている。また，認知予備能は脳予備能のように固定化されているものではなく，経験により変容し，生涯にわたって獲得可能な能力である。

　生得的で受動的な側面が強調される脳予備能と比べて，認知予備能は能動的でより学習性の高い概念である。老年期における認知活動や行動によっても予備能を高めることができるため，認知症予防を考えるうえでの重要なキーワードとなっている。たとえば，軽度認知機能障害はまだ認知症ではなく日常生活の機能は基本的には正常な状態であるが，この軽度認知機能障害が，認知症に移行するかどうかは認知予備能との関連が高いといわれている。認知予備能と運動機能や致死率との関連なども深く，最近では，アルツハイマー病やほかの脳疾患だけでなく，統合失調症の発症と予備能との関連が指摘されている（Van Rheenen et al., 2019）。

　残念ながら，認知予備能という概念は行動や認知活動などに関わる多様な因子で構成されているため，何が認知予備能かという見解の一致ができず，もちろん認知予備能自体を直接測定することもできない。このため，研究者によって構成要素の選択や測定手法など異なる研究が多く，科学的に認知機能との関係を検証することが困難である。たとえば，認知予備能の構成要素と見なされている適切な運動や食事療法は，脳の血管の健康に保つことは検証されているが，認知機能全般を高める効果があるかどうかについては不明である。さらに，認知予備能は記憶や遂行機能などの個々の認知機能とは関連しないという指摘もある（Lavrencic et al., 2018）。脳予備能・認知予備能については，健康や予防医学を基盤としたより詳細な研究が今後必要であろう。

■ 小テスト

1. 脳機能と認知機能の関連を研究する領域（学問）にはどのようなものがあるか。
2. ブローカ失語とウェルニッケ失語の違いについて簡単に述べなさい。
3. 認知症の定義を述べなさい。

■ 引用文献

Bisiach, E., & Luzzatti, C. (1978). Unilateral neglect of representational space. *Cortex, 14*, 129–133.

Bliss, T. V., & Lomo, T. (1973). Long-lasting potentiation of synaptic transmission in the dentate area of the anaesthetized rabbit following stimulation of the perforant path. *The Journal of Physiology, 232*, 331–356.

Corkin, S., Amaral, D. G., Gilberto González R., Johnson, K. A., & Hyman, B. T. (1997). H. M.'s medial temporal lobe lesion: Findings from magnetic resonance imaging. *Journal of Neuroscience, 17*, 3964–

3979.

Frederiks, J. A. M. (1969). The agnosias. Disorders of perceptual recognition. In P. Vinken & G. Bruyn (Eds.), *Handbook of clinical neurology* (Vol.4, pp. 13–47). Amsterdam: North Holland Publishing.

Geschwind, N. (1965). Disconnexion syndromes in animals and man. *Brain, 88*, 237–294.

Green, K. A., McGwin, Jr., G., & Owsle, C. (2013). Associations between visual, hearing, and dual sensory impairments and history of motor vehicle collision involvement by older drivers. *Journal of American Geriatric Society, 61*, 252–257.

Hebb, D. O. (1949). *The organization of behavior: A neuropsychological theory*. New York: Wiley & Sons.

Heilman, K. M., & Valenstein, E. (1979). Mechanisms underlying hemispatial neglect. *Annals of Neurology, 5*, 166–170.

警察庁ホームページ (2019). https://www.npa.go.jp/bureau/traffic/koureiunntennmatome.html.

Koolschijn, P. C., van Haren, N. E., Lensvelt-Mulders, G. J., Hulshoff Pol, H. E., & Kahn, R. S. (2009). Brain volume abnormalities in major depressive disorder: A meta-analysis of magnetic resonance imaging studies. *Human Brain Mapping, 30*, 3719–3735.

交通事故総合分析センター：イタルダ・インフォメーション (2018). No. 124. アクセルとブレーキ部樽の踏み間違い事故　Retrieved from https://www.itarda.or.jp/itardainfomation/info124.

Lavrencic, L. M., Churches, O. F., & Keage, H. A. D. (2018). Cognitive reserve is not associated with improved performance in all cognitive domains. *Applied Neuropsychology: Adult, 25*, 473–485.

Malykhin, N. V., & Coupland, N. J. (2015). Hippocampal neuroplasticity in major depressive disorder. *Neuroscience, 309*, 200–213.

萬年　甫・岩田　誠 (1992). 神経学の源流 3 ブロカ　東京大学出版会

Milner, B., Corkin, S., & Teuber, H. L. (1968). Further analysis of the hippocampal amnesic syndrome: 14-year follow-up study of H.M. *Neuropsychologia, 6*, 215–234.

森田和元 (2017). 高齢ドライバの事故特性に関する 20 年の変化 (特集 医療と自動車工学連携による交通事故対策) ―（高齢者事故と対策）. *Journal of Society of Automotive Engineers of Japan, 71*, 78–83.

Scoville, W. B. (1968). Amnesia after bilateral medial temporal-lobe excision: Introduction to case H. M. *Neuropsychologia, 6*, 211–213.

Squire, L., R., & Zola-Morgan, S. (1991). The medial temporal lobe memory system. *Science, 253*, 1380–1386.

Stelmach, G. E., & Nahom, A. (1992). Cognitive-motor abilities of the elderly driver. *Human Factors, 34*, 53–65.

Stern, Y. (2002). What is cognitive reserve? Theory and research application of the reserve concept. *Journal of the International Neuropsychological Society, 8*, 448–460.

Van Rheenen, T. E., Cropley, V., Fagerlund, B., Wannan, C., Bruggemann, J., Lenroot, R. K., ...Pantelis, C. (2019). Cognitive reserve attenuates age-related cognitive decline in the context of putatively accelerated brain ageing in schizophrenia-spectrum disorders. Psychological Medicine. Advance online publication. Retrieved from https://doi:10.1017/S0033291719001417, 1–15.

Wingenfeld, K., & Wolf, O. T. (2014). Stress, memory, and the hippocampus. In K. Szabo & M. G. Hennerici (Eds.), *The hippocampus in clinical neuroscience* (pp. 109–120). Basel: Karger.

Wernicke, C. (1874). *Der aphasische symptomencomplex-eine psychologische studie auf anatomischer basis*. Breslau: Max Cohn & Weigert. (浜中淑彦 (訳) (1975). 失語症候群―解剖学的基礎に立つ心理学的研究　精神医学, *17*, 747-764.)

第 8 章

パーソナリティの理論と測定

友人と会話をする時，「彼女は積極的なタイプだ」あるいは「私は人見知り度が高い」などと言ったりすることはないだろうか。前者の「○○タイプ」は，パーソナリティを大雑把なパターンに分類して，その分類に当てはめてその人の行動を理解しようと試みており，後者の「○○度」は，あるパターンに当てはまる度合いや程度を数値化して理解しようとしているといえる。パーソナリティ心理学においては，前者のようにパーソナリティを分類する考え方を類型論，後者のように数値化する考え方を特性論と呼ぶ。このように人と人との行動や感じ方の違いや特徴（個人差）について，その背景にある法則性を通して理解しようとするものがパーソナリティ心理学である。本章では，パーソナリティ理論の歴史的な変遷や測定方法について紹介する。

1. パーソナリティのとらえ方

[1] 類型論

人は不確かでよくわからないものを目の前にした時，それを分類・整理しようとする。それはパーソナリティについても同じで，古くは西暦 130-200 年ごろの文献にパーソナリティを四つのパターンに分類しようとする試みが見られる。このような理論的な枠組み（類型）をつくり，パーソナリティを整理して個人差を理解しようとする考え方をパーソナリティの類型論という。

このような分類法のうち，もっとも有名なのはクレッチマー（Kretschmer, 1955）による**身体的類型論**である。精神科医であった彼は，精神障害の治療や観察を通して，パーソナリティをその人の体格から三つに分類できるのではないかと考えた。一つ目は，胸や腹に脂肪がつき，ずんぐりした姿の「肥満型」。二つ目は，骨格や筋肉，皮膚などがよく発達している「闘士型」。三つ目は，身体の厚みよりも細長さが目立つ「細長型」。そしてこの三つの体型と，患っている精神障害，さらにそのリスクを高める病前のパーソナリティには関連があると考えた。具体的には，社交的でユーモアがあり親切さを持つ一方で，気分の浮き沈みが激しいパーソナリティ傾向（循環気質）は肥満型と関係が深いとされた。これは両者が双極性障害の発症と関わっているからである。物静かで分別を持ち，根気強いが融通がきかないパーソナリティ傾向（粘着気質）は，てんかんを介して闘士型の体型と関連が深いとした。真面目で感覚が鋭い一方で，非社交的で臆病，従順といったパーソナリティ傾向（分裂気質）は，統合失調症を介して細長型の体型と関連が深いとした（表 8-1）。興味深いことに，同様の研究はシェルドンとスティーブンス（Sheldon & Stevens, 1942）にも見られる。クレッチマーも論じている肥満体型を「内

表 8-1 クレッチマー（Kretchmer, E.）による類型と人格傾向

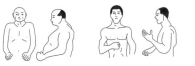

類　　型	肥満型 脂肪がつき，ずんぐりした姿	闘士型 骨格や筋肉などが，よく発達している	細長型 身体の厚みよりも細長さが目立つ
人格傾向	循環気質 社交的で明るいが，気分変動が大きい傾向	粘着気質 物事に執着しやすく，融通がきかない傾向	分裂気質 内気で真面目，臆病で従順な傾向

胚葉型」，闘士体型を「中胚葉型」，細長体型を「外胚葉型」と呼び，一部類似した理論を打ち立てている。

　クレッチマーやシェルドンらの学説は，パーソナリティの特徴をシンプルに分類しており，わかりやすいという利点があった。しかし，1990 年代に改めて統計的に検討された結果，現在では支持するデータは少ないということが示されている（Maher & Maher, 1994）。

［2］特 性 論

　クレッチマーらと時を同じくして，オールポート（Allport, G. W.）もパーソナリティを整理することを考えた。ただし彼が着目したのは，「活発な」「内向的な」といった人のパーソナリティや行動の特徴を表す単語で，これらを分類することによって，パーソナリティの整理が可能になると考えた。これを**基本辞書仮説**という。辞書を調べて整理したところ，そのような単語が 4,504 語もあることがわかったため（Allport & Odbert, 1936），これらを二つの水準，すなわちすべての人が共通して持っているパーソナリティの要素（共通特性）と，共通要素だけでは説明できない，その人が独自に持っているパーソナリティの要素（個人特性）の二つに分類することとした（Allport, 1937）。そして，このうちの共通特性に着目し，その特性をどれだけ強く持っているかを測ることによって大まかに個人差を理解することができるのではないかと考えたのである。このように，複数のパーソナリティ特性を想定して，パーソナリティを理解しようとする考え方のことを特性論と呼ぶ。

　オールポートの研究から 30 年後，キャッテル（Cattell, R. B.）はオールポートによるパーソナリティ特性語のリストを用い，統計的手法を使って客観的に共通要素を抽出しようと試みた。最初に類似する語を整理して 171 語に絞り，次にそれらへの個人の当てはまり度合いを得点化し，得点を因子分析によって 12 の特性にまとめあげた（Cattell, 1965）。これに 4 因子を追加した計 16 因子を 16 の**根源的特性**と呼んだ。この研究手法は，その後のパーソナリティ研究に大きな影響を与え，現在ではパーソナリティ検査の基盤となっている。

　一方でこのころ，同じく重要な研究がアイゼンク（Eysenck, 1967）によって行われた。彼は，複数見いだされる特性も，中核となる数個の特性に集約できると考え，他者や社会と関わることについての「外向性」，および情緒の安定性に関わる「神経症傾向」の 2 つを見いだした。アイゼンクはさらに具体的なレベルでも階層をつくることを考えた。たとえば，（A）心理学のグループワークという具体的な場面で積極的に発言をする学生は，（B）「あまりよく知らない人とも抵抗感なく関わる」という習慣を持っていると考えられ，それが（C）「社交性」や「積極性」という特性の高さにつながり，最終的に（D）高い「外向性」を持っている，と段階的に理解できると考えた。アイゼンク（Eysenck, 1967）はこれを具体的な階層から順に（A）特定反応，（B）習慣反応，（C）特性，（D）類型[1] と名付け，パーソナリティ

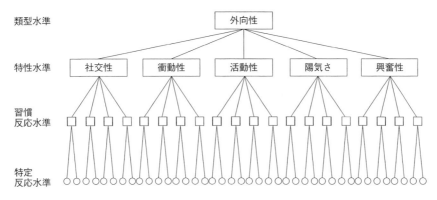

図 8-1　アイゼンク（Eysenck, 1967）**の階層的特性論**

ィの階層構造を整理した（図 8-1）。

　このように展開する特性論は，類型論に代わりパーソナリティ心理学研究の主流となった。その後，数多くの研究が行われるなかで五つの因子が繰り返し抽出されることが報告されるようになり（McCrae & Costa, 1983; Norman, 1963），これを**ビッグファイブ**と呼ぶようになった（Goldberg, 1990）[2]。このパーソナリティ・モデルは 50 以上の国と地域でも同様に見られることが示され，文化を越えて共通するものであることが認められている（McCrae & Terracciano, 2005）。

［3］臨床現場からの理論

　パーソナリティの個人差を理解しようとしたのは心理学者だけではない。精神科医や心理カウンセラーはさまざまな病を抱える人々と出会いアセスメントや治療を行うなかで，心の病の発症やその人の生き方に影響を与えるようなパーソナリティの要素を見いだしてきた。

　神経症という心の病の発症において，**無意識**の領域が持つ重要性を指摘したフロイト（Freud, 1933）は，人の心が超自我・自我・エス（イドとも呼ばれる）の三つの力関係によって形づくられると考えた。これを**精神構造論**という。超自我は良心や倫理・道徳的な考え方に関わり，エスは本能や衝動，快楽的な考え方に関わっている。エスから生み出される欲動を，超自我が押さえつけようとすることで力のぶつかり合いが生じ，これを自我が制御することで現実的に適応可能となるとされている。この三者の働きの程度は人によって異なるため，神経症などの精神症状を抱える人とそうでない人の差が生じると考えた。

　同じく無意識を重視する立場であるユング（Jung, 1921）は，まず人の態度を大きく「外向性（関心や興味が外界の物事や他者に向いている）」と「内向性（関心が自身の内面や主観的な世界に向いている）」の二つに類型化した。これに加え，四つの心理機能，「思考型（論理的に考えて判断したり答えを見いだしたりすることを得意とするタイプ）」「感情型（自分の感情に従って判断することが得意なタイプ）」，「感覚型（外界や内面からの刺激を適切に受け取り表現することが得意なタイプ）」，「直観型（物事の背景にあるものを見抜き，それを表現することが得意なタイプ）」があるとした。この二つの態度と四つの心理機能の組み合わせによって，8 つの類型が得られると考えた。

　一方で臨床心理学者でもあるケリー（Kelly, 1955）は，自分を取り巻いている他者や物とい

1）この「類型」は，クレッチマーらのいう「類型」とは意味がやや異なる。アイゼンクは抽象的にまとめられる傾向，というニュアンスを出すために類型といっているにすぎず，個々人をどれか一つの型に当てはめるためにこの階層を設けたのではない。

2）各因子の内容については次節。

った外界について，どの人もそれらを自分なりのやり方で解釈し，また予測し，コントロールしようという考えが根本的にあるのだと考えた。その解釈・予測・コントロールのための土台となる外界の見方のことをコンストラクトと呼び，たとえば「良い−悪い」や「尊敬−軽蔑」などの評価の基準になると考えた。そしてそのコンストラクトの違いこそがパーソナリティの個人差を生んでいるのだと主張し，これを**パーソナル・コンストラクト理論**と呼んだ。この理論の特徴は，コンストラクトは発達の経過に応じて，また他者のコンストラクトを取り入れて変容するものであり，パーソナリティの変容には社会的または文化的な要因も関係していることを論じているところにある。

　これらの臨床現場からの理論における共通点は，パーソナリティを固定されたものとしてとらえるのではなく，人の心理的な発達や状況・社会・文化の要因を受けて変容するものととらえているところにある。理論の中に明示されているケリーのほか，フロイトの力動的な構造のあり方も，ユングの類型の組み合わせも，何が優位になるかはその時々の状況に応じて変化するとされている。このように，パーソナリティは変容するという観点は次に論じる相互作用論とのつながりも深いといえる。

［4］ 相互作用論・状況論

　1960 年代前半まで，パーソナリティは一貫したものであり，その個人のパーソナリティを知ることで行動の予測が可能になるという考えがあった。誠実さというパーソナリティを持つから，約束を守るという行動ができる，あるいは，約束を守ることができるのは，誠実なパーソナリティを持つからだということである。これに対し，1960 年代後半からパーソナリティが一貫性を持つものなのか状況に応じて変容するものなのかに関する議論，いわゆる**人間−状況論争**が約 20 年にわたって繰り広げられた。一貫性を持つとしても，時間的な安定性はどうか（経時的安定性），場面が変わっても一貫するのか（通状況的一貫性）についても検討が必要であるとされた。その火付け役となったのがミシェル（Mischel, 1968）のパーソナリティ心理学への批判である。彼は状況の要因をパーソナリティ研究においてもっと重視すべきであるという批判のほか，パーソナリティを測定する質問紙から人の行動は本当に予測できるのかに関しても疑いの目を向け，さらに「特性」という概念自体も本当に存在するのかと問題提起を行った。いろいろな状況で繰り返し観察される行動にこそ，個人の特性が見いだせるとする考えは**状況論**と呼ばれている。その後ミシェルは状況を越えて一貫する特性について探求し，**認知−感情システム理論**を提唱した（Mischel & Morf, 2003）。この理論によると「特性」というものが人の行動を生み出しているのではなく，状況に応じて個人のなかにある特定の認知や感情が活性化され，それに基づいて何らかの行動が生じるとされた。そのためパーソナリティ心理学においては，「特性」を明らかにするよりも，個人の認知的解釈や，それに基づく目標の立て方，感情のコントロールの仕方などを明らかにするべきだと論じたのである。

　このようにパーソナリティについて，人の内的要因だけではなく，外的な状況も重要であり，相互作用によってその人らしさが生まれるとする考えを**相互作用論**という。

　社会心理学の領域では，このような発想は 1960 年代の少し前からあった。レヴィン（Lewin, 1951）は，人の行動はその人の傾向と環境・状況の二つの要因の組み合わせによって生じると定義づけ，外的要因の重要性を指摘した。この考えを発展させたものは**パーソナリティの場理論**と呼ばれている。パーソナリティの場理論と上記の人間−状況論争が合わさって，**新相互作用論**という理論も生み出されている。これは，人の傾向と環境・状況という二つの要因が単に組み合わさって行動が生じるのではなく，両者には互いに影響を与え合う関係性があり，行動によって得られる結果がまた両者に影響を与えているとの考え方である（Magnusson & Endler, 1977）。

　近年，一卵性双生児研究からも，パーソナリティの50%は**遺伝要因**の影響があることが指摘されており，あと50%は**環境要因**によるところが大きく，どのような環境で，どのような経験を重ねてきたかによって影響を受けることがわかってきている。つまり，パーソナリティは幼いころに形成されて，それが強固に維持されるというものではなく，生涯変化し続けるものであるといえる。

　ここまで概観したように，パーソナリティをどのようにとらえるかだけでなく，そもそもパーソナリティとはどのようなものなのかに関してまで，さまざまな理論が生み出されてきた。それらの理論は心理統計学や臨床心理学，社会心理学の影響を受けながら修正され，現在では脳科学や行動科学などを取り入れながら発展を続けている。

コラム 13　対人関係とパーソナリティ

　対人関係とパーソナリティの相互作用について，これまでさまざまな研究が行われてきた。まず家族関係について，養育者の養育態度や家庭の雰囲気と，そこで育つ子どものパーソナリティには関連があるとする研究がある。たとえば支配的な親の子どもは，服従的な親の子どもに比べて礼儀正しくて正直ではあるが，神経質で気弱で自主性に乏しい傾向にあることが示されている（田中教育研究所，1972; Symonds, 1939）。また養育者は，子どもの発達について「こういう人間に育ってほしい」「こういう力を身につけてほしい」などの期待や希望を抱くが，これを発達期待という。たとえば日本の養育者は米国のそれよりも，悪いことをして注意されたらすぐやめるといったような従順さや，大人に何か頼む時にはていねいな言い方をするといったような礼儀正しさをより期待することが示されている（東ら，1981）。養育者の期待の内容はとくに子どもの性別とも関連が見られ，たとえば女児に対しては思いやりを持つことを期待し，男児に対しては責任感を持つことを期待することが示されている（内閣府政策統括官，2001）。このような養育者の態度や期待は，子どもがどのようにパーソナリティを組み立てていくか，または社会化していくかについて一定の方向性を示しているといえるだろう。

　パーソナリティのありかたは，友人関係の築き方とも関連を持つ。たとえば自己愛傾向，すなわち他者に対する優越感からくる自信の強さと，対人関係を広く持つことには関連があるが，一方で自分を「このままでいい」ととらえる程度である自尊感情の高さと深い対人関係を持つことには関連がある（小塩，1998）。同様に岡田（2007）は，大学生の友人関係の築き方を群分けしてパーソナリティとの関連について検討した。その結果，自己開示を行い相手との関係を大切にする群は，自尊感情が高く全体的に適応的な傾向が見られた。しかし自分が傷つくこと・相手を傷つけることを回避しながら円滑な関係を求める群は，注目されたい・賞賛されたいという要求の高さや，他者からの評価に過敏に反応する傾向が見られた。つまり他者からの賞賛を求める一方で，それを得られないことの傷つきを恐れる傾向があると示されたのである。

　もちろん恋人との関係のありかたもパーソナリティと強い相互作用を持つ。まずどのような相手を恋人に選ぶのかに関する研究がある。たとえば自分に似たパーソナリティおよび特徴を持っている人を好きになるとする類似説（Byrne & Nelson, 1965），自分にないパーソナリティや特徴を持つ人を好きになり，それを通してお互いに不足している部分を補うのだとする相補説（Winch, 1955），多くの人から共通して好まれるような，社会的に望ましいパーソナリティの人を好きになるとする社会的望ましさ説（Hendrick & Brown, 1971）などがある。ただしその後の研究から，実際のところは類似説と社会的望ましさ説とが合わさって相手を選んでいると考えられている（竹中・立脇，2015）。では恋人関係が形成された後のパーソナリティとの相互作用はどのようなものだろうか。アーロンとアーロン（Aron & Aron, 1986）は，恋愛関係の開始や維持には「自分自身のありかたを拡げたい」という動機が関わっていると考えた。つまり恋愛関係を形成することで，相手の考え方や価値観，パーソナリティ特性などを取り込むことができ，自分自身の持つそれらに新たな側面が加えられることとなる。そしてそれが関係を保っていくことの動機になるというのである。この理論によると，とくに恋愛関係の初期には積極的に自己開示を行うため，情報交換が相互に活発に行われ，自己を拡げたいという要求が満たされて関係に満足しやすい。しかし関係が進展すると，相手から得られる新しい情報は少なくなる。そのため関係を維持する上では，これまでにはしてこなかった新たな活動を2人で始めるなど，新しい情報を得やすくするための舞台を2人でつくっていく必要があると論じられている。

2. パーソナリティの測定

　パーソナリティを理解する方法として基本となるのは，日常生活のなかでの対象者の自然な行動を継続して観察することである。一方，統制された場面での行動観察や標準化された検査（**信頼性**や**妥当性**を備えた検査[3]）による測定も，パーソナリティの個人差をとらえ，役立つアセスメントを行うために欠かすことはできない。

　パーソナリティを測定する検査を大きく分けると，**質問紙法**，**投影法**，**作業検査法**の三つに分類することができる。

表8-2　パーソナリティ検査の種類

	検査方法	特徴	代表的な検査
質問紙法	質問に対し，「はい」「いいえ」などの選択肢から回答を選んでもらう。回答は数値化され，パーソナリティの特徴を推測するために用いられる。	➤比較的短時間で簡単に実施でき，対象者への負担が少ない。結果がシンプルで，理解しやすい。 ➤回答に対する対象者の意識的・無意識的な操作が生じやすい。対象者の言語理解力に左右される。	MMPI, YG性格検査, TEG, NEO-PI-R など
投影法	あいまいな刺激や材料を呈示し，それに対してどのような反応を示すかを調べ，パーソナリティの特徴をとらえる。	➤回答に対する意識的な操作が生じにくい。回答の自由度が高く，豊かな情報が得られる。 ➤検査の実施や結果の処理に熟練した技術が要求される。評価の客観性に乏しいことが指摘されている。	ロールシャッハ, TAT, 描画テスト, P-Fスタディなど
作業検査法	一定の簡単な作業が与えられ，その作業の遂行過程や結果から，パーソナリティを推測・診断する。	➤手順がわかりやすく，実施が容易。対象者の意識的な操作が生じにくく，得られたデータは作業量などの行動レベルなので客観的。 ➤解釈に熟練した技術が必要。課題によっては，対象者に負担が大きい。	内田クレペリン検査, ベンダー・ゲシュタルト・テストなど

[1] 質問紙法

　質問紙法は，あらかじめ用意された質問に，対象者が自ら回答する方法である。パーソナリティ特性に関する質問に対し，「はい」「いいえ」あるいは「当てはまる」「当てはまらない」などの選択肢から回答を選んでもらい，これを数値化して，そのパーソナリティ特性への当てはまりの強さをみる。

　1）矢田部ギルフォード性格検査（YG性格検査）　アメリカの心理学者ギルフォード（Guilford, J. P.）が考案したギルフォード性格検査をもとに，矢田部達郎・辻岡美延・園原太郎が日本の文化環境に合わせて作成した質問紙検査である（八木，1889）。12のパーソナリティ特性について，それぞれ10項目，全120項目の質問があり，「はい」「いいえ」「どちらでもない」のいずれかで回答する。得点化された結果は，視覚的なプロフィール（グラフ）として表示するようになっている。12のパーソナリティ特性について測定できるとともに，特性の評価得点による組み合わせで，「平均型（A型）」「不安定積極型（B型）」「安定消極型（C型）」「安

3）信頼性とは，一貫した結果が得られるという測定の安定性のことで，再テスト法，平行テスト法，折半法，α係数などによって検討される。妥当性とは，測定しようとしている心理学的概念を的確に測定できているかどうかのことで，内容的妥当性，基準関連妥当性，構成概念妥当性などがある。

95

表 8-3　YG 性格検査の性格特性と特徴 (小野田, 2015)

	性格特性		特徴
D	抑うつ性	Depression	陰気, 悲観的気分, 罪悪感の強い性質
C	回帰性傾向	Cyclic Tendency	著しい気分の変化, 驚きやすい性質
I	劣等感の強いこと	Inferiority Feelings	自信の欠乏, 自己の過小評価, 不適応感が強い
N	神経質	Nervousness	心配性, 神経質, ノイローゼ気味
O	客観的でないこと	Lack of Objectivity	空想的, 過敏性, 主観性
Co	協調的でないこと	Lack of Cooperativeness	不満が多い, 人を信用しない性質
Ag	愛想の悪いこと	Lack of Agreeableness	攻撃的, 社会的活動性, ただしこの性質が強すぎると社会的不適応になりやすい
G	一般的活動性	General Activity	活発な性質, 身体を動かすことが好き
R	のんきさ	Rhathymia	気がるな, のんきな, 活発, 衝動的な性質
T	思考的外向	Thinking Extraversion	非熟慮的, 瞑想的および反省的の反対傾向
A	支配性	Ascendance	社会的指導性, リーダーシップのある性質
S	社会的外向	Social Extraversion	対人的に外向的, 社交的, 社会的接触を好む傾向

定積極型（D 型）」「不安定消極型（E 型）」の五つの類型に分類して把握することができる。YG 性格検査には検査に対する態度を測定する項目（妥当性尺度）がなく，回答者が意図的に操作してもそれを判別できないという限界があった。最近ではコンピューターによる判定が可能となり，一貫性のない不自然な回答がある場合，回答の歪曲の程度を見ることができるようになっている。

2）ミネソタ多面人格目録 (Minnesota Multiphasic Personality Inventory; MMPI)　アメリカのミネソタ大学の心理学者ハサウェイ（Hathaway, S. R.）と精神科医マッキンレー（McKinley, J. C.）によって 1943 年に刊行され，世界に広く利用されている検査である（MMPI 新日本版研究会, 1993）。精神医学的診断を客観化することを目的に開発されたもので，健常者と精神科患者の回答を比較して有意な差があった質問項目によって構成されている。カード形式と冊子形式があり，健康，家族，教育などに関する 550 項目の質問に対し，「当てはまる」「当てはまらない」の二者択一で回答する。「心気症」「抑うつ」などの 10 項目の臨床尺度と，検査に対する態度を測定する四つの妥当性尺度から構成されている。それぞれの尺度の傾向と，尺度の組み合わせのプロフィールの分析によってパーソナリティを多面的に見ることができ，査定や診断，パーソナリティの把握や治療経過の予測などに活用されている。

表 8-4　MMPI の尺度

臨床尺度			
第 1 尺度：Hs	心気症尺度	Hypochondriasis	
第 2 尺度：D	抑うつ尺度	Depression	
第 3 尺度：Hy	ヒステリー尺度	Hysteria	
第 4 尺度：Pd	精神病質的偏倚尺度	Psychopathic Deviate	
第 5 尺度：Mf	男性性・女性性尺度	Masculinity—Femininity	
第 6 尺度：Pa	パラノイア尺度	Paranoia	
第 7 尺度：Pt	精神衰弱尺度	Psychasthenia	
第 8 尺度：Sc	統合失調症尺度	Schizophrenia	
第 9 尺度：Ma	軽躁病尺度	Hypomania	
第 0 尺度：Si	社会的内向性尺度	Social Introversion	
妥当性尺度			
？	疑問尺度	Cannot say	
L	虚偽尺度	Lie	
F	頻度尺度	Frequency	
K	修正尺度	Correction	

3) NEO-PI-R（Revised NEO Personality Inventory）　　アメリカの心理学者コスタとマックレー（Costa, P. T., & McCrae, R. R.）によって 1992 年に開発されたもので，パーソナリティが五つの因子に集約されるとするビッグファイブ・モデルに従って作成された初めての尺度 NEO-PI（NEO Personality Inventory）の改訂版である。五つの因子それぞれに六つの下位次元（facet）があり，全 240 項目から構成される。実施に時間がかかるという問題を補うため，同年に 60 項目の短縮版 NEO-FFI（NEO Five Factor Inventory）が発表されている。各項目に対し，「非常にそうだ」から「全くそうでない」の 5 段階で回答する。

　日本語版については，下仲・中里ら（1998）による NEO-PI-R 日本語版が市販されているほか，これとは別に日本で開発されたものとして，和田（1996）による Big Five 尺度や村上・村上（1997）による主要 5 因子性格検査などがある。

　五つの因子の命名は研究者によって少しずつ違いがあるが，概ね，神経症傾向あるいは情緒不安定性（emotional stability），外向性（extraversion），開放性あるいは知的好奇心（openness

表 8-5　NEO-PI-R の次元と下位次元の特性（下仲・中里ら，1998 を一部改変）

高得点者の特性	次元 下位次元		低得点者の特性
	神経症傾向 N		
緊張，恐れ，心配，懸念	N1	不安	穏やかな，リラックスした，安定した，恐れのない
短気さ，怒り，フラストレーションを持ちやすい	N2	敵意	友好的な，落ち着いた，なかなか攻撃しない
失望，罪悪感，意気消沈，ゆううつ	N3	抑うつ	めったに悲しまない，希望に満ちた，自信のある
恥ずかしがり，劣等感，すぐに当惑する	N4	自意識	安定した，確信のある，自足した，ゆとりのある
やりたいと思ったら止まらない，衝動に負ける	N5	衝動性	誘惑に抗する，自己コントロールできる
すぐ混乱する，パニックになる，ストレスを処理できない	N6	傷つきやすさ	回復力のある，冷静な，有能な，苦痛に耐える
	外向性 E		
社交的な，おしゃべり，愛情深い	E1	温かさ	冷たい，人と距離を持つ，形式的
宴会好き，多くの友達を持つ，人との接触を求める	E2	群居性	人混みを避ける，一人でいる，孤独を好む，無口な
支配的，力強い，自信家，確信的	E3	断行性	でしゃばらない，控えめな，遠慮なく話すのを避ける
エネルギッシュ，ペースが速い，精力的	E4	活動性	あわてない，ゆっくり慎重に
一次的，強い刺激を求める，危険を冒す	E5	刺激希求性	過剰な刺激を避ける，注意深い，落ち着いた，スリルを求めない
元気な，気概のある，喜びにあふれた	E6	よい感情	情熱的でない，穏やか，まじめな
	開 放 性 O		
想像力のある，夢想を楽しむ，空想をふくらませる	O1	空想	現実思考を好む，実際的，夢想を避ける
審美的経験に価値を置く，芸術や美に感動する	O2	審美性	美に鈍感，芸術を解さない
感情的反応，敏感，共感的，自分の感情に価値を置く	O3	感情	感情の幅が狭い，周囲に鈍感
新奇なものを好む，様々なものを求める，新しい活動を試す	O4	行為	慣れたものを好む，決まりきったやり方に従う，決まった道を行く
知的好奇心がある，理論的志向，分析的	O5	アイデア	実際的，事実志向，知的挑戦を楽しまない
心の広い，寛容な，決まりを守らない，偏見のない	O6	価値	教条的，決まりに従う，心が狭い，保守的
	調 和 性 A		
人を信じる，善意	A1	信頼	皮肉屋，懐疑的，人を信じない
実直，誠実，無邪気	A2	実直さ	人を操ろうとする
人のためになろうとする	A3	利他性	自己中心的，人の問題に関わるのを好まない
人に譲る，攻撃をおさえる，人を許す，忘れる	A4	応諾	攻撃的，競争を好む，敵意をあらわにするのをためらわない
謙遜，自分を出さない	A5	慎み深さ	自分が優れていると思う，あつかましい
人の要求に動かされやすい，社会政策では人間性を強調する	A6	優しさ	石頭，情に動かされない，現実的で冷たい論理で動く
	誠 実 性 C		
人生上の問題にうまく対処できると考えている	C1	コンピテンス	能力が低く，準備不足と思う
きちんとした，気構えができている，物事をきちんとする	C2	秩序	気構えができておらず，順序だてて物事ができない
倫理的原則に従う，道徳的義務に忠実に従う	C3	良心性	物事にいい加減，頼りにならず信頼できない
要求水準が高い，目標達成のために頑張る	C4	達成追求	いい加減で怠け者，野心や目的を持たない
飽きたり気を散らしたりせず仕事を始め，継続し，やり終えるように自分を動機づける能力を持つ	C5	自己鍛錬	つまらないことにいつまでもかかずらわる，すぐにがっかりし，止めたがる
慎重，熟考型	C6	慎重さ	あわてもので，結果を考えずに話したりやったりする

intellect），　協調性あるいは調和性（agreeableness），　誠実性あるいは良識性
（conscientiousness）の五つとなっている。

［2］投　影　法

　投影法は，あいまいな図や文章を呈示して，それに対する反応からパーソナリティを把握し
ようとするものである。対象者が意図的に操作することが難しく，無意識が反映されるといわ
れている。

　1）P-F スタディ（絵画欲求不満テスト：Picture-Frustration Study）　　アメリカの心理学
者ローゼンツアイク（Rosenzweig, S.）が，欲求不満理論に基づいて考案した投影法検査であ
る（林，2007）。日常的に誰もが経験する欲求不満場面を絵で示し，それに対する対象者の反応
を分析することでパーソナリティの特徴を把握しようとするもので，ストレス耐性や集団適応，
攻撃性などを見ることができる。呈示される場面は，自我阻害場面（Ego-Blocking Situation）
と超自我阻害場面（Superego-Blocking Situation）の二つの場面から構成される。自我阻害場
面とは，何らかの障害が発生して自我（理性）がおびやかされて欲求不満を招く場面であり，超
自我阻害場面とは，他者からの非難や詰問によって超自我（良心）がおびやかされて欲求不満
を招く場面である。結果は，アグレッション（Aggression：主張性）の三つの方向と三つの型
による 3 × 3 の 9 タイプに，二つの変型を加えた 11 タイプに分類される。アグレッションの
方向は，「他責（相手を責める）」「自責（自分を責める）」「無責（誰も責めない）」の三つ，型
は「障害優位型（欲求不満を招いた障害にこだわる）」「自我防衛型（責任の所在にこだわる）」
「要求固執型（問題の解消にこだわる）」の三つである。対人場面での特徴をとらえることがで
きることから，最近は自閉症スペクトラム障害のスクリーニングテストとしても活用されてい
る（西藤ら，2018）。

図 8-2　P-F スタディ（模擬図版）

　2）文章完成法テスト（Sentence Completion Test; SCT）　　未完成の文章や単語を呈示し，
連想した内容を自由に記述して文章を完成させるという投影法検査である。文章を完成させる
という課題は古くからあり，1897 年にはエビングハウス（Ebbinghaus, H.）が対象者の知能を
測定するために使用している（松本，2015）。その後，パーソナリティを把握するための道具と
して利用されるようになり，日本では精研式文章完成法テストと構成的文章完成法（K-SCT）
が市販されている。結果の解釈について定まった方法はなく，対象者の自己概念や人間関係，
情動的側面，知的側面など，パーソナリティを広くとらえることを目的としている。文章の表

1. いつも私は _____

2. 仕事 _____

3. 私の家族 _____

_____

図 8-3　文章完成法の一例

現や筆跡など，対象者の直接の情報を多く得られることから，医療機関や矯正機関などで対象者を理解するための補助手段として活用されている。

3）ロールシャッハ・テスト（Rorschach Test）　　スイスの精神科医ロールシャッハ（Rorschach, H.）によって 1921 年に考案された投影法検査である（片口, 1987）。左右対称のインクのしみ図版 10 枚を決められた順序で呈示し，これに対する反応を分析する。検査は，図版が何に見えるかを自由に答えてもらい，その内容と反応時間を記録する自由反応段階と，どこにどのように見えたかを確認する質問段階の 2 段階で行う。反応領域（どこに見えたか），反応内容（何が見えたか），反応決定因（そう見えた理由）を記号化し，整理して標準的な数値と比較する量的分析を行うとともに，反応の継時的変化や表現の特徴などの質的分析を行い，これらを統合して解釈することで，総合的なパーソナリティの理解や病態水準の把握，鑑別診断の補助に活用されている。ロールシャッハ・テストが発表された翌年，37 歳の若さでロールシャッハが亡くなったため，その後，複数のグループによって研究が続けられ，それぞれの分析システムが構築されている。日本では，片口法，阪大法，名大法，慶応グループ法などがある。1974 年にはエクスナー（Exner, J. E.）によって，すべてのシステムを統合する「包括システム（エクスナー法）」が提唱され，評価の標準化が目指された。その後，包括システムの発展形としてロールシャッハ・アセスメントシステム（Rorschach Performance Assessment System; R-PAS）が発表されており（Meyer et al., 2011），より実証的な評価システム構築への模索が続いている。

4）描画テスト　　描かれた絵や描画のプロセスから対象者のパーソナリティを理解しようとする投影法検査である。言葉が未発達の子どもや言語によるコミュニケーションが困難な対象者にも実施可能であり，言葉では表現できないイメージを共有する手段として有効だとされている。代表的なものとして，スイスの心理学者コッホ（Koch, K.）による「バウムテスト（樹木画テスト）」（Koch, 1952）やアメリカの心理学者バック（Buck, J. N.）の考案した「家・木・人テスト（House-Tree-Person Test; HTP）」がある（Buck, 1948）。描画の形態やバランス，描線の質，描画の順序などから知能水準や情動的側面を把握するために活用されるとともに，治療者との関係構築や治療的なツールとしても利用されている。

図 8-4　ロールシャッハ・テスト（模擬図版）

[3] 作業検査法

　作業検査法は，対象者に一定の単純作業を課し，これに対する取り組み方や作業経過，作業量などからパーソナリティを客観的に把握しようとするものである。作業内容が明確で取り組みやすく，また，対象者が意図的に操作しにくいという利点がある。

　内田クレペリン作業検査（Uchida-Kraepelin Psychodiagnostic Test）　　ドイツの精神科医クレペリン（Kraepelin, E.）が行った連続加算作業の実験をもとに，1993 年，日本の臨床心理学者である内田勇三郎が考案した検査である（内田, 1951）。簡単な 1 桁の足し算を連続して行うというもので，前半 15 分，後半 15 分の作業を 5 分間の休憩をはさんで実施する。作業量の変化によって描かれる作業曲線を，定型曲線（健康者の平均的な作業曲線）と比較して 24 の類型に判定することで，比較的変化しにくい対象者のパーソナリティの特徴や行動傾向をとらえることができる。精神疾患を持つ患者の特徴的な作業曲線を指標として，スクリーニング検査としても活用されている。

コラム 14　出生順位や血液型でパーソナリティは理解できるか？

　テレビやインターネットでは，「生まれ順でわかるパーソナリティ分析」といった，出生順位によってパーソナリティを把握できるという記事が数多く見受けられる。出生順位によってパーソナリティに特徴が生じるという考えは古くからあり，多くの研究者が調査を繰り返してきた。たとえばサロウェイ（Sulloway, 1996）は第一子のパーソナリティ傾向について，ほかのきょうだいに比べて早くに家族のなかで地位が確立されるため，責任感が強く，競争心があり，型にはまったパーソナリティ傾向を持つが，これに対して次子は自分の存在を主張する必要があるため，陽気で，適応力があり，反抗的で個性的なパーソナリティ傾向を持つと述べている。日本でも，依田ら（1963, 1981）が 2 人きょうだいのパーソナリティ特性を調べ，長子は自制的で親切，次子は快活で依存的といった傾向があると報告している。

　一方で，出生順位とパーソナリティには関連がないとする研究も繰り返し報告されている。エルンストとアンガスト（Ernst & Angust, 1983）は，出生順位とパーソナリティの関連についての研究 1,000 本以上について調査を行い，両者にはほとんど関連がないと結論づけている。最近ではローラーら（Rohrer et al., 2015）が，アメリカ，イギリス，ドイツから 2 万以上のデータの提供を受けて出生順位の影響を精査し，出生順位が後になるほど，わずかに知能の低下が見られるものの，パーソナリティにはまったく関連が見られなかったと報告している。これらの研究から，出生順位そのものとパーソナリティには関連がないということで，「心理学」としては決着がついたといってよいだろう。現在では，子ども自身が出生順位を含む環境をどう受け止めたかという心理的な影響が大きいことがわかっている。しかし，それでも生まれる順序でパーソナリティがわかるという考えは魅力的なのである。

　では，血液型とパーソナリティの関連はどうだろうか。インターネット上には，「血液型」でパーソナリティや相性をとらえたり，あるいは将来を占ったりするコンテンツが数多くある。一方で，日本社会心理学会の公式サイトでは，血液型とパーソナリティが無関係であることを検証した論文や解説記事が積極的に掲載されている[4]。血液型パーソナリティ診断の原型となっているのは，ヒポクラテスやガレノスによる四気質説だといわれている。1901 年にオーストリアの医学者ラントシュタイナー（Landsteiner, K.）が ABO 式血液型を発見し，翌年 AB 型が発見されて，血液に四つの型があることがわかった。これが四気質説と結びつき，血液型によってパーソナリティの特徴があるのではないかと考えられるようになった。この考えを熱心に検証したのは，日本の教育学者・古川竹二である。古川（1927）は，O 型と B 型は積極的，A 型は消極的，AB 型は A 型と B 型の両面を兼ね備えると結論づけた。この結論は科学的に反証され，徐々に忘れられていったが，1970 年代に再び注目されるようになり，その後，流行を繰り返して現在に至っている。

　出生順位と同様に，心理学者たちは血液型とパーソナリティには関連がないことを熱心に検証してきた。たとえば縄田（2014）は，日本とアメリカの 1 万人以上のデータを用いて 68 項目のパーソナリティ傾向について検討し，いずれも血液型との関連はほぼゼロであったと報告している。それにもかかわらず，血液型で相性やパーソナリティがわかるという考えは根強く残っているのである。なぜ，このような考えが好まれるのか，研究のターゲットは血液型による判断を正しいと信じる態度そのものに移行し，信じる理由として，人を理

解できないことに対する不安や人を完全に理解したいという強い欲求があることが報告されている（岩井・鷹野, 1994）。人を理解したいという欲求，それは心理学の出発点でもあり，永遠に続く抗い難い欲求といえるかもしれない。

4）http://www.socialpsychology.jp/jssppr/topics/

■ 小テスト

1. 類型論と特性論の違いを説明しなさい。
2. ビッグファイブとは何か，パーソナリティ研究の歴史を踏まえて説明しなさい。
3. パーソナリティ検査の種類とそれぞれの特徴を述べなさい。

■ 引用文献

Allport, G. W. (1937). *Personality: A psychological interpretations*. New York: Henry Holt. （詫摩武俊・青木孝悦・近藤由紀子・堀　正（1982）. パーソナリティ：心理学的解釈　新曜社）

Allport, G. W., & Odbert, H. S. (1936). Trait-names: A psycho-lexical study. *Psychological Monographs*, *47*, 1–171.

Aron, A., & Aron, E. (1986). *Love and the expansion of self: understanding attraction and satisfaction*. New York: Hemisphere.

東　洋・柏木恵子・ヘス, R. D.（1981）. 母親の態度・行動と子どもの知的発達に関する日米比較研究　東京女子大学柏木研究室

Buck, J. N. (1948). The H-T-P technique: A qualitative and quantitative scoring manual. *Journal of Clinical Psychology*, *4*, 317–396.

Byrne, D., & Nelson, D. (1965). Attraction as a linear function of proportion of positive reinforcements. *Journal of Personality and Social Psychology*, *1*, 659–663.

Cattell, R. B. (1965). *The scientific analysis of personality*. London: Penguin Books. （安塚俊行・米田弘枝・斎藤耕二（1975）. パーソナリティの心理学：パーソナリティの理論と科学的研究　金子書房）

Costa, P. T., & McCrae, R. R. (1992). *NEO PI-R professional manual*. Odessa: Psychological Assessment Resources.

Ernst, C., & Angst, J. (1983). *Birth order: Its influence on personality*. Berlin and New York: Springer-Verlag.

Eysenck, H. J. (1967). *The biological basis of personality*. Springfield, IL: Chales C. Thomas publisher. （梅津耕作・祐宗省三他（1973）. 人格の構造：その生物学的基礎　岩崎学術出版社）

Freud, S. (1933). *New introductory lectures on psycho-analysis*. New York: Norton. （道簇泰三・福田覚・渡邉俊之（2011）. 続・精神分析入門講義　終わりある分析とない分析　フロイト全集, 21　岩波書店）

古川竹二（1927）. 血液型による気質の研究　心理学研究, *2*, 612–634.

Goldberg, L. R. (1990). An alternative 'description of personality': The Big-Five factor structure. *Journal of Personality and Social Psychology*, *59*, 1216–1229.

林　勝造（2007）. P-F スタディ解説 2006 年版　三京房

Hendrick, C., & Brown, S. R. (1971). Introversion, extraversion, and interpersonal attraction. *Journal of Personality and Social Psychology*, *20*, 31–36.

岩井勇児・鷹野美穂（1994）. 血液型性格判断に対する態度―人格的特質及び機能観との関連から―　愛知教育大学研究報告, *43*, 93–103.

Jung, C. G. (1921). *Psychologische Typen*. Zurich: Rascher Verlag. （佐藤正樹・高橋義孝・森川俊夫（1986）. 心理学的類型　人文書院）

片口安史（1987）. 改訂新・心理診断法 ロールシャッハ・テストの解説と研究　金子書房

Kelly, G. A. (1955). *The psychology of personal constructs*. New York: Norton.

Koch, C. (1952). *The tree test: The tree drawing test as an aid in psychodiagnosis.* Bern: Hans Huber.

Kretschmer, E. (1955). *Körperbau und Charakter: Untersuchungen zum Konstitutionsproblem und zur Lehre von den Temperamenten.* Berlin: Springer Verlag. (相場 均 (1960). 体格と性格：体質の問題および気質の学説によせる研究 文光堂)

Lewin, K. (1951). *Field theory in social science: Selected theoretical papers.* New York: Harper. (猪股佐登留 (1956). 社会科学における場の理論 誠信書房)

Magnusson, D., & Endler, N. S. (1977). *Personality at the crossroads: Current issues in interactional psychology.* Hillsdale, NJ: Lawrence Erlbaum Associates.

Maher, B. A., & Maher, W. B. (1994). Personality and psychopathology: A historical perspective. *Journal of Abnormal Psychology, 103,* 72–77.

松本智子 (2015). 文章完成法テスト 山内俊雄・鹿島晴雄 (総編集) 精神・心理機能評価ハンドブック (pp. 165–166) 中山書店

McCrae, R. R., & Costa, P. T. (1983). Joint factors in self-reports and ratings: Neuroticism, extraversion and openness to experience. *Personality and Individual Differences, 4,* 245–255.

McCrae, R. R., & Terracciano, A. (2005). Personality profiles of cultures: Aggregate personality traits. *Journal of Personality and Social Psychology, 89,* 407–425.

Meyer, G. J., Viglione, D. J., Mihura, J. L., Erard, R. E., & Erdberg, P. (2011). *Rorschach Performance Assessment System: Administration, coding, interpretation, and technical manual.* Toledo: Rorschach Performance Assessment System. (高橋依子 (監訳) (2014). ロールシャッハ・アセスメントシステム：実施，コーディング，解釈の手引き 金剛出版)

Mischel, W. (1968). *Personality and assessment.* New York: Wiley. (詫摩武俊 (1992). パーソナリティの理論：状況主義的アプローチ 誠信書房)

Mischel, W., & Morf, C. C. (2003). The self as a psycho-social dynamic processing system: A meta-perspective on a century of the self in psychology. In M. R. Leary & J. P. Tangney (Eds.), *Handbook of self and identity* (pp. 15–46). Guilford Press.

MMPI 新日本版研究会 (1993). MMPI マニュアル 三京房

村上宣寛・村上千恵子 (1997). 主要5因子性格検査の尺度構成 性格心理学研究, *6,* 29–39.

内閣府政策統括官 (2001). 日本青少年の生活と意識—第2回青少年の生活と意識に関する基本調査報告書 財務省印刷局

縄田健悟 (2014). 血液型と性格の無関連性—日本と米国の大規模社会調査を用いた実証的論拠— 心理学研究, *85,* 148–156.

Norman, W. T. (1963). Toward an adequate taxonomy of personality attributes: Replicated factor structure in peer nomination personality ratings. *The Journal of Abnormal and Social Psychology, 66,* 574–583.

岡田 努 (2007). 大学生における友人関係の類型と，適応及び自己の諸側面の発達の関連について パーソナリティ研究, *15,* 135–148.

小野田暁子 (2015). 矢田部-ギルフォード性格検査 山内俊雄・鹿島晴雄 (総編集) 精神・心理機能評価ハンドブック (p.160) 中山書店

小塩真司 (1998). 青年の自己愛傾向と自尊感情，友人関係のあり方との関連 教育心理学研究, *46,* 280–290.

Rohrer, J. M., Egloff, B., & Schmukle, S. C. (2015). Examining the effects of birth order on personality. *Proceedings of the National Academy of Sciences of the United States of America, 112,* 14224–14229.

西藤奈菜子・川端康雄・寺嶋繁典・米田 博 (2018). 心理検査を用いた青年・成人の軽度自閉スペクトラム症 (ASD) のスクリーニングについて 関西大学臨床心理専門職大学院紀要, *8,* 31–40.

Sheldon, W. H., & Stevens, S. S. (1942). *The varieties of temperament: A psychology of constitutional differences.* New York: Harper & Brothers.

下仲順子・中里克治・権藤恭之・高山 緑 (1998). 日本版NEO-PI-R の作成とその因子的妥当性の検討 性格心理学研究, *6,* 138–147.

Spranger, E. (1924). *Psychologie des Jugendalters.* Leipzig: Verlag Quelle & Meyer. (原田 茂 (1973). 青年の心理 協同出版)

Sroufe, L. A., Fox, N. E., & Pancake, V. R. (1983). Attachment and dependency in developmental perspective. *Child Development, 54,* 1615–1627.

Sulloway, F. J. (1996). *Born to rebel: Birth order, family dynamics and creative lives.* New York: Pantheon.

Symonds, P. W. (1939). *The psychology of parent-child relationships.* Oxford: Appleton-Century.

竹中一平・立脇洋介 (2015). 友人関係・恋愛と自己・パーソナリティ　松井　豊・櫻井茂男　自己心理学・パーソナリティ心理学　サイエンス社

田中教育研究所 (編) (1972). TK 式診断的新親子関係検査手引　田研出版

Terracciano, A., McCrae, R. R., Brant, L. J., & Costa, P. T., Jr. (2005). Hierarchical linear modeling analyses of the NEO-PI-R scales in the Baltimore Longitudinal Study of Aging. *Psychology and Aging, 20,* 493–506.

内田勇三郎 (1951). 内田クレペリン精神検査法手引　日本精神技術研究所

和田さゆり (1996). 性格特性用語を用いた Big Five 尺度の作成　心理学研究, *67,* 61–67.

Winch, R. F. (1955). The theory of complementary needs in mate-selection: Final results on the test of the general hypothesis. *American Sociological Review, 20,* 552–555.

八木俊夫 (1889). YG テストの診断マニュアル　日本心理技術研究所

依田　明・深津千賀子 (1963). 出生順位と性格　教育心理学研究, *11,* 239–246.

依田　明・飯嶋一恵 (1981). 出生順位と性格　横浜国立大学教育紀要, *21,* 17–127.

第9章

発達と発達障害

　人はどのようにして大人になるのだろう。大人になったら発達はしないのだろうか。健常な発達とは何だろうか。このような疑問は，発達心理学者の大きな関心であり，現在までにさまざまな研究知見の積み上げがある。誕生して生後1ヶ月までの子どもの変化には目を見張るものがあるが，身体的な発達は乳幼児期に著しい変化を遂げる。スイスの心理学者であるピアジェは自分の子どもの様子を観察することで，外界に積極的に挑む「有能な科学者」である子どもの発達に関心を抱いたといわれており，感覚運動期，前操作期，具体的操作期，形式的操作期からなる認知的発達段階論を提唱した。さらにエリクソンは人が周囲との関係から生涯にわたって発達し続けるとし，8つの発達段階からなる心理社会発達段階論を提唱した。

　この章では，発達に関わる事項を取り上げ，前半では発達の概要について，「身体」「認知」「心理社会」の3側面から紹介する。後半は，発達のつまずきについて取り上げ，発達における代表的な障害，発達障害について紹介する。さらに，発達障害がある人への介入方法を紹介し，特別支援教育，インクルーシブ教育，合理的配慮の説明とともに，学校現場での支援についても理解する。

1. 身体的な発達

[1] 感覚機能の発達

1）聴覚の発達　新生児や乳児は数多くの音の種類を聞き分けることができる。たとえば，生後3日目の新生児でも音がする方向に目と頭を向けることができる。さらに，生後数日の新生児は音の違いを聞き分けることができ，語尾の上げ下げ，イントネーションの強さ，感情価が異なる言葉（嬉しい気分と落ち込んでいる気分での言葉）の聞き分けが可能である（Trehub, 2001）。

　生後数ヶ月で音に対してより過敏になる。生後4〜7ヶ月の乳児には音楽の好みができ，1歳までには，原曲と異なるキーで演奏される場合でもその曲を認識できる。原曲とわずかに音列が異なる時でも，原曲との違いを認識できる（Trehub, 2001）。

　乳児は人間が話す言葉に敏感である。成人よりも乳児の方が母語にはない音を認識できる能力が高い（Aldridge et al., 2001）。しかし，生後6ヶ月までに母語では使われない音の弁別力が低下する（Polka & Werker, 1994）。一方，母語に対する言葉の認知能力が向上する。

2）視覚の発達　誕生時，視覚はもっとも発達が遅れている感覚器官である。これは，視知覚を支える眼球と脳の構造が完成していないことに要因がある。たとえば，生後数ヶ月と比較すると，誕生時における網膜の視細胞は未熟であり，視細胞の数も十分ではない。さらに，

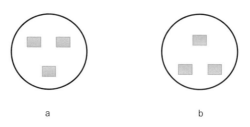

図 9-1　乳児における注視の傾向

新生児では，眼球にあるレンズを調節する筋力は弱い（以上，Atkinson, 2000）。

　このように，新生児の視覚は未発達であるために，新生児は上手に視点を合わせられない。そのため，新生児の視力は低く（視力は 0.03 ～ 0.05），新生児は近くにある物に対してもはっきりとした視知覚が得られない。

　発達に伴い，これらの視知覚の限界は徐々に克服される。生後 2 ヶ月ごろには，乳児は物体に視点を合わせることができ，成人と同じように，色を区別することができるようになる。視力も発達し，生後 6 ヶ月で視力は 0.2，3 歳で 1.0 までに向上する。生後半年以降から，動く物体を追視する能力は向上する。

　乳児は人間の顔に対して敏感であり，人間の顔のように見える刺激を注視する。たとえば，図 9-1 の場合，新生児はより人間の顔のように見える（a）を注視しやすい（Mondloch et al., 1999）。別の研究でも，乳児は顔のように見える物体をより追視しやすいことが報告されている。興味深いことに，乳児はより魅力的に見える人間の顔（成人が魅力的と評価する顔）を注視する。しかし，生後 2 ヶ月になると，乳児は見知らぬ女性の顔よりも母親の顔をより好むようになる。人の顔に注視する乳児の傾向は同じ種族に注目しようとする生得的な能力であると指摘されている。

　奥行き知覚とは，二つの物体間の距離や，観察する人から離れている物体との距離を評価する空間把握能力のことである（第 3 章参照）。奥行き知覚は環境の空間的な配置を理解したり運動活動を行ったりする際に重要である。たとえば，乳児がある物をとろうとするためには，奥行き知覚が必要である。さらに，奥行き知覚はハイハイを始めた乳児が階段から転落することの抑止にもつながる。

　乳児の奥行き知覚に関する研究では，ギブソンとウォーク（Gibson & Walk, 1969）の**視覚的断崖**の実験が有名である。この実験では，高さ 4 フィートのテーブルが使われ，その上を乳幼児（生後 6 ヶ月～ 14 ヶ月の 36 名）がハイハイして渡れるか否かが検証された。使われたテーブルの半分（浅い面）はチェック柄のガラスだが，もう半分（深い面）は透明なガラスででき

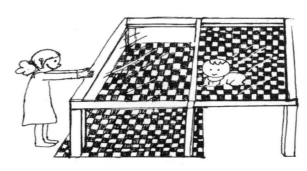

図 9-2　視覚的断崖の実験

ている（この様子から「視覚的断崖」と呼ばれる，図9-2）。その透明なガラス部分の下（4フィート下）には，テーブルの浅い面と同じチェック柄のボードが置いてある。実験では，テーブルの浅い面にいる乳児が反対の面（深い面）の奥にいる母親のもとに移動することが求められる。つまり，乳児が奥行き知覚を獲得している場合には，乳児は転落するという恐れを感じるため，4フィート下が見えるガラスの上を移動したがらない。実際，ギブソンらの実験では，3名を除き参加乳児は母親のもとに移動できなかった。移動した3名の乳児もためらいながら渡ったと報告されている。これらの結果から，ギブソンらは，ハイハイをし始める時期までにほとんどの乳児は奥行き知覚を獲得すると論じている。その後の研究では，ハイハイをし始めた時期にかかわらず，ハイハイを行う頻度が高い乳児ほど4フィート下が見える深い面を渡ることを嫌がることが実証されている。このことから，ハイハイを行う頻度が高い乳児ほど，精密な奥行き知覚の獲得が促されると示唆される。

［2］運動機能の発達

1）原始反射　　原始反射（生得的反射）とは，特定の刺激に対して乳児が示す生得的で自動的な反応である。たとえば，指で乳児の手のひらに触れると乳児は指を握る反応を示す（把握反射）。乳児は多くの原始反射を示すことが知られている（表9-1）。

一部の原始反射は乳児の生存に寄与する。たとえば，探索反射は乳児が母親の乳首にたどり着く可能性を高める。しかし，乳児が母親の乳首にたどり着いたとしても，吸啜反射がなければ，生存に必要な栄養を摂取することはできない。つまり，探索反射や吸啜反射は乳児の生存に寄与する。このように，乳児が原始反射を備えていることで，乳児は環境に適応しやすくなる。

原始反射は運動機能の発達を促す。たとえば，緊張性頸反射（視線にある腕が伸びる反射）によって乳児は視覚と腕の動きを統合することができるため，緊張性頸反射は欲しいものに手を伸ばす行動の発達を促進する。歩行反射を繰り返し行わない乳児よりも，歩行反射を繰り返し行う（歩行訓練を繰り返し行う）乳児では自立的な歩行の発現が数週間早まることが報告されている。

個人差はあるが，原始反射は生後半年程度で消失する。これは脳の発達に伴い，乳児が徐々に自発的な動作が行えるようになることと関連している。一方で，乳児の健全な発達が阻害される場合には，原始反射の消失が遅延する。このことから，乳児の健全な発達を評価するうえで，原始反射は重要な要因である。

表9-1　原始反射の種類と内容
(Knobloch & Pasamanick, 1974; Prechtl & Beintema, 1965; Thelen et al., 1984)

原始反射	刺激	反応・動作	消失する時期（生後）
探索反射	口元近くの頬をなでる	なでられた方に顔を向ける	3週間
吸啜反射	口の中に指を入れる	リズミカルに指を吸う	4ヶ月
水泳反射	顔を下に向けて，水の中に入れる	手足をバタバタさせる	4-6ヶ月
モロー反射	仰向けに寝かせ，頭を持ち上げ，頭部を急に下ろすもしくは，乳児の前で大きな音をたてる	背を弓状に曲げて頭を反らし，両腕を広げてゆっくりと抱きつくようにする	6ヶ月
把握反射	乳児の手のひらに指を置く	指を握る	3-4ヶ月
バビンスキー反射	踵からつま先に向かって足の裏をなでる	足指が扇のように開く	8-12ヶ月
緊張性頸反射	仰向けに寝かせ，一方向に頭を向ける	頭を向けた方の腕が伸び，反対側の腕が曲がる	2ヶ月
歩行反射	乳児を抱え，乳児の足を床につける	歩くように，交互に足を上げる	8-12ヶ月

表 9-2　生後 2 年までの運動機能の発達 (Bayley, 1969, 1993；安梅ら，2007)

運動機能	獲得する月齢			
	平均		90%タイル	
	国内*	国外	国内	国外
体を起こした時，頭を保つ	2ヶ月	6週	7ヶ月	4ヶ月
横向きに寝かせると寝返りをする	5ヶ月	3ヶ月3週	7ヶ月	5ヶ月
腹ばいから仰向けになれる	7ヶ月	4ヶ月半	12ヶ月	7ヶ月
座る（一人で）	9ヶ月	7ヶ月	12ヶ月	9ヶ月
ハイハイ	―	7ヶ月	―	11ヶ月
つかまり立ち	11ヶ月	8ヶ月	21ヶ月	12ヶ月
つたい歩きをする	11ヶ月	―	19ヶ月	―
立つ（一人で）	12ヶ月	11ヶ月	19ヶ月	16ヶ月
殴り書きをする	12ヶ月	14ヶ月	19ヶ月	21ヶ月
歩く	13ヶ月	11ヶ月3週	19ヶ月	17ヶ月
積み木を2つ重ねる	15ヶ月	11ヶ月3週	19ヶ月	19ヶ月
両足でジャンプする	23ヶ月	23ヶ月2週	33ヶ月	30ヶ月

注）安梅ら（2007）では，平均月齢ではなく50%タイル（50%の子どもが獲得する）が示されている。

2）運動機能の発達　　**粗大運動**は立つ，歩くなど，全身を使った身体の動的なコントロールを統制する動作を，**微細運動**は手を伸ばす，つかむなど，細かく精密な動作を指す。表 9-2 に，生後 2 年までの運動機能の発達を示す。獲得される運動機能はそれよりも以前に獲得された運動機能によって形成される。つまり，運動機能の獲得はドミノ倒しのように，一つの運動機能の獲得がより高次の運動機能の発達を押し上げる過程をたどる。

　表 9-2 にある運動発達の過程を概観すると，運動発達には二つの方向性があることが理解できる。一つは**頭部－尾部勾配**である。これは運動機能の発達は頭部から足に向かって生じることを示している。たとえば，乳幼児は腕や胴体の動作コントロールを獲得する前に頭部の動作コントロールを獲得し，脚の動作コントロールを獲得する前には腕や胴体の動作コントロールを獲得する。2つ目の発達の方向性は**中心－周辺勾配**である。この発達勾配は，乳幼児の運動機能の発達は身体の中心部から末端に向かう発達を示す。実際，頭部，胴体，腕の動作コントロールは手や指の動作コントロールよりも前に獲得される。

2. 認知的な発達

[1] ピアジェの理論

　スイスの発達心理学者であるピアジェ（Piaget, J.）は自身の 3 人の子どもの行動観察を踏まえ，子どもにおける認知発達に関する発達段階の理論を確立している。ここでは，ピアジェの**認知的発達段階論**を概観する。

　認知的発達段階論を概説する前に，この理論のキー概念を説明する。一つ目は**シェマ**（schema）である。シェマとは外界やそこでの経験を理解するための心的枠組みである。発達初期では，シェマは感覚や運動と関連する。たとえば，生後 1 年弱の乳児では，単に手に持っていた物（おしゃぶりなど）を放すことで，物が落ちることを経験する。このような経験を通じて「落とす」というシェマが形成される。発達に伴い，このシェマはより創造的なものへと発展する。たとえば，子どもは階段の上から物を落としたり，壁に向かって物を投げたりするようになるであろう。発達が進むと，シェマは感覚・運動に基づくレベルから言語などのより心的なレベルに移行する。

　シェマの発達には，**適応**（adaptation）という過程が関与する。適応とは，直接的な環境と

図9-3　同化と調節の過程

の関わりを通じてシェマを形成する過程である。適応の過程は**同化**（assimilation）と**調節**（accommodation）からなる。同化は周囲の環境を理解するために既存のシェマを利用する過程である。調節は周囲の環境の実状と既存のシェマが一致しない際に，新しいシェマが形成されたり，これまで利用されてきたシェマがアップデートされたりする過程である。同化と調節の具体的な例を挙げてみると，飲み物を飲むために，子どもがコップを使う場合，その子どもは「コップ」というシェマを利用している（同化）。しかし，母親が一凛の花をコップに生けることを初めて見た後には，「コップ」のシェマは「コップは飲み物を飲むための入れ物」から「コップには花も生ける利用法がある」と既存のシェマはアップデートされる（調節）。

　調節よりも同化がより多く行われている際，子どもには大きな認知的変化は見られない。このような状態は**均衡化**（equilibrium）と呼ばれる。その一方，外界から得られる情報と既存のシェマが一致しない場合，**不均衡化**（disequilibrium）の状態に陥る。この状態では，同化から調節のモードに移行し，子どもは環境に適するシェマを形成する。このように，新しい経験を通じて同化と調節が繰り返され，より機能的なシェマが形成されていく（図9-3）。

　1）認知的発達段階論　　ピアジェの認知的発達段階論は四つの段階（**感覚運動期，前操作期，具体的操作期，形式的操作期**）で構成される（表9-3）。この理論では，子どもが示す思考のありかたに基づいて各段階が区別される。つまり，ピアジェの理論では，認知の量（たとえば，知識の差）ではなく認知の質（たとえば，物事の考え方）の違いが各段階における中核的な差になる。

表9-3　ピアジェの認知的発達段階論

段階	年齢	各段階の特徴	発達的現象
感覚運動期	0－2歳	感覚や運動（見ること，触ること，口に入れること，握ること）を通して，周囲の環境を経験する。	・対象の永続性 ・人見知り不安
前操作期	2－7歳	言葉やイメージを用いて，物事を表現できるようになるが，論理的思考は不十分である。	・みたて遊び ・自己中心性 ・言語発達
具体的操作期	7－11歳	目にすることができる実在の出来事に関しては，論理的に考えることができる。つまり，実在する物に対して類推を行い，数学的な操作を行うことができる。	・保存の概念 ・分類的思考
形式的操作期	12歳以降	抽象的論理性を獲得する。	・抽象的な論理性 ・成熟した道徳性の芽生え

　2）感覚運動期　　誕生からおよそ2歳までの時期は，感覚運動期と呼ばれる。この段階では，乳幼児は感覚（見る，聞く，触るなど）や運動（口に入れる，掴むなど）を用いて周囲の環境と相互交流し，外界を理解する。この段階の初期（生後6ヶ月以前）では，乳児は「見えない物は"存在しない"物」として扱い，**対象の永続性**（物が隠されて見えなくなる場合でも，その物はそこにあり続けるという認識）は獲得されていない。しかし，8ヶ月以降の乳児は対象の永続性を獲得し，乳児の前にある玩具の上に布をかけ玩具を隠すと，乳児は隠された玩具を見つけようとする。

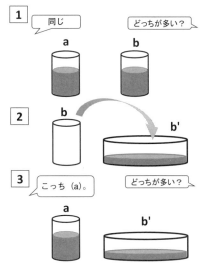

図 9-4　保存の概念の欠如

3）前操作期　2歳から7歳までの子どもは前操作期の段階にいる。この段階の子どもは言語やイメージなどを駆使して外的世界を表象できるようになる。しかし，前操作期では心的操作がうまく行えないため，子どもは論理的に考えられない。このような非論理的思考の一つに保存の概念（ある事物の物質的特徴は，表面的な見え方が変化しても，同じであるという知識）の欠如がある。

　たとえば，同じ大きさのコップがあり，そのなかに同じ量の水が入っている（図9-4）。この二つのコップにある水の量について子どもに尋ねると，子どもは「同じ（量が入っている）」と答える。その後，子どもの目の前で，一方のコップに入っている水をほかの容器（コップよりも幅が広い容器）に移した後，再度，二つの容器にある水の量を尋ねると，コップに入っている水の方が「多い」と回答する場合がある。この非論理的思考は，子どもが水を移動した手続きを心的に再現（このような心的過程を操作と呼ぶ）できないこと，見た目の一側面（この場合，高さ）のみに注目してしまうことと関連している。保存の概念の欠如は数や重さの認識にも認められる。

　前操作期のほかの認知的特徴として，**自己中心性**（自己の視点に固執し，他人の視点から物事を考えることができないこと）がある。自己中心性の一つに，**アニミズム的思考**がある。アニミズム的思考とは，生命がない事物や事象が，思考や感情などのように生命がある物と同じ特徴を持つと信じることを指す。たとえば，子どもが雨空を見上げ「お空が泣いているね」と言ったり，雷を見て「お空が怒っている」と言ったりすることはその代表例である。ほかの自己中心性を示す思考としては，**人工主義**（雷や風のような自然現象が人間によって引き起こされているとの信念）や，**相貌的知覚**（外界の事象に自分の感情や欲求を投影するような知覚の仕方）などがある。

　4）具体的操作期　7歳から11歳まで子どもは具体的操作期にある。この時期の子どもは実際に目にすることができる物質であれば，形態が変化しても量的には変化していないことが理解できる。またこの段階では，心的操作が獲得されるため思考はそれまでの直観的なものから論理的なものへと発達する。たとえば，先述したコップの問題を例に挙げると，異なる容器に水を移動した後であっても，具体的操作期にある子どもは水の移動の手続きを心的に再現できるので，「同じ量」と論理的に考えることができる。さらに，この時期の子どもは共通する特徴に沿って系統的に複数の物事（情報）をまとめる**分類的思考**（classification）も獲得する。

　5）形式的操作期　12歳以降は形式的操作期と呼ばれる。この段階では，目にできない事象であっても，想像を働かせることにより論理的に考えられる抽象的思考が形成される。この抽象的思考の獲得は言語による問題解決能力の向上に寄与する。具体的には，幼児から青年になるにつれて，「もし〜ならば，…するべき」などの仮説的な問題に対して論理的に考えられるようになる。つまり，この時期から，**仮説演繹的思考**が可能になる。

[2] 道徳性の発達

　ピアジェ（Piaget, 1932）は**道徳性**の発達は認知的発達と関連すると指摘している。この指摘を受け，コールバーグ（Kohlberg, 1981, 1984）は道徳性に関する発達段階論を示した。以下は有名な**道徳（moral）ジレンマ課題**である。

　ヨーロッパで，一人の女性が特別な癌を患い，今にも死にそうな状態にあった。彼女の主治医らによると，彼女を救う唯一の特別な薬があるらしい。その薬はラジウムの一種であり，同じ町に住むある薬剤師が最近開発したものである。その薬剤師はその薬の開発費200ドルの10倍にあたる2,000ドルで，その薬一錠を販売することにした。癌に侵されている患者の夫であるハインツはお金を借りるためあらゆる知人を訪ね歩いたが，ハインツは薬代の半分の1,000ドルしか集めることができなかった。そのため，ハインツはその薬剤師に自分の妻が癌で死にかけていることを話し，癌の特効薬を安く売ってくれるか，もしくは，後で足りない代金は支払うので特効薬を分けてくれないかと頼んだ。しかし，薬剤師は「ダメだ。この薬は私が開発したんだ。私はこの薬で稼ぐつもりなんだ」と言った。その後，ハインツは捨て身になり，妻のための特効薬を盗むために薬剤師の店に押し入った。さて，ハインツは特効薬を盗むべきだっただろうか？（Kohlberg（1963）を筆者が翻訳）

　コールバーグの注目はこの課題への回答（正しい／正しくない）ではなく，その理由づけであった。コールバーグはジレンマ課題から得られた理由づけに基づき，6段階で構成される道徳性の発達段階論を示している（表9-4）。
　コルビーら（Colby, 1983）は道徳性の発達に関する縦断研究を行っている。この調査は20年間にわたる追跡調査であり，調査対象である児童生徒は3–4年ごとに上記のジレンマ課題を受け，その回答から道徳性の段階が査定された。調査の結果，加齢に伴って前慣習的な論理性を示す割合が低下する一方で，慣習的な論理性を示す割合が増加することが認められた。しかし，脱慣習的な論理性は加齢との関連性が低く，30歳ごろでも10%弱の人のみしか脱慣習的な論理性を示さなかったことが報告されている。

表9-4　コールバーグの道徳性の発達段階

前慣習的な水準：道徳や規範の内在化が認められない	
Lve. 1　罰と服従への志向	◆苦痛／罰を避けるため，規則に従う。 ◆「嘘をつくと怒られるから，嘘はダメ」
Lev. 2　報酬と取引への志向	◆「正しいこと」＝自分や他者の欲求や利益を満たすこと，公平・平等なこと ◆「優しくすれば，優しくしてもらえる」
慣習的な水準：特定の内在化された基準（他者や社会が定めたもの）に従う	
Lev. 3　対人的同調（「良い子」）への志向	◆「正しいこと」＝周囲からの期待に従う行為（他人を喜ばせる，助ける行為であり，他人に善いと認められる行為）
Lev. 4　法と秩序への志向	◆権威（親／教師／神など）を尊重し，社会的秩序を維持することにより，自己の義務を果たすことを求める。 ◆「正しいこと」＝合意形成された義務（法律などを遂行すること，社会／集団／制度に貢献すること
脱慣習的な水準：道徳性は完全に内在化／他者の基準に基づいていない	
Lev. 5　社会的契約への志向	◆「正しいこと」＝社会には様々な価値観や見解が存在することを認めた上で，社会契約的合意（社会の公平性）に従って行為すること
Lev. 6　普遍的倫理への志向	◆人間の尊厳の尊重に価値が置かれる。 ◆「正しいこと」＝自らの選択した倫理的原理／良心に従うこと

3.　心理社会的な発達—エリクソンの理論

　人間は1人で生きていく生物ではない。誕生から周囲の人（とくに，両親）からの援助を受

表 9-5 心理社会的発達段階

段階	年齢（目安）	心理社会的危機			基本的強さ
乳児期	誕生〜1歳	基本的信頼	vs.	基本的不信	希望
幼児期前期	1〜2歳	自律性	vs.	恥・疑惑	意志
幼児期後期 （遊戯期）	3〜5歳	自主性	vs.	罪悪感	目的
学童期	6歳〜思春期	勤勉性	vs.	劣等感	適格
青年期	思春期〜20代	アイデンティティ	vs.	アイデンティティ拡散	忠誠
成人前期	20代〜40代前半	親密性	vs.	孤立	愛
成人期	40〜60代	生殖性	vs.	停滞性	世話
老年期	60代後半〜	統合	vs.	絶望	知恵

けて成長する。児童期以降から，家族以外の他人（たとえば，友達や教師）の支援受け，自己を確立させていく。成人期以降には，「支援を受ける」側から「支援をする」側へと移行し，周囲の人（たとえば，後輩，部下，自身の子ども，教え子）の発達を援助する。このように，人間の発達は身体，運動機能，認知だけではなく，心理社会的な視点も存在する。ここでは，エリクソン（Erikson, E. H.）の**心理社会発達段階論**（または**漸成発達段階論**）を概説する。

エリクソンはフロイト（Freud, S.）の**精神性的発達論**（psychosexual development）を発展させ心理社会発達段階論を構築した。この理論では，発達は八つの段階に分かれており（表9-5），私たち人間のパーソナリティは生涯を通じて発達し続けることを示している。各発達段階には，固有の**心理社会的危機**（psychosocial crisis）が存在する。心理社会的危機はその時期で中核となる重要な発達課題になるとともに，その後の人生でもある程度経験し続ける課題になる。しかし，各段階の危機が解決されなければ，次の発達段階に移行できない訳ではない。

各段階の心理社会的危機は対語の形式で表されている。この対語は，各発達段階で中核的に認められる「心の葛藤」を表現している。この対語形式は，その発達段階で「どちらか一方のみが経験される」，「肯定的な経験だけをするべき」ということではない。エリクソンが意味するところは，各段階において，人はどちらの心的状況も経験し，悩み葛藤することが重要ということである。たとえば，乳児期の危機は「基本的信頼 vs. 基本的不信」である。この時期の乳児は周囲の世界や人々を信頼する必要があるだけではなく，危険から自分自身の安全を守るためにある程度の不信を経験する必要がある。「勤勉性 vs. 劣等感」が課題の学童期は，子どもは「できない…」という劣等感を覚えながらも，それを乗り越えようと「できた！」という感覚を獲得していく過程である。

各発達段階でポジティブな要素の経験が多い場合には，健全なパーソナリティ特性である「基本的強さ」（もしくは「徳」）が獲得される。基本的強さを獲得することで，その後の発達危機を安全に乗り越えやすくなる。つまり，各段階で獲得される基本的強さは健全な発達の形成における保護要因として作用する。

1）乳児期　身体的な快適さと，僅かな怖れや未来への心配を経験することで，乳児は信頼感を獲得する。泣いて助けを呼んでも親が来てくれなかったり，大人から大切に扱われなかったりする場合に不信が生起する。乳児期での信頼感は「この世界は安全であり，快適に生きていける場所である」という生涯にわたる期待を形成する土壌となる。

2）幼児期前期　この時期はイヤイヤ期にあたる。養育者に対する信頼感を得た後，子どもは自身の行為は自分自身でコントロールできることを発見する。これを通じ，子どもは自律を主張し自らの意志を実現するようになる。自律的行動には失敗が付き物であるため，自律性には恥や自身のスキルに対する疑問がある程度伴う。しかし，この時期に親から過剰に自律的

な行動を抑止されたり，行動の失敗に対して体罰を与えられたりする場合には，子どもは強く恥を感じ，自分の能力に大きな疑問を抱くようになる。

3）幼児期後期（遊戯期）　こども園などの就学前施設に通園する子どもはこの時期にある。この時期に子どもは幅広い社会的環境に出会うため，乳児であったころよりもさまざまな課題にチャレンジすることが増える。この時期の子どもは自身（着替えなど）や周囲（片付けやペットの世話など）のことに責任を果たすことが求められる。これらの課題に対処するために，子どもには積極的で目的志向的な行動が必要になり，責任感は子どもの自主性を向上させる。責任が問われない子どもや責任感を感じない子ども，または責任を果たすことに過剰な不安を抱く子どもには，罪悪感が生起する。

4）学童期　この時期は小学生期にあたる。獲得した自主性によって，子どもはさまざまな経験をする。学童期の後半になると，知識や学業スキルの獲得にエネルギーが注がれる。そのため，小学生期では，劣等感（無能さや非生産さを感じること）が強まることに留意する必要がある。エリクソン（1968）は子どもが勤勉性を形成するうえで，教師の存在の重要性を指摘している。

5）青年期　この時期，自分自身は誰でどんな人間であるか，どのような人生を歩もうとしているのかについての探求が始まる。青年はこれまでに経験したことのない多種多様な役割や立場を体験する。このように，青年は新しい自己を体験するため，これまでの一貫した性格特性で自己を表現するのではなく，状況・状態に応じてさまざまに異なる性格特性で自己を表現するようになる。青年がこのような役割・立場を健全に全うし，今後の人生に繋がる適切な「道」にたどり着くことができれば，ポジティブなアイデンティティが獲得される。もし親によって特定のアイデンティティが青年に与えられる場合や，青年がさまざまな役割を充分に探究することができない場合，アイデンティティの混乱が生じる。

6）成人前期　この時期では，青年期から成長した成人は他人と親密な対人関係を形成する課題に直面する。もし成人が健全な友人や恋人など他人と親密な対人関係を築くことができれば，親密性が獲得される。もしそのような対人関係が形成されない場合には，孤立に陥る。親密性と孤立の葛藤を乗り越え，「愛」という態度が形成される。

7）成人期　この時期における中心的課題は，発展途上にある若い世代を支援／援助することである。エリクソンはこのような支援を**生殖性**（generativity）と表現している。生殖性は子どもを養育すること，後輩や部下などの他人に手を差し伸べること，仕事を生産的に行うことが含まれる。次世代に対する支援や援助を施さない場合には，達成感を得ることができず停滞感を覚える。

8）老年期　この時期，人は人生を振り返りこれまでの人生を評価する。人生のさまざまな歩みを回顧して，一部は肯定的に自らの人生を評価するであろう。もしそのように肯定的な人生の回顧ができれば，人生に対して満足感が得られ「統合」が達成される。もし人生の歩みの多くについて「無駄だった」や「後悔ばかり」と否定的な回顧が繰り返される場合には，自らの人生に対する疑問と憂うつが強まり「絶望」が生起する。

4．発達のつまずき

「障害」があるとはどのようなことをいうのだろう。「耳が聞こえない」など目で見てわかりやすい状態もあるが，発達障害などのわかりにくい障害もある。昔は障害があるというのは，障害がある人，ない人といったようにグループが違うと考えられていた。しかし，2001 年にWHO が出した障害の定義により，障害とは何かといった認識が大きく変わった。これは，障害は「環境」によって決まるという考え方である。たとえば，極端な話ではあるが，注意欠如・

多動症と診断されている人は，現代の学校教育において，45分間ずっと座っておく必要があるという環境のなかでは「落ち着きがない」と問題となるが，もし縄文時代に生まれていたら動きが素早い，獲物を捕らえる瞬発力のある素晴らしい狩人と賞賛されていたかもしれない。このように環境によって障害かどうかが決まってしまう，つまり社会生活がどの程度阻害されるかといったことを基準に「障害」であるかということが決まる。

[1] 発達障害とは

　まず，障害と診断されることは社会生活がどの程度阻害されるかといったことを基準に決まると述べたが，その診断基準を設けているのがアメリカ精神医学会およびWHOである。アメリカ精神医学会は **DSM-5**（Diagnostic and Statistical of Mental Disorders）という精神疾患の診断・統計マニュアルを作成しており，今回はDSM-5をもとに，**発達障害**について概説する。詳細は，DSM-5（2014）を参照されたい。DSM-5では，発達障害は神経発達症群と定義づけられている。神経発達症群は，発達期に発症する一連の疾患で，知的能力障害群，コミュニケーション障害群，自閉スペクトラム症，注意欠如・多動症，限局性学習症，運動症群，に加えて他の神経発達症群を指す。自閉スペクトラム症，注意欠如・多動症，限局性学習症は，発達障害者支援法や学校教育法において，まとめて「発達障害」と表されており，発達障害イコール自閉スペクトラム症，注意欠如・多動症であるように取り扱われている。そのため，これら3つの障害の特徴を紹介する。

[2] 自閉スペクトラム症 / 自閉症スペクトラム障害（ASD）

　自閉スペクトラム症（Autism Spectrum Disorder; ASD）は，かつては「広汎性発達障害（Pervasive Developmental Disorders; PDD）」である「自閉性障害」「アスペルガー障害」，「特定不能の広汎性発達障害（Pervasive Developmental Disorder-Not Otherwise Specified; PDDNOS）」，「小児期崩壊性障害」と呼ばれていた。DSM-5になり，それらの診断名は「自閉スペクトラム症」に一本化された。障害の区別が臨床現場では難しいことから，統一されたという経緯がある。スペクトラムという言葉は「連続体」という意味であり，たとえば社会的コミュニケーションの苦手さといった特性が，健常な人と同じ線上にいること，つまり連続していることを示す。人間にはさまざまな特性があり，周囲の環境や支援によって同じ診断名があっても適応していたり，不適応であったりとさまざまである。診断名で区切るのではなく，その人それぞれの適応状態に応じて，支援を考えるべきなのである。

　自閉スペクトラム症は，二つの特徴がある。以前は①対人相互反応の障害，②コミュニケーションの障害，③常同的で限定された興味といった三つであったが，DSM-5から①，②がまとめられ，①社会的コミュニケーションの障害，②限定された反復的な行動様式（Restricted Repetitive Behavior; RRB）の二つとなった。ASDは，発達早期から見られるが，ほとんどの事例において，2歳ごろから診断を受ける場合が多い。重度度も他の神経発達症群と同様に3段階に設定されている。軽度であり，かつ知的能力障害がなく，注意欠如・多動症などの並存診断がない場合には，成人になっても診断されていないこともある。

　まず，①社会的コミュニケーションの障害は，相互の対人的‐情緒的関係の欠落，対人的相互反応で非言語的コミュニケーションを用いることの欠陥，人間関係の維持などの診断基準がある。相互の対人的‐情緒的関係の欠落は，たとえば質問と違う答えを返す，突然話題を変えるなど会話のやりとりができないこと，小さいころから「ママ，見て！」などの興味，情動，感情を共有することが少ないことが挙げられる。二つ目は，たとえばアイコンタクトの困難，身振りやジェスチャー，顔の表情で相手の感情を理解することができないことがある。相手が明らかに嫌な顔をしている場合でも「ちょっと太った？」などといってしまったり，空気が読め

ないと評されてしまうことが挙げられる。アイコンタクトは小さいころは「目が合わない」ことに気づきがあることが広く知られている。

　②限定された反復的な行動様式は，常同的または反復的な身体の運動，物の使用，または会話，同一性への固執，こだわり，儀式的行動様式，限定され執着する興味，感覚の異常である。常同的または反復的な身体の運動，物の使用，または会話は，たとえば手をヒラヒラしたり，鉛筆など何でも物を振ることなど，常に同じ動きをすることや常に同じ動きを見ること，触ることなどを好む。流れている水を見ること，ビデオの早送り，巻き戻しを好むなどもある。おもちゃの使用についても，定型発達（発達障害がない）の子どもが遊ぶようには遊ばず，車を並べたり，積んだりすることで黙々と遊んでいる姿が見られる。会話は「お名前は何ですか？」と聞かれるとそのまま「おなまえはなんですか？」というオウム返し，反響言語（エコラリア）などがある。また，周囲の言語環境から自然に身に付けるのではなく，本やテレビなどの会話を真似ることが多いため，敬語で話したり，方言を話さないことも特徴といえる。同一性への固執やこだわりは，たとえば毎日同じ手順で着替える，同じ道順で行く，同じメニューを食べる，などである。家のトイレでないと排泄ができないといったこだわりがあった場合には，学校などでパニックを起こしてしまう。つまり，こだわりは，それを阻害された場合にパニックを起こしてしまうことが合わせて問題となる。

　DSM-5 による大きな変更は，②限定された反復的な行動様式に「感覚の異常」が加わったことである。感覚の異常というのは，聴覚過敏や触覚過敏などの感覚過敏と感覚鈍麻がある。聴覚過敏は，たとえば，体育館や多目的室など音が反響する教室に入れなかったり，ザワザワとうるさい教室では耳栓をしないと教室にいられないなどである。触覚過敏は，たとえば爪切りを嫌がったり，髪の毛に触れられるのを嫌がったりなどである。パリパリした麺の皿うどんやキャベツの千切りでも，舌に痛みを感じるといって嫌がることもある。感覚鈍麻は，痛みや酸味，辛味などに鈍かったりすることなどが挙げられる。こだわり，感覚の異常といった複合的な要因で，ASD がある人は偏食と称されることが多い。

［3］注意欠如・多動症 / 注意欠如・多動性障害（ADHD）

　注意欠如・多動症（Attention-deficit / Hyperactivity Disorder）は，不注意と多動性 - 衝動性の二つの症状を示す。以前は不注意，多動，衝動性の三つであったが，多動，衝動性が一つにまとめられた。また三つの特性に基づき，不注意優勢型，多動 - 衝動優勢型，混合型といったサブタイプ（type）を設けていたが，DSM-5 ではサブタイプではなく過去 6 ヶ月間の症状の現れ方として不注意優勢状態，多動・衝動優勢状態と状態（condition）で表すようになった。

　ADHD は，小児期から診断される。不注意または多動性 - 衝動性の症状のいくつかが「12 歳以前に存在していた」という基準がある。以前は 7 歳以前であったものが，12 歳以前に引き上げられた。さらに，これらの症状が，「二つ以上の状況で存在する」と定められている。つまり，家庭や学校，職場，などの一つの状況ではなく，二つ以上で同じような症状が見られること，というのが診断の条件となる。たとえば，家庭では落ち着かずに暴れていて，学校ではそのような行動がまったく見られないという場合には，診断はされないということである。そのため，どのような状況で症状が見られるのかといったことを十分にアセスメントする必要がある。

　不注意は，不注意な間違い，注意の持続，聞いてないように見える，気が散る，忘れっぽいなどである。不注意は，集団場面において注意の持続，聞いていない，気が散る，などが多く見られ，学校や職場においては結果として指示や課題内容がわかっていないということがある。さらに，忘れ物，落し物，無くし物が多く，成人の場合でも同様に見られる。

　多動性 - 衝動性は，そわそわ動かす，席を離れる，走り回る，じっとしていない，しゃべり

すぎる，質問が終わる前に答える，などである。診断基準にも「エンジンで動かされているように」という表現がされているが，常に動いているという姿がある。ただ，動き回ったり，落ち着きがないだけでなく，突然走り出したりと，衝動的であるために，小さいころは迷子になったり，怪我が多かったというエピソードも多い。さらに，順番を抜かすなどの多動性 – 衝動性がきっかけで，対人トラブルに発展することも多い。就学前から，小学1，2年生までは多動性が非常に目立つが，小学校3，4年生以上になると多動性は少し落ち着き，しゃべりすぎるという多弁，相手の話が終わる前に喋りだしてしまうなどの衝動性が残ることが多い。DSM-5から，このような部分寛解も認められている。部分寛解は，以前はすべての基準を満たしていたが，過去6ヶ月間は少ない基準数を満たしていることを指す。

　さらに，DSM-5から，ASDとの並存診断が認められた。それにより，これまで臨床現場で診断のばらつきが見られた問題が解消し，現場での理解が深まったといえる。ADHDは薬物療法が一般的であり，ストラテラ（Strattera），コンサータ（Concerta），インチュニブ（Intuniv）などの薬が使われている。インチュニブは2017年に認可された小児用の薬であり，副作用が少ないことで知られている。

［4］限局性学習症 / 限局性学習障害（SLD）

　限局性学習症（Specific Learning Disorder; SLD）は，読み，書き，計算することの障害である。限局性学習症は，DSM-5による医学定義と文部科学省による教育定義に分けられる。文部科学省の**学習障害**（Learning Disabilities; LD）の定義は，「全般的な知的発達に遅れはないが『聞く』『話す』『読む』『書く』『計算する』『推論する』などのいずれかに困難を持つ」であり，少なくとも2学年以上の遅れを示すとされている。学校現場で多く用いられているLD判断のための調査票（Learning Disabilities Inventory-Revised: LDI-R）は，教育定義に対応して作成された。合理的配慮との関連で法的なレベルで学習障害を示す必要があるかもしれないということからも，DSM-5を用いることは推奨されるが，日本語と英語といった言語の違いや例を示されていることから，LDI-Rの方がわかりやすい。たとえば，読み書きなどにおいても，日本語の特殊音節（促音，長音，拗音など）に困難を生じやすいなど具体例が記載されている。算数においても，学習指導要領に応じた具体的内容が示されている。

　ASD，ADHDは発達早期から診断されるが，限局性学習障害においては学齢期に始まるとされている。学習に関わるものであるため，本格的な学習が始まる時期でないと診断はされないのである。しかし，就学前からたとえば「しりとりができない」など言語発達や文字への興味などにおいて，課題が見られる子が多い。

5. 支　援

［1］介入方法

　包括的な介入方法としては，**TEACCH**（Treatment and Education of Autistic and related Communication handicapped Children）による構造化，**応用行動分析**（ABA, Applied Behavior Analysis; ABA）を用いた早期療育などが代表的である。TEACCHは，アメリカのノースカロライナ州立大学を基盤に実践されている，ASDがある人やその家族，支援者を対象にした包括的なプログラムである。TEACCHが推奨する構造化とは，環境設定である。たとえば部屋の設定などを衝立で分けるなどして視覚的にわかりやすく示すなどの物理的構造化，スケジュールの視覚化などがある。課題の流れを示すワークシステムなども有名であり，カゴや色分けなどで，今からすべき課題と終了した課題とを視覚的にわかりやすく示す工夫をしている。感情や対人関係の理解においても，コミック会話（漫画のように吹き出しに言葉を入れ

るもの）などで他者視点，他者の感情理解などを理解するための練習を行う。

　応用行動分析は，学習心理学におけるスキナーのオペラント条件づけの原理を利用した介入法である。オペラント条件づけにおける強化，弱化，消去などの行動的技法を駆使して，適切な行動を増やし，不適切な行動を減らす。たとえば，スーパーでお菓子を買ってほしいと泣き喚く子どもの行動を観察すると，泣き喚いたり，寝転んだりすると母親がお菓子を買ってくれると学習しており（強化），その問題行動を減少させるためには，泣き喚かれてもお菓子を買わないといった消去を行うことが効果的である。このように，行動の随伴性を分析し，なぜ起きているのかといった機能を明らかにする機能的アセスメントを用いる。また，スモールステップで新しい行動を形成するシェイピングも行う。行動の前に起こること（先行状況）の操作において環境設定を行うことも多い。アメリカの「一人の子どもも落ちこぼさない法」（The No Child Left Behind Act of 2001）においては，児童生徒の学校支援に応用行動分析の理論を適用した PBIS（Positive Behavioral Interventions and Supports）が実施されており，そのなかでも機能的アセスメントの実施が推奨されている。

　標的スキル獲得型の介入法は，**PECS**（Picture Exchange Communication System），**ソーシャルスキルトレーニング**（Social Skills Training; SST），**認知行動療法**（Cognitive Benavioral Therapy; CBT），**JASPER**（Joint Attention, Symbolic Play, Engagement, and Regulation），**ソーシャルシンキング**，**ペアレントトレーニング**などがある。PECS は，言語表出が困難な子どものコミュニケーションスキルの獲得を目的としたカードを用いたプログラムである。ソーシャルスキルトレーニングは，早期の個別介入から，学校を対象とした集団介入まで豊富なプログラムがある。認知行動療法は，最近では不安や怒りのマネジメントについて ASD の子どもへの小集団介入を用いたものとペアレントトレーニングを組み合わせたものが効果的であることが示されており，臨床実践が多くなされている。JASPER は，共同注意と遊びに注目した早期介入プログラムである。ソーシャルシンキングは心の理論を教えるプログラムである。ペアレントトレーニングは，親に特性を理解してもらうためのプログラムであり，とくに ADHD の子どもの二次的障害を防ぐために行われている。

［2］学校現場での支援

　現在，通常学級において発達障害を含む特別な教育的ニーズがある児童生徒が 6.5％ 在籍しているということが明らかとなっている（文部科学省，2012）。35 名学級である場合は，特別な教育的ニーズがある児童生徒が 2, 3 名いるということになる。2007 年に学校教育法の改正により**特別支援教育**が始まり，「従来の特殊教育の対象の障害だけでなく，LD，ADHD，高機能自閉症を含めて障害のある児童生徒の自立や社会参加に向けて，その一人一人の教育的ニーズを把握して，その持てる力を高め，生活や学習上の困難を改善又は克服するために適切な教育や指導を通じて必要な支援を行う」ことになった。これは，視聴覚，知的障害，肢体不自由などの従来の対象であった障害に，発達障害が加わったということである。「高機能自閉症」は知的能力に遅れがない，自閉症のことを指す。

　従来は，障害がある児童生徒は障害の程度に応じて特別の場（特殊学級）で支援を行うといったことが特殊教育の考え方であったが，障害のある者，ない者が同じ場でともに学ぶという**インクルーシブ教育**の考え方が反映された。特別支援教育は，二次的な障害（いじめや不登校）の未然防止，すべての子どもの確かな学力の向上や豊かな心の育成に資することも明記されており，決して障害がある児童生徒だけが関係しているわけではない。障害のある子どもの教育のみならず，教育全体にとってなくてはならないものという位置づけなのである。特別支援教育が始まった当初は，通常学級に在籍する特別な教育的ニーズがある児童生徒に対して何か特別なことをしなければならないのか，といった学校現場での混乱があった。しかし，教師にと

表9-6　合理的配慮の例

・ADHD のある人に対して勤務時間を変更する
・書くことに障害がある（LD）人に対しての IC レコーダーによる録音を推奨する，レポートの提出期限を延長する，カメラ付きのスマートフォンでの撮影を許可する
・視覚障害のある人に対して音声読み上げソフトを提供する
・性同一障害のある人に対して通称を認める

っては児童生徒への指導は当たり前のことであり，発達障害等の児童生徒が在籍していても全体指導ありきの個別指導であることが示された。「一人一人の教育的ニーズを把握して」というのは，つまり理由を探らなくてはならないことでもある。特別支援教育では，医学的の診断の有無は関係なく，特別な教育的ニーズがあると判断された場合には，その子どもを観察し，いつ，どのような状況で授業参加ができていないのかといったことを探る必要がある。たとえば，小学2年生の算数に困難を抱えた LD の児童がいたとする。その際，LD という理由から支援員を1名付けるという考え方をするならば，それは特殊教育に当たる。算数で困難を抱えているという児童の観察結果から，算数の時間に支援員を配置することが特別支援教育の考え方である。これは，上述の理由を探ることと関連するだろう。

　義務教育までは特別支援教育であり（高校は義務教育ではないが特別支援教育の対象とするが一般的である），大学からは特別支援教育ではなく，**合理的配慮**の対象となる。合理的配慮は，厚生労働省が2013年公布，2016年に施行した「障害を理由とする差別の解消の推進に関する法律」，差別解消法と言われる法律により始まった。差別解消法では，「障害を理由とした不当な差別的取り扱いの禁止」，「合理的配慮の提供義務」が明示された。「障害を理由とした不当な差別的取り扱いの禁止」については，たとえば障害を理由に入店や入社を断るなどであり，行政機関・民間業者問わず，法的に禁止された。

　合理的配慮は，過度な負担とならない形で障害がある人の「社会的障壁」を減らすことである。国の行政機関・地方公共団体・独立行政法人，特殊法人の場合は法的義務があり，民間業者は努力義務とされている。民間業者は努力義務であるが，サービス利用者に対しては努力義務，自らが雇用した労働者に対しては法的義務（厚生労働省の指針）があるため，注意が必要である。つまり，提供しないことに対する具体的な罰則は示されていないが，裁判では事業者に損害賠償の支払いが命じられる可能性がある。表9-6は，合理的配慮の例を示している。そのほか，2011年のセンター試験から，試験時間の延長（1.3倍），チェック回答，などが特別措置としてなされている。

　合理的配慮では，障害がある人の要望をすべて実現せよといっているわけではない。たとえば大学の授業にはシラバスが必ずあるが，シラバスに記載されている「授業の目的」「到達目標」を変えろということではない。ASD がある学生から出席せずに単位を欲しいという要望があったとしても，応じられないだろう。到達目標は，授業が終了した時に学生ができるようになってほしい行動であるが，それらを身に付けさせるために，配慮をする，便宜を図る，調整するということである。つまり，配慮が難しい場合もある。それが，「過度な負担にならない」という点につながっており，できる限りにおいて配慮を行うことが正しい。大事なことは，当事者の方との対話と合意である。さらに，合理的配慮では，「障害者から現に社会的障壁の除去を必要としている旨の意思の表明があった場合」と明記されており，保護者や学校関係者が当事者に無断で相手側に伝えるなどはあってはならない。

コラム 15　チーム学校

　2018 年から初の心理職の国家資格として，「公認心理師」制度が推進されることになった。公認心理師が活躍する場として，「保健医療」「福祉」「教育」「司法・犯罪」「産業・労働」の 5 領域が示された。教育領域での公認心理師の活躍としては，具体的に幼稚園，小学校，中学校，高校のスクールカウンセラー，教育委員会による適応指導教室等における心理職，教育委員会の巡回相談員などが挙げられる。支援の対象は，発達障害等の特別な教育的ニーズがある子ども達や，不登校，いじめ，非行，虐待などの諸問題により支援を要する子ども達である。現在までは，臨床心理士，臨床発達心理士，学校心理士，特別支援教育士などの有資格者が活躍していた。今後は公認心理師が外部専門家として学校現場で活躍することが予想される。さらに，教育現場においては特別支援教育コーディネーターや教育相談係などを担当する教師も多く，専門性が非常に高いことがあり，外部専門家との棲み分けが求められる。

　通常学級には特別な教育的ニーズがある児童生徒が 6.5%在籍するという前述の調査結果からも，公認心理師のニーズはこれからも増えることが予測される。また，2017 年の学校教育法施行規則によりスクールカウンセラー，スクールソーシャルワーカーは従来の外部専門家としてではなく，学校職員として働くことになった。コンサルテーションだけでなく，校内での心理相談，カウンセリングのいずれもが必要となることが予測される。教職員のほかにも，言語聴覚士（Speech-Language-Hearing Therapist; ST），精神保健福祉士（Psychiatric Social Worker; PSW），作業療法士（Occupational Therapist; OT）などの専門職，福祉，行政そして家庭，地域において連携協働しながら「チーム学校」として支援することが求められる（中央教育審議会，2015）。

　学校における心理職といえばスクールカウンセラーであった時代には，相談室に子どもたちが来て話を聞き，カウンセリングを行うといったことが一般的であった。コンサルテーションにおいても，児童生徒の個別対応について助言し，コンサルティである教師が教室で個別支援を実施していた。しかし，すべての子どもにとってわかりやすい授業づくりである「通常学級におけるユニバーサルデザイン（Universal Design for Learning; UDL）」や，PBIS，RTI（Response to Intervention）などのモデルにおいて「スクールワイド」や「通常学級における質の高い指導」が前提となったことから，心理職はより「教室に入る」ことが求められるようになった。外部機関において，WISC-Ⅳなどの知能検査を実施し，その結果を保護者に報告する機会においても，学校現場での困難や授業や指示の工夫などを盛り込むべきである。他の外部機関に紹介する時でも，学校での様子を観察し，情報共有する必要があるだろう。さらに，通常学級においては，教師の学級経営や他の児童，学級雰囲気など複合的な要因で，クラス全体に問題行動が生じる。特別な教育的ニーズがある児童が適応している教室もあれば，適応できていない教室もある。学級崩壊が起きている教室もある。その際でも，教室に入り，なぜ不適応が起こっているのかを分析する必要がある。心理職は授業内容には関わらないといった不文律があり，専門外と感じるかもしれないが，それは過去の話だろう。学校全体への支援，教員組織にも目を向け，学校現場についても知識を得る必要がある。モンスターペアレントという言葉もすっかり有名になったが，学校現場では保護者との面談を求められることもある。その際にも，外部機関との連携に加え，学校内での情報共有や橋渡し役を求められることもある。教育領域の公認心理師は，相談室から出て，学校内を動き回ることができる心理職を目指すべきなのである。

■ 小テスト

1. ピアジェの認知的発達理論を説明しなさい。
2. エリクソンの心理社会的発達段階論を説明しなさい。
3. 発達障害について，各障害の概要と DSM-5 での変更点を記述しなさい。

■ 引用文献

Aldridge, M. A., Stillman, R. D., & Bower, T. G. R. (2001). Newborn categorization of vowel-like sounds. *Developmental Science, 4*, 220–232.

American Psychiatric Association (2013). *Diagnostic and statistical manual of mental disorders* (5th ed.): *DSM-5*. Washington, DC: American Psychiatric Association.（高橋三郎・大野　裕（監訳）（2014）. DSM-5 精神疾患の診断・統計マニュアル　医学書院）

安梅勅江・篠原亮次・杉澤悠圭・丸山昭子・田中　裕・酒井初恵・宮崎勝宣・西村真美（2007）．子どもの
　　発達の全国調査に基づく園児用発達チェックリストの開発に関する研究　厚生の指標，*54*, 36-41.

Atkinson, J.（2000）．*The developing visual brain.* Oxford: Oxford University Press.

Bayley, N.（1969）．*Bayley Scales of Infant Development.* New York: Psychological Corporation.

Bayley, N.（1993）．*Bayley Scales of Infant Development*（2nd ed.）．San Antonio, TX: Psychological
　　Corporation.

Colby, A., Kohlberg, L., Gibbs, J., Lieberman, M., Fischer, K., & Saltzstein, H. D.（1983）．A longitudinal
　　study of moral judgement. *Monographs of the Social for Research in Child Development, 48*, 124.

Erikson, E. H.（1968）．*Identity, youth, and crisis.* New York: Norton.

Gibson, E. J., & Walk, R. D.（1960）．The "visual cliff." *Scientific American, 202*, 64-71.

Knobloch, H., & Pasamanick, B.（1974）．*Gesell and Arnatruda's developmental diagnosis: The evaluation
　　and management of normal and abnormal neuropsychologic development in infancy and early
　　childhood*（3rd ed.）．New York: Harper and Row.

Kohlberg, L.（1963）．Moral development and identification. In H. W. S. J. Kagan, C. S. N. B. Henry, & H.
　　G. Richey（Eds.），*Child psychology: The sixty-second yearbook of the National Society for the Study of
　　Education,* Part 1（pp. 277-332）．Chicago, IL: University of Chicago Press.

Kohlberg, L.（1981）．*The psychology of moral development: Essays on moral development*（Vol. I）．San
　　Francisco, CA: Harper & Row.

Kohlberg, L.（1984）．*The psychology of moral development: Essays on moral development*（Vol. II）．San
　　Francisco, CA: Harper & Row.

Mondloch, C. J., Lewis, T., Budreau, D. R., Maurer, D., Dannemillier, J. L., Stephens, B. R., & Kleiner-
　　Gathercoal, K. A.（1999）．Face perception during early infancy. *Psychological Science, 10*, 419-422.

Piaget, J.（1932）．*The moral judgement of the child.* New York: Harcourt, Brace & Kegan Paul.

Polka, L., & Werker, J. F.（1994）．Developmental changes in perception of non-native vowel contrasts.
　　Journal of Experimental Psychology: Human Perception and Performance, 20, 421-435.

Prechtl, H. F. R., & Beintema, D.（1965）．*The neurological examination of the the full-term newborn infant.*
　　London: Heinemann Medical Books.

Thelen, E., Fisher, D. M., & Ridley-Johnson, R.（1984）．The relationship between physical growth and a
　　newborn reflex. *Infant Behavior and Development, 7*, 479-493.

Trehub, S. E.（2001）．Musical predispositions in infancy. *Annals of the New York Academy of Sciences,
　　930*, 1-16.

第10章

言語と思考

人の思考には，現存しないものを思い起こす「表象化能力」や「あるものを別のもので表す」といった「象徴機能」の発達が背景にあり，他者との協同の過程で表象の共有が意味を持ってくる。人間にユニークな能力として，象徴機能の発達の一つの現れである言語がある。人は思考し，言語を生産していく。私たちの日常的な思考においては，言語の役割は非常に大きい。言語はより抽象的な思考を可能にする。

本章では，人の思考と言語の問題について，人の内言や思考の柔軟性，そして，人がこれまで生み出してきた「創造性」につながる思考に関わる要因についても発達的観点から述べる。

言語と思考における「めざましい発達」という点でヒトと他の動物とは区別されると言語学者のウォーフ（Whorf, 1936）は指摘している。発達心理学者のピアジェ（Piaget, 1950 波多野・滝沢訳 1967）は，人の行為は「外部に向かって展開していくものと，思考として内部化されるものと二つの種類がある」と指摘する。

これまで心理学では，**思考**（thinking）とは，一般に心で進行する**問題解決**の過程や，仮定や前提から，結果を導き出す**推論**（reasoning）の過程，そして，生活のなかで多くの選択が迫られ，決定を下す**意思決定**の問題が取り上げられてきた（Evans, 2017）。私たちは，知覚によって，心のなかに入ってきたものを認知し，**試行錯誤**やそのなかでの**洞察**を通して，「心のなかにあるもの」を用いて思考し，問題解決を進めていく。推論には，一般的な前提から特殊な結論を論理的に引き出す**演繹的推論**と，特殊な事例から一般的な法則を論理的に導き出す**帰納的推論**があるが，これらの推論によって，人は新しい問題解決や決定（意思決定）を行うことができ，科学の発展や私たちに適した環境を計画することができる（Evans, 2017）。

ピアジェ（Piaget, 1950）は，抽象的な概念や目に見えない出来事について論理的に考えることができる**形式的操作**による思考，**抽象的思考**が可能になること，すなわち，言語によって示された命題について，論理的・形式的に考えることができることが（杉本ら，2015），人間の「完態」（完成した姿）であると考えた。しかし，抽象的思考に至るまでのプロセスには時間を要する。このため，ピアジェはいつ達成できるかは問題にしていない。彼は思考の発達に見られるプロセスに注目したといえる。そして，言語の発達は，思考の発達の結果の一つであると考えたのである。

英語圏での資料であるが，クラーク（Clark, 2017）によれば，20歳までに50,000語から100,000語を学習するという。日本語での研究は少ないが，ほぼ同様に18歳ぐらいまでに50,000語に達するといわれている。私たちの問題解決や推論といった日常的な思考において，言語の役割は大きく，人間の言語の構造は心の構造に密接に関係し，思考に影響を与え，言語

と思考の関係は複雑である。ピアジェ（Piaget, 1964 滝沢訳 1968）は，言語と思考の関係について，以下のように述べている。

「言語は，思考を説明するには，不十分なのだ。というのも，思考を特徴づけている構造は，言語的事実よりもいっそう深い活動と感覚運動的メカニズムのなかに，その根をのばしているからだ。しかし，反対に，思考の構造が洗練されればされるほど，それだけ言語はその構造の完成に必要となることも明らかである」。

ピアジェがいう「いっそう深い活動と感覚運動的メカニズムのなかに」ということばに表現されているように，私たちが自らの「活動」と「身体」を通して，環境に関わる過程で思考が発達していくという，今日，**身体性認知**（embodied cognition）として展開されている理論は，言語と思考について考えるうえでは重要である。その点に関して，近年では，言語学において，**認知言語学**（cognitive linguistics）の流れのなかで人間の認知と言語の問題を明らかにすることが志向されている。

一方，人の思考と言語の問題について考える時，人がこれまで生み出してきた**創造性**（creativity）についても見ていかねばならないだろう。人の問題解決の際の思考には二つのかたちがあるとされている。一つは，**集中的思考**（convergent thinking）といわれるもので，「解答が一つに決まっている課題，できあいの解決方法が前もって与えられているような問題を解く時」に要する思考である収束的思考ともいわれる。もう一つは，**拡散的思考**（divergent thinking）で，「一定の解決方法が決まっておらず，どう解いても自由な問題，解き方そのものに工夫を要する」思考である（松原，2002）。創造性は，拡散的思考ともいえ，「既存の知識や経験を統合し，新しく価値あるものを創り出す能力」とされる。新しく価値あるものを作り出すとは，新しい考え方や物を創り出すことに加え，新しい自分を発見することを含むといえる。

人の思考には，その基盤には，現存しないものを思い起こす表象化能力や「あるものを別のもので表す」といった**象徴機能**（symbolic function）の発達があり，他者との間での**表象**の共有が意味を持ってくる。表象とは，その物や出来事について思い起こすことであり，心的表象（mental representation）といわれることもある（小山，2018）。本章では，ピアジェ理論に基づいて，表象ということばを用いる。ファースは，表象を，「現存しないものを現存させること」であり，**心像**は「外在的事象が内面的に表象されたもの」であると定義している（Furth, 1969）。人がいかにして，表象化能力や象徴機能を発達させてきたかは，非常に興味深い問題である。

1. 人間発達における表象と象徴機能

約 40 万年前に出現し，**ホモ・サピエンス**（新人）が登場するまで少なくともヨーロッパで生活し，4 万年〜2 万数千年前に絶滅したとされる**ネアンデルタール人**（Neanderthals）がどのレベルまでの表象能力や象徴機能を持ち，言語を使用していたかは今日でも明らかではないが，ホモ・サピエンスのようなことばの使い方はしていなかったのではないかと山極は述べている（山極・小原，2019）。しかし，ネアンデルタール人は，埋葬などの儀式を行っており，故人の装飾品なども埋葬されていたことから，一定の表象的・象徴的世界は持っていたと考えられている（Wynn & Coolidge, 2012）。わが国でのホモ・サピエンスとネアンデルタール人の交替劇プロジェクトの途中においても，旧人ネアンデルタール人の時代に描かれたと推定される洞窟壁画が発見され，ネアンデルタール人のものなのかどうか，議論になっている（コラム 16 参照）。洞窟の中で旧人が何を「思考」し，絵を描いたのかは興味深い問題である。図 10-1 は，ネアンデルタール人の時代の石器でルヴァロア技法によるものである。それは有効な道具であるが，制作には難しい技術が必要といわれている。ネアンデルタールがどのように思考していた

図 10-1　ルヴァロア・ポイント（Wynn & Coolidge, 2012）

かが知りたければ，石で考えることを学ばねばならないとウィンらは述べている（Wynn & Coolidge, 2012）。

　人間発達において，描画や言語発達に見られる表象化・象徴化の役割は大きい。カーミロフ－スミスも指摘しているように，人の描画，彫刻，地図，書字言語，音楽記号などの記号理解や産出には，表象・象徴化能力が関わっている（Karmiloff-Smith, 1992; 小山, 2018）。洞窟壁画では，その当時の人の思考が表象され，象徴化されていると考えてよいだろう。そして，交替劇が起こり，ホモ・サピエンスは，環境にある物との関係と人との関係のなかで，表象化能力や象徴機能をさらに発達させ，言語による思考を深めてきたと考えられる。また，そこに**創造性爆発**が見られたといわれている。

　ピアジェは，乳児も物を見る，触る，口に入れる，振るなど，**感覚運動的活動**を通して，ものを考えている，すなわち，思考していることを示した（Piaget, 1952）。そして，感覚運動期の発達を基盤に心的表象と象徴機能が出現し，**表象的知能期**（representational thought）に入り，子どもは言語を組織的に学習し始める。しかし，はじめにも述べたように，表象的思考の源は言語使用の能力であるとはピアジェは考えていない（Miller, 2016）。あくまでも物との関係であった。

コラム 16　「交替劇プロジェクト」と伝統的な狩猟採集生活のなかで育つ Baka の子どもの発達

　2012 年から 2014 年にかけて，文部科学省科学研究費補助金（新学術領域）による「ネアンデルタールとサピエンス交替劇の真相：学習能力の進化に基づくヒトの学習行動の特性の実証的研究」が行われた。

　「交替劇」は，アフリカからヨーロッパに進出したホモ・サピエンスがそこに先住していたネアンデルタールと置き換わっていった過程を表したものである（寺嶋, 2012）。筆者は，現代の狩猟採集民の調査からサピエンスの学習行動の様態と特性を明らかにし，ネアンデルタールの考古学的資料と照らし合わせることにより，新人と旧人との学習行動の違いを明らかにする役割を持つ A02 班に属した。

　そして，文化人類学，人類生態学，発達心理学の研究者からなるチームでカメルーン東部のロミエ周辺にある Baka の集落の子どもを対象とした調査を行った。私たちが訪れた時は Baka の人たちの生活が大きく変化している時期であったが，基本的には狩猟採集生活であった。筆者は，三度の調査において，子どもの象徴機能やその発達が現れる物の製作，象徴遊び，そして表出語彙発達についての資料を収集した。調査を進める過程で，Baka の子どもが見せてくれた「直感性」や「表象能力」に注目した（小山, 2012）。

　とくに象徴遊びに関しては，2 歳ごろから象徴遊びのなかで物の使用における認知的柔軟性や創造性が発達し，4 歳までに表象の共有や抽象化の発達が観察された。言語についても，彼らは Baka 語を話すが，4 歳ごろまでに生活に必要な語彙は学習される。Baka の子どもたち象徴遊びや言語の発達には「多様性」（variation）が見られた。

　また，その調査のなかで，交替劇プロジェクトにおいて，ネアンデルタールの表象活動を考察するにあたり，

ヒトの概念化の進化についての議論は重要であると考え，伝統的社会な狩猟採集生活のなかで育つ Baka の子どもの「物の名称の学習」からそのカテゴリー化と言語的概念化に注目した調査を行った（小山，2015）。

マンドラーは，ヒトの乳児は知覚的経験から概念を形成し，類似した感覚をもとにした知覚的経験が想起される「心像」となり，心像は最初の概念の表象と考えられると述べている（Mandler, 2004）。知覚的経験から概念への移行を問題にしたマンドラーは，「反復」だけでは，心像は形成されないと指摘する。概念は，言語が形成される以前に形成され，非言語的なものであるとマンドラーは指摘している。しかし，言語学習が進むにつれて，それは，周囲で語られる言語によって，言語的に規定されながら概念が形成され，抽象的な思考の発達につながると考えられる。

概念とは，「カテゴリーに含まれる対象の共通の性質・属性や内容」ともいえる。生後 9 ヶ月から 14 ヶ月児では，カテゴリーは全体的で，生後 2 年めにはより特殊なレベルに狭まり，4 歳までに乗り物，動物などの上位概念を子どもは持ち，帰納的推論が可能になる（Gelman, 1988）。就学前児では，カテゴリー化によって，推論や学習が進むが，人工物よりも自然種（natural kinds）において推論が進むといわれている（Gelman, 1988）。さらに，乳幼児期における物の名称の学習とそのラベリングは，複雑な状況から対象を個別化，切り離して考えることに役立ち，カテゴリー化を促進する。

狩猟採集生活のなかで育っている Baka の子どもの言語と概念化を考えるため，子どもの物の名称の獲得傾向を，国際的に用いられている「マッカーサー・ベイツコミュニケーション発達尺度」（Fenson et al., 1993）をもとに通訳を通じて調査した（小山，2015）。調査を進める過程で子どもたちのカテゴリー化における特徴が見られた。たとえば，「ゴミ」に相当する語は Baka 語にはなく，「土にあるもの」という表現であり，「耳」と「聴く」は同じ 'je-bo' で表現される。また，＜小さな家庭用品＞には，'kusu'（イモムシの一種）'boyo'（同じくイモムシの一種）が含まれてくる。＜おでかけ＞に入る語の報告は見られなかった。動物というカテゴリー名称に当たるのは，'so'（食べ物）であった。3 歳児では，'bela'（働く）という語が見られ始め，〈戸外のもの〉のなかに 'nguma'（買い出し）といった語が挙げられた。この傾向は，ネルソンら（Nelson et al., 1993）が指摘している物の名称が物の位置や行為，出来事などを指示しているという「実用的な傾向」を反映した結果であるかもしれない。ウォーフが指摘しているように「経験の諸項目の分類」は言語によって異なる（Whorf, 1940）。

マンドラーは，表 10-1 のように，産業化された子どもの初期概念の階層性を示している（Mandler, 2004）。狩猟採集生活のなかで育つ Baka の子どもの 4 歳までの語彙内容を見ると，基本的にはこのような分化が見られていると考えられた。そして，マンドラー（Mandler, 2004）は，動物と動物でないもの，そして食べ物が，概念化の基礎になっていると述べているが，そのことが狩猟採集生活において育つ Baka の子どもにおいても確認された。人工物では，乗り物と家具に分化する。また，家具や乗り物のように，カテゴリー名に代えて個々の語彙項目によって表示されているものが見られた。マンドラーは建物については，資料がないので予測であるとしているが，Baka の子どもでは，外にあるものを尋ねた時に，'boboko'（モングル：彼らの住居の一つ）が挙げられた。

マンドラー（Mandler, 2004）も指摘しているように，動物や，乗り物，家具，植物といった包括的な概念化は，知覚的類似性に多く頼るのではなく，狩猟採集生活では，子どもたちが見ているさまざまな物の「実用性」が明示的な言語的カテゴリーと結びついていることが示唆された。狩猟採集生活を行っていたネアンデルタールもマンドラー（Mandler, 2004）の表にあるように，動物，動物でないもの，人工物，食べ物といった概括化を行いながら，生活を送っていたことが想像されるのである（小山，2015）。

表 10-1　**概念的システムの階層的な体制化** (Mandler, 2004; 小山，2015)

動物		人工物					食べ物
地上	空	家の中の物		家の外の物			
		家具	用具	乗り物	植物	建物	

コラム 17　9点問題（The nine dot ploblem）

「4本の直線を使って，一筆書きで9つの点を結びなさい。一度書いた線を戻ってはいけません」
　この9点問題は，心理学で問題解決に関する研究で用いられる課題であり，解決のために必要な知識をあまり必要としないタイプの問題である（Lund, 2003）。人は対象を全体としてとらえると考えたゲシュタルト心理学者は，その考えを思考や問題解決にも適用した。彼らは人の問題解決は，問題に対する「洞察」（insight）から始まると考えた。多鹿ら（2018）は，「心理学では，概念・判断・推理の働きを含んだ思考を問題解決として理解することも，しばしばみられる」と述べている。

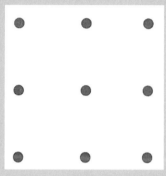

図 10-2　9点問題（Evans, 2017）

2.　言語発達と言語による思考

　定型発達においては，初めての意味のある発語である**初語**は1歳前後に出現する。意味のあることばがまだ見られない時期を**前言語期**と呼んでいる。前言語期には，赤ちゃんが快の時に発する「アー」「ウー」といった声の**クーイング**から母音や子音と母音との組み合わせによる発声である**喃語**といった音声発達とともに，後の**心の理論**の発達につながる対象への注意を他者と共有する**共同注意**が発達し，言語発達においては，とくに物の名称の理解などの言語理解と関連がある（小山, 2018）。**自閉スペクトラム症**の子どもでは共同注意の発達が遅れる事例があり，その点が彼らの言語発達と関連している（第2章，第9章参照）。

　初語が出現してしばらくは，1語で対象や出来事，子どもの思いを表現する**1語発話期**があり，1歳後半には，語彙が急増する。初期の語学習には，生得的な立場から，事物全体仮説（新しい語が対象の全体を指し，部分を指すものではないこと），カテゴリー仮説（新しい語を拡張して使用する時，分類的に関係のあるものにのみ拡張される），相互排他性仮説（一つの対象については一つの名称であること）などの**認知的制約**があることによって**語彙の学習**が進むとして三つの仮説（原理）が指摘されてきた（Markman, 1989）。ほかの研究者によって，形態バイアス（類似した形態の対象には同一のラベリングをする）や機能バイアス（新奇な対象をラベリングする時，同一の機能を持つ対象には同一の名称を適用する）といった制約も他の研究者によって指摘されている（Rowland, 2014）。

　そして，表出語彙数が50語を超えるころには，ことばとことばとを結びつけて話す**2語発話期**に至る。この期の特徴は**シンタクス（統語）**（syntax）の発達である。文（センテンス）を作るために単語と単語とを結びつける規則であるシンタクスを子どもは獲得し始める。シンタクスは言語の構造であり，統語を研究する分野を**統語論**という。2歳を過ぎると助詞や助動詞の使用が始まり，センテンスが複雑さを増し，多語構成に入る。また，いかに語が構成される

かを研究する分野を**形態論**という。英語圏の子どもでは動詞の過去形を示す -ed や複数形を示す -s などの**形態素**（意味をなす最小の単位）の獲得が進み，子どもがことばとことばをつなぎ始める 2 語発話や多語発話にその発達が見られる。言語学習上，語やセンテンスの意味理解の発達も重要な側面であり，また，語やセンテンスといった言語形式で示される意味を研究する分野を**意味論**という。言語学では，言語を構成している音の働きについて研究する分野を**音韻論**というが，この間，音韻の発達も見られ，日本語を母語とする子どもでは，概ね 4 歳ごろには，話しことばでの言語的コミュニケーションによる会話が可能となり，センテンスを組み合わせて表現する会話と語り，すなわち**談話**（ディスコース）が発達する。その背景には，短期記憶，長期記憶，エピソード記憶に加えて，前の発話でどのようなことをいったかなどの情報を短時間に貯蔵するシステムである**ワーキングメモリ**などの発達も関連している。子どもで発音が不明瞭な場合には，何らかの原因による**構音障害**（音韻障害）が疑われる。

　多くの子どもは，就学前に文字の読み書きを学習していく。書かれた語を年齢相応に認識することに困難さ（**読字障害：ディスレクシア**）を持つ子どもが見られる（Harris & Westermann, 2015）。発達性読字障害の原因として，音韻スキルとの関連が指摘されている（Hulme & Snowling, 2009）。

　子どもは文化に関係なく，個人差はあるが概ね生後 2 年目に入るとことばを話し始める。そのようなことから，チョムスキー（Chomsky, N.）は，人は言語のある側面を生得的に備えており，それは，脳内に**言語獲得装置**（Language Acquisition Device; LAD）があると考えた。彼は，英語や日本語のようにそれぞれの言語（個別言語）に共通な文法である**普遍文法**を考えた。**生成文法**とは，個別言語のすべての可能なセンテンスを生成する規則（文法）に関係するものである。文法自体は有限なものであるが，生成される言語は無限であるというのが，チョムスキーの主張である（Chomsky, 1980）。チョムスキーの LAD に対して，ブルーナー（Bruner, 1983）は，**言語獲得援助システム**（Language Acquisition System; LASS）を提唱した。ブルーナーは，前言語期から言語獲得期における主たる養育者と子どもとのやりとりを観察し，養育者は子どもに合わせて言語入力を与え（調整された入力），子どもの言語学習の足場を作っている**足場作り**（scaffolding）が子どもの初期の言語学習には重要であると考えた。

　さて，子どもの発達において，本章のテーマである言語による思考はいつごろから見られ始めるのだろうか。これまで，言語による思考は，人の発達過程では，9，10 歳ごろが注目されてきたが，定型発達の子どもにおいて，言語の発達が著しい 2 歳ごろに観察される**独り言**に言語による思考の萌芽が見られているのではないかと考えられる。ヴィゴツキー（Vygotsky, L. S.）は，言語と思考は，当初は分離して発達するが，私たちと同様に，2 歳ごろに両者は合流すると考えた（Miller, 2016）。発達心理学において，思考の発達過程に人と人との間で交わされる**社会的言語**の役割を重視した発達理論家がヴィゴツキー（Vygotsky, 1986）である。

　2 歳を過ぎると，子どもからのことばによる質問行動も増える。3 歳ぐらいの子どもが電車に乗っていて，ドアの金属部を手で撫でながら，「ツルツル」といい，「どうしてツルツル」としきりに母親に尋ねる。日常的に自らが物に関わりながら，疑問や確認から質問に至る一つの例であろう。環境に関わるなかでの概念化と理論化といった言語と思考との交差の例ともいえる。そして，3 歳になると，子どものことばは，他者への伝達的なことばと他者への伝達意図を持たない**プライベートスピーチ**（private speech）（**自己中心的言語**とも呼ばれる）とは分化していく。

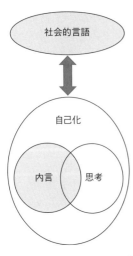

図 10-3　社会的言語と自己化

　神土（2000）は，ダウン症の子どものことばの発達支援のなかで，2歳ごろから見られ始める子どもの独り言に注目し，そこには，ことばによる自己の**行動調整機能**だけではなく，計画や発見といった思考の働きが反映され，「思考につながる独り言」を指摘している。神土（2000）は，子どもは早期からことばというものを意識し，他者との間でことばを介したやりとりの過程で，他者との会話の合間に独り言が見られ，それは他者とことばとのやりとりのなかでことばを用いて考えていることの現れではないかと述べている。また，定型発達の子どものことばからも，自－他の分化とともに，他者との共感性のなかで思考の発達が育くまれると考えられる（神土，1999）。

　定型発達の子どもにおいても2歳ごろから見られ始める独り言は，言語と思考との交差であり，周囲で語られることばの**内化（内在化）**（internalization）が介在していると考えられる。内化とは，今日では，他者や社会の価値，信念，態度，基準をパーソナリティのシステムに統合していくことであるとアイゼンバーグらは述べている（Eisenberg & Mueller, 2013）。小山は，このような内在化のプロセスを，内化したものを自己のものとして主体的に表現することが必要であるから「自己化」と呼んできた（図10-3，小山，2018）。自己化の過程で思考が活性化され，それには他者の心的な動きを表象する「他者認識」が大きく影響していると考えられる。

　他者認識と自己化は，人の進化の過程においても，共同性のなかでの人の「協同」（collaboration）によって発達してきたものと考えられ，そのために，言語が必要であったのだろうと山極らは指摘しており（山極・小原，2019），人類学的な立場からの知見とも一致する。

3. プライベートスピーチと内言

　自己化の進展過程で，言語と思考の関連は，プライベートスピーチというかたちで現れてくる。プライベートスピーチは，他者の視点を取得することが難しい自己中心性を減少させ，日常的活動における多面的な視点を子どもが創造的に取ることに働いていると考えられている（Sawyer, 2019）。プライベートスピーチは，青年期や成人期まで続き，課題等に取り組む時に自分自身につぶやく独り言といえる（Miller, 2016）。

　言語の発達には，言語の構造や語の意味を学習することだけではなく，話し手のことばの抑揚を理解したり，ことばが使用される社会的文脈を理解したり，また，他者の「心的状態（思い，信念，情動）」を推測する他者認識の発達が要求される（小山，2018）。人との関係のなかでのことばの使用は，**語用**（pragmatics）といい，言語学の分野では**語用論**として，1970年代後半に台頭してきた分野である。語用能力の発達には，他者との協同のなかでの他者認識の発達が関係している。談話における社会的要因の検討など**社会言語学**における関心とも関連する。

　自己化の過程は，ヴィゴツキーによれば，人と人との**精神間**（個人間）（intermental）から個人の**精神内**（個人内）（intramental）への過程に相当する。したがって，言語と思考の関係でいえば，「会話の構造」が「思考の構造」になるが，成人においても，「言語と思考は完全に重なるものではない」とミラーは指摘する（Miller, 2016）。異なる言語の構造やことばが使用される社会的文脈の理解が人の思考にも影響を与えるといえる。

　一方，ヴィゴツキーのいう個人内過程は個人間過程のコピーではない。個人内過程（筆者のことばでいえば自己化の過程）は能動的で，個人的なものであり，個人の思考に影響を与えているのではないかと考えられる。そこで注目されるのが，**内言**（inner speech）である。ヴィゴツキーは，内言が内なる対話であり，「思考そのもの」と考えたといえるが，ヴィゴツキーは，社会的行動の媒介から個人的な行動の媒介までの話しことばの変化に結びついて出現する内言における音韻的・文法的省略に注目したという（Minick, 2017）。それは，センテンスにおいては，動詞に多くの情報が詰め込まれており，センテンスの「核」となるが（小山，2018），その

ことが内言では省略が見られ，述語主義などといわれるように，凝縮した思考のかたちとして
あるのかもしれない（柴田, 2006）。内言は自己化と関連が深いので，主語が省略され，修飾語
や述語による凝縮した表現に至るのではないかと考えられる。複雑な思考は内言で行われると
いう柴田（2006）の指摘は重要であり，この点については，言語と思考の問題を考えるうえで
今後更なる検討が必要であろう。

4. 思考における柔軟性—認知的柔軟性

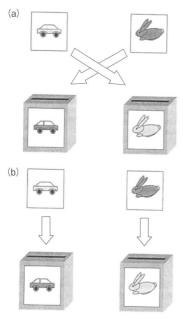

(a)

(b)

図10-4　DCCS課題の一例 (Doherty, 2009)
(a) カラーゲーム。同一の色のカードに分類
される。(b) 同一の形のカードに分類される。

ピアジェは，基本的に行為が内化され，協調され
たものとして概念化されている心的操作により，思
考の柔軟性が増加すると考えたと，ガートン
（Garton, 2004）は述べている。そして，ガートンは，
思考の柔軟性が現実の競争や協同，問題解決，目標
達成に大きく影響していると考えた。

研究的には，どのように問題にアプローチするか，
以前の解決経験と切り離して，目の前の問題に対処
しようとしているかについて述べる際に**認知的柔軟
性**（cognitive flexibility）という見方が用いられて
いる。一つの反応を抑えて，新しい反応を見つけ，
「視点を変える力」ともいえる（Garton, 2004）。認
知的柔軟性の発達には，概念の形成，変換，維持と
いった思考の柔軟性が要求される。認知的柔軟性は，
これまで，**ウィスコンシン・カード分類課題**（Wisconsin
Card Sorting Task）によって測定され，就学前児に
対しては**DCCS課題**（Dimensional Change Card
Sort procedure）が用いられてきた（図10-4）。

クロらは，認知的柔軟性については，DCCSでと
らえられるような反応的な認知的柔軟性と表象的な
柔軟性を区別する必要があると指摘している（Kloo
et al., 2010）。表象的な柔軟性については，冒頭に触れた交替劇プロジェクト（コラム16参照）
のなかでも，カメルーン東部ロミエ周辺の狩猟採集生活のなかで育っている Baka の集落の子
どもの物での遊びの観察調査が行われた（Koyama, 2014）。個人の表象に基づき遊びのなかで
新たな物を使用し，ほかの物と関係づけ，物がまた作り出されていく過程に認知的柔軟性が観

図10-5　空き缶をトラックに，木切れを橋に，地面の窪みを川に見立てている（Koyama, 2014）

察された。そして，その産物が他の子どもとの間で共有されていた。遊びのなかでのある物の代わりに代理的に別の物を使用するといった**物の見立て**（object substitution）は，表象的な認知的柔軟性と呼べるのではないかと考えられ，他者との表象の共有のなかでの発達が示唆された。カメルーンの Baka の集落の子どもでは，物を作り出す過程で認知的柔軟性が発揮され，それは空き缶をトラックに見立てるなどの物の見立てに発展し（図 10-5），彼らの象徴化能力の発達につながっていると考えられた（Koyama, 2014）。

5. 身体性認知

　ゴスワミは，内言の発達に関して，「話しことばと行為が統合されてきて」，内言へと発達すると述べている（Goswami, 2014）。内言の発達と関係が考えられる自己化においては身体性も関連している。身体性認知とは，身体が認知発達に関わっているというもので，認知は身体化され，物理的・社会的世界に基盤を持つということである。さらに人の発達は，身体化され，身体的に埋め込まれたもの（embedded）というものである（Adolph, 2018）。身体化された認知の理論からは，行為や知覚が新たな表象を生み，思考が行為の影響を受ける。たとえば，生後 9 ヶ月時のハイハイの能力が，対象を回転させるとどのように見えるかといった認知能力である**心的回転能力**を予測するといったエビデンスが提示されている（Schwarzer et al., 2013）。言語との関係では，動詞や「～の上」「～の前」「～の横」といった空間語彙の発達基盤として注目されている（小山，2018）。

　また，身体的認知の立場からは，子どもの場合に行為する「手」の役割の重要性が注目されている（Adolph et al., 2018）。手は，**身振り**（gesture）として，コミュニケーションにおいても重要な役割を果たしている。アドルフらは，身体的認知の立場から，身振りは認知の変化における先導的な役割を果たしていると興味深い指摘をしている（Adolph et al., 2018）。身振りは身体的な動作であり，態度や意図を表現し，新たな話しことばにおける言語構造につながるものとして注目されてきた。身振りは行為と密接に関係している（Feyereisen, 2018）。身振りが新たな話しことばの構造につながるということは，人の言語発達には大いに身体的な認知が関わり，**身体に埋め込まれていく認知**（embedded cognition）と密接に関係があることを示唆している。さまざまな経験が自然な行動に統合されていき，行為の発達は柔軟性の発達でもあるというアドルフ（Adolph, 2018）の指摘は，行為と思考との発達的関連や思考における多様性を考えていくうえにおいても注目に値する。そこには**生態学的な視点**も必要になってくる。

6. 内省と発話プロトコール分析—思考における意識と無意識

　思考研究は「意識」（consciousness）の流れとして長くとらえられてきた（Evans, 2017）。フロイトは，私たちの行動は，「無意識」（unconsciousness）や「前意識」（preconsciousness）によってしばしば統制されることを指摘した。また，人は行動の原因を合理化することによってよく説明する。とくに内省や言語報告によって，合理的に人が説明することには欠点があることをエヴァンズ（2017）は指摘している。それには，無意識によって行動が合理化されているかもしれないからである（Evans, 2017）。この点は，人の日常的な思考の問題を考えるうえでは重要であろう。朝を起きた時や街を歩いている時に当面の問題についての解決法が思い浮かぶことがある。それは，一般には「発見」やひらめきと呼ばれるが，そこには，発話の過程には無意識の影響が十分に考えられ，無意識の働きも関係しているのかもしれない（杉本ら，2015）。

　内省によく似た方法に，**発話プロトコール分析**（verbal protocol analysis）がある（Evans,

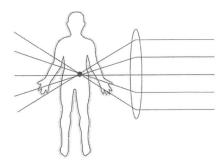

図 10-6　ドゥンカーによる放射線問題（Evans, 2017）
「胃の手術ができない腫瘍のある患者に放射線を当てて腫瘍だけを取り除きたいが，その
周囲の健全な組織を破壊しないようにするにはどうすればよいか」という問題。問題解決
の際に研究協力者は声に出して考えるように促される発話プロトコール分析に用いられた
課題である。

2017）。これは，問題解決の途中に声を出して考えてもらう方法で，**発話思考**（think aloud）
とも呼ばれる（図 10-6）。この方法は，問題解決に取り組んでいる時の人の思考や試み，考えら
れた仮説，そして，誤った解決などが記録できる。問題解決のその場で語られるので回想的で
はない。また，協力者は彼の行為の説明や判断を求められない。この方法によって類推による
推理の過程と言語と思考との関係が見て取れるといわれている（杉本ら，2015）。

7．創造性の発達につながるもの

　創造性は，単独に存在するのではなく，ひらめくこと（直感）や思考が相互に関連しながら
創造性を構成していると考えられてきた。ひらめくこと（直感）で新しい表象を創り出し（想
像），表象を具体化（思考）することによって，創造性が発達し，イノベーションにつながると
いえる。

　マムフォードらは，創造的思考の核となるプロセスとして，①問題の決定，②情報の収集，③
概念の選択，④概念の結合，⑤考えの一般化，⑥考えの評価，⑦計画の実行，⑧解決のモニター
の 8 点を挙げている（Mumford et al., 2016）。これらのプロセスは，さまざまな分野での創造
的な問題に質の高い，オリジナルな，そして，エレガントな解決を生み出すことにつながって
いる。また，創造性の発達には，**知識**が関係し，創造的な問題解決における知識の役割につい
ては，さらに検討していかなければならない課題であるとマムフォードらは指摘する。

　マムフォードらは，先のプロセスの相互作用を**創造的思考**の発達において注目している。そ
れには，「知識」とやり方の選択である**方略**（strategy）が関係してくる。たとえば，概念的な
結合には，**方略の選択**が必要となる。先に述べた八つのプロセスと，創造的思考には，知識，方
略が相互に関係している（Mumford et al., 2016）。創造的な問題解決においては，問題の設定
においては，プロセス間をまたいだ方略ともいえる拡散的思考が重要であるが，実行していく
ことには集中的思考が必要となる。拡散的思考と集中的思考が相互に働き合って，創造的思考
がなされていく。その基本に知識があるといえる。

　また，創造的思考には，誤りも生じる。創造的思考から生まれた産物には，人の評価も影響
する。したがって，誤りや評価の認識とそれらへの対応が必要であることはいうまでもない。
誤りや評価への対応にも，八つのプロセスの遂行が関係している。

コラム 18　FOXP2 遺伝子

　ヒトの言語に関係する遺伝子として，FOXP2 遺伝子が注目されてきた。これは，ロンドンの 1 家族（KE 家族）の研究において，家族の半数に明らかに遺伝的な言語障害が見られたことに端を発した。ハーフォードによると，彼らの言語障害は文法的な障害であったが，第一には，音韻の障害であった。彼らは正常な IQ（知能指数）を持っていた。その後，言語障害を持つすべてのメンバーは，FOXP2 と命名される第 7 番目の染色体に突然変異があることがわかった（Hurford, 2014）。

　FOXP2 遺伝子は，ネズミにおいても見られ，チンパンジーとヒトとでは異なることが指摘されている（Hurford, 2014）。FOXP2 は，他の遺伝子による行動を統制する遺伝子であり，多くの器官の発達に影響を与えることがわかってきている（Rowland, 2014）。ハリスとウェスターマンは，「言語のための単一の遺伝子」という考えは正しくなく，ヒトのこの遺伝子の突然変異が言語の障害をもたらすのではないかと考えられると述べている（Harris & Westermann, 2015）。

　ネアンデルタールも現代人と同一の突然変異を持っていたことが明らかになっている（Hurford, 2014）。環境との相互作用による遺伝子の変化については，人の言語の進化という問題は今後さらに検討していかねばならない興味深い問題である。

　非言語的知能の水準から期待される文法的スキルや言語処理などの言語スキルが見られないで，自閉スペクトラム症や聴覚障害のほかの障害では説明できない言語障害を「特異的言語発達障害」(Specific Language Impairment; SLI) というが，当初，この SLI と FOXP2 との関連も考えられたが，典型的な SLI の子どもには FOXP2 の突然変異は見られないと報告されている（Hulme & Snowing, 2009）。臨床場面では，4 歳ぐらいまで，ことばの遅れた子どものなかに後に SLI の診断を受ける子どもが見られる。ことばが遅い子どもを養育している保護者の方から，「ことばの遅いのは遺伝ですか」と筆者は聞かれることがあるが，環境によって「変わること」(change) という点は非常に重要である。

8.　おわりに—環境に自らが能動的に関わっていく過程で深まる思考

　思考において重要な役割を果たす言語の発達には，他者認識の発達が密接に関係している。とくに自己化の過程が重要である。また，言語発達には，自らが環境に関わり，時間的流れや空間理解が関わっている（小山，2018）。人の推理や推論，そして創造性につながる思考は，環境に自らが能動的に関わっていく感覚運動的経験の過程で深まっていく。その過程で生じる内言は，人の思考のプロセスであり，そこには多様性が見られるといってよいであろう。

　思考の発達は，他者との協同性の中での「自己化」でもある。そこでは，自己感や自己の思考や情動について考え，学習や計画のためにこれらの情報を使用することに加え，他者の思考や情動を認識し，それらを推測することが必要とされてくる（Westby, 2015; 小山，2018）。ウェストバイ（2015）も，他者との間での感情認知，その共有は個人の思考につながっていくと述べている。人はその発達を「協同」のなかで達成してきたともいえる。この点については，今後さらに検討していく必要があり，人の思考や創造的思考の発達を考えるうえで重要な点であると考えられる。

■ 小テスト ───────────────────────

1. 内言と思考との関連について述べなさい。

2. 人の思考の型を挙げ，説明しなさい。

3. 創造的思考の核となるプロセスについて述べなさい。

■ 引用文献

Adolph, K. (2018). An ecological systems approach to development. 48th Annual Meeting of the Jean Piaget Society, Plenary Session 2, Amsterdam, Netherland.

Adolph, K., Özyürek, A., Abney, D., Bakker, A., & de Jonge-Hoestra, L. (2018). Embodied cognition: How do children learn with their hands? 48th Annual Meeting of the Jean Piaget Society, Discussion Session 1, Amsterdam, Netherland.

Bruner, J. (1983). *Child's talk: Learning to use language.* New York: Oxford University Press.

Chomsky, N. (1980). *Rules and representations.* New York: Columbia University Press. (井上和子・神尾昭雄・西山佑司 (訳) (1984). ことばと認識—文法からみた人間知性　大修館書店)

Clark, E. V. (2017). *Language in children.* Oxford: Routledge.

Doherty, M. J. (2009). *Theory of mind: How children understand others' thoughts and feelings.* East Sussex: Psychology Press.

Evans, J. St. B. T. (2017). *Thinking and reasoning: A very short introduction.* Oxford: Oxford University Press.

Eisenberg, Z., & Mueller, U. (2013). Internalization: Does it exist, and if so, What is it? 43rd Annual Meeting of the Jean Piaget Society, Discussion Session 3, Chicago, USA.

Fenson, L., Dale, P., Reznick, J. S., Thal, D., Bates, E., Hartung, J., Pethick, S., & Reilly, J. (1993). *The MacArthur communicative development inventories: User's guide and technical manual.* San Diego, CA: Singular Publishing Group.

Feyereisen, P. (2018). *The cognitive psychology of speech-related gesture.* Oxford: Routledge.

Furth, H. G. (1969). *Piaget and knowledge: Theoretical foundation* (2nd ed.). Chicago, IL: The University of Chicago Press.

Garton, A. F. (2004). *Exploring cognitive development: The child as problem solver.* Oxford: Blackwell. (丸野俊一・加藤和生 (監訳) (2008). 認知発達を探る—問題解決者としての子ども　北大路書房)

Gelman, S. A. (1988). The development of induction within natural kind and artifact categories. *Cognitive Psychology, 20*, 65–95.

Goswami, U. (2014). *Child psychology: A very short introduction.* Oxford: Oxford University Press.

Harris, M., & Westermann, G. (2015). *A student's guide to developmental psychology.* East Sussex: Psychology Press. (小山　正・松下　淑 (訳) (2019). 発達心理学ガイドブック—子どもの発達理解のための—　明石書店)

Hulme, C., & Snowing, M. J. (2009). *Developmental disorders of language learning and cognition.* Oxford: Wiley-Blackwell.

Hurford, J. R. (2014). *The origins of language: A slim guide.* Oxford: Oxford University Press.

神土陽子 (1999). 子どもの発達とことば　村井潤一・小山　正・神土陽子　発達心理学—現代社会と子どもの発達を考える— (pp. 52–73)　培風館

神土陽子 (2000). 子どもの心の理解とことばの発達　小山　正 (編)　ことばが育つ条件 (pp. 86–99)　培風館

Karmiloff-Smith, A. (1992). *Beyond modularity: A developnental perspective on cognitive science.* Cambridge, MA: The MIT Press. (小島康次・小林好和 (監訳) (1997). 人間発達の認知科学—精神のモジュール性を超えて—　ミネルヴァ書房)

Kloo, D., Perner, J., Aichhorn, M., & Schmidhuber, M. (2010). Perspective taking and cognitive flexibility in dimensional change card sorting (DCCS) task. *Cognitive Development, 25*, 208–217.

小山　正 (2012). 狩猟採集生活の中で育つ Baka の子どもの絵の理解　交替劇 A02 班 研究報告書, *2*, 55–59.

Koyama, T. (2014). Cognitive flexibility and making objects in Baka Pygmy children. In T. Akazawa, N. Ogihara, H. Tanabe, H. Terashima (Eds.), *Dynamics of learning in Neanderthals and modern humans*, Vol. 2: *Cognitive and physical perspectives* (pp. 33–37). Tokyo: Springer.

小山　正 (2015). 狩猟採集生活の中で育つ Baka の子どもの物の名称学習とカテゴリ化　交替劇 A02 班 研究報告書, *5*, 39–44.

小山　正 (2018). 言語発達　ナカニシヤ出版

Mandler, J. M. (2004). *The foundation of mind.* Oxford: Oxford University Press.

Markman, E. (1989). *Categorization and naming in children: Problems of induction.* Cambridge, MA:

MIT Press.

松原達哉（2002）. 心理学概論　培風館

Miller, P. H.（2016）. *Theories of developmental psychology*（6th ed.）. New York: Worth Publishers.

Minick, N.（2017）. The development of Vygotsky's thought: An introduction to thinking and speech. In H. Daniels（Ed.）, *Introduction to Vygotsky*（3rd ed., pp. 35–58）. Oxford: Routeledge.

Mumford, M. D., McIntosh, T., Mulbearn, T., Steele, L., & Watts, L.（2016）. Process, strategies, and knowledge in creative thought: Multiple interacting systems. In J. C. Kaufman & J. Baer（Eds.）, *Creativity and reason in cognitive development*（2nd ed., pp. 164–186）. New York: Cambridge University Press.

Nelson, K., Hampson, J., & Show, L.K.（1993）. Nouns in early lexicons: Evidence, explanations and implications. *Journal of Child Language, 20*, 61–84.

Lund, N.（2003）. *Language and thought.* Oxford: Routledge.（若林茂則・細井友規子（訳）（2006）. 言語と思考　新曜社）

Piaget, J.（1950）. *The psychology of intelligence.* London: Routledge & Kegan Paul.（波多野完治・滝沢武久（訳）（1967）. 知能の心理学　みすず書房）

Piaget, J.（1952）. *The origins of intelligence in children.* New York: Harcourt Brace.

Piaget, J.（1964）. *Six étude de psychologie.* Genève: Éditions Gontheir.（滝沢武久（訳）（1968）. 思考の心理学―発達心理学の6研究―　みすず書房）

Rowland, C.（2014）. *Understanding child language acquisition.* Oxford: Routlege.

Sawyer, J. E.（2018）. Can private speech help children overcome egocentrism?: A neo-Vygotskian reply to Piaget. 49th Annual Meeting of the Jean Piaget Society, Paper Session 7, Portland, USA.

Schwarzer, G., Freitag, C., Bukel, R., & Lofruthe, A.（2013）. Crawling is associated with mental rotation ability by 9-month-old infants. *Infancy, 18*(3), 432–441.

柴田義松（2006）. ヴィゴツキー入門　寺子屋新書　子どもの未来社

杉本敏夫・斎賀久敬・鹿取廣人・河内十郎（2015）. 思考・言語　鹿取廣人・杉本敏夫・鳥居修晃（編）　心理学　第5版（pp. 165-208）　東京大学出版会

多鹿秀継・上淵　寿・堀田千絵・津田恭充（2018）. 読んでわかる教育心理学　サイエンス社

寺嶋秀明（2012）. 教示なき学習の普遍性と有効性について　交替劇A02班研究報告書, 2, 1-12.

山極寿一・小原克博（2019）. 人類の起源, 宗教の誕生―ホモ・サピエンスの「信じる心」が生まれたとき―　平凡社

Vygotsky, L. S.（1962）. *Thought and language.* Cambridge, MA: The MIT Press.（柴田義松（訳）（1986）. 思考と言語　明治図書）

Westby, C. E.（2015）. Social nueroscience. In D. A. Hwa-Froelich（Ed.）, *Social communication development and disorders*（pp. 20–49）. East Sussex: Psychology Press.

Whorf, B. L.（1936）. A linguistic consideration of thinking in primitive communities. In J. B. Carroll（Ed.）, *Language, thought and reality: Selecting writings of Benjamin Lee Whorf.*（*1956*）. Cambridge, MA: MIT Press.（池上嘉彦（訳）（1993）. 言語・思考・現実　講談社）

Whorf, B. L.（1940）. Science and linguistics. In J. B. Carroll（Ed.）, *Language, thought and reality: Selecting writings of Benjamin Lee Whorf.*（*1956*）. Cambridge, MA: The MIT Press.（池上嘉彦（訳）（1993）. 言語・思考・現実　講談社）

Wynn, T., & Coolidge, F. L.（2012）. *How to think like a Neandertal.* Oxford: Oxford University Press.

第11章

心の健康と適応
メンタルヘルス，ストレス・コーピング

心が健康であるとはどのような状態を指すのだろうか。心が不健康になるとはどういうことなのだろうか。心の健康に影響するストレスと，ストレスに対する身体の反応，またストレス・コーピングなどについて解説する。

1. 心の健康と不健康

[1] 健康とは（WHO の定義）

「健康である」とは，どのようなイメージだろうか。まず「病気でないこと」が浮かぶかもしれないが，WHO（世界保健機関）憲章（1948）の前文では，健康は次のように定義されている。「Health is a state of complete physical, mental and social well-being and not merely the absence of disease or infirmity」。すなわち，健康とは，単に病気でないとか虚弱ではないということではなく，身体的にも，精神的にも，社会的にもすべてが良好な状態（well-being）にあることを指す。身体が元気であり，精神的にもゆとりがあり，社会生活，プライベートにおいても十分に活動できている状態を指すといえよう。この定義におけるポイントは，「単に病気でないとか虚弱ではないということではなく」とわざわざ示していることである。マイナスの状態，すなわち病気でなければそれでよい，とするのではなく，より「良好な状態」というプラスの状態が想定されている。またさらに，社会的にも適応できており活動できる状態であること，が健康の定義に含まれていることにも注目したい。心身に病気がなくても，社会的なつながりがまったく持てなければ，それは健康な状態とはいえないのだ。一般にイメージされる「健康」よりも一歩進んだ，積極的なレベルがここでは定義されている。

[2] 心の健康

1) **メンタルヘルスと予防**　　心の健康のことを**メンタルヘルス**（mental health）という。また心の健康を維持し，促進する営みのことを精神保健という。精神保健とは，狭義では，精神障害や精神的不健康（メンタル不調）の治療と予防，すなわちいかにマイナスを減らすか，という取り組みを指すが，近年ではより広い視点から，一般の人々の精神状態をより健康的に向上させること，つまりどのようにしてプラスを増やすかという積極的な関わりを指すことが増えてきた。

身体の健康と同様に，メンタルヘルスにおいても予防が重要である。カプラン（Caplan, G.）は予防について以下のように分類を行った。

第一次予防：精神疾患の発生原因の防止（情報の提供，健康教育など）

第二次予防：精神疾患の早期発見・早期治療（健康診断など）

第三次予防：精神障害者の再発防止と社会復帰の援助（リハビリテーション，復職支援など）

　学校や職場における健康診断は二次予防に相当するが，2015 年 12 月から従業員 50 人以上の事業場に義務付けられた「**ストレスチェック**」は，労働者個人のストレスへの気づきを促すことを目的としており，一次予防に相当する。

　2）ポジティブメンタルヘルス　　これまではメンタル不調を予防する目的から，ストレスマネジメントを中心としたメンタルヘルス活動が実施されてきたが，近年は「ポジティブメンタルヘルス」という概念も導入されるようになった。ポジティブメンタルヘルスとは，従来の「病気の予防」というマイナスを減らすことを主眼とした取り組みとは異なり，個人や組織の「強み」や「可能性」というポジティブな側面を伸ばし，意欲を活性化させるという，プラスを増やそうという考え方である（島津，2011）。従来型のメンタルヘルス対策を「守り」のメンタルヘルスとするならば，ポジティブメンタルヘルスは「攻め」のメンタルヘルスともいえる（島津，2011）。もっとも，メンタルヘルスの維持促進のためには攻守どちらも必要であり，従来行われてきた対策が不要になったということではない。

　ポジティブメンタルヘルスでは，「喜び」「安らぎ」「感謝」「希望」などのポジティブ感情に焦点を当てる。ポジティブ感情を大事にすることがメンタルヘルスによい影響を与えることがわかっているため，積極的にこのような「よい気分」を味わうような介入も行われている（感謝の訪問（Seligman et al., 2005），感謝日記（Emmons & McCullough, 2003）など）。また，ネガティブな感情によって引き起こされた嫌な気分や生理的変化（心拍数や血圧の上昇など）が，ポジティブな感情を体験することでもとに戻る，という**打ち消し効果**（undoing effect）も報告されている（Fredrickson & Levenson, 1998）。嫌なことがあって，イライラしたり，落ち込んだり，不安になったりしても，その後に自分にとって楽しいこと（好きな音楽を聴く，お笑い番組を見る，ペットと遊ぶ，おいしい食事をする，など）でポジティブ感情を積極的に体験することが，メンタルヘルスに役立つ。

［3］心の不健康と障害

　1）ストレス反応と心の不健康　　どんなに元気な人で健康に気をつけていても，ストレス状態が長く続いたり，立て続けにたいへんなことが起こったりすれば，心身は不健康な状態になる。

　メンタルヘルスに影響を及ぼす要因の一つがストレスである。ストレスにはストレッサーとストレス反応の二つの意味があり，ストレッサーにさらされるとストレス反応が生じる。

　2）バーンアウト　　ストレスが原因で起こると考えられている症状の一つに，「バーンアウト（燃え尽き症候群）」（Freudenberger, 1974）がある。それまで熱意を持って高いレベルで仕事をしていた人たちが，急速に仕事に対する意欲や関心を失い，社会的に適応できない状態になってしまうことを指す。朝起きられない・仕事に行けない・イライラがひどい・自己否定が強くなるなどの状態になったり，人に会うのを避けるようになったりする場合もある。以前は看護師，医師，カウンセラー，教師などの対人援助・対人サービス職に多いといわれていたが，近年ではどのような職業でも起こり得るとされている。深刻なバーンアウトを防ぐには，早めに不調に気づきセルフケア（充分な休息・睡眠・食事）を行うこと，また周囲からのサポートや環境の調整も不可欠である。

　3）支援者の心の健康　　対人援助職は，相手の気持ちに配慮するなど自分の「感情」を使ったり，専門家として感情をコントロールしたりすることを求められる業務である。このような業務を**感情労働**（Hochschild, 1983）という。感情労働では，自分の気持ちをセーブしたり，

言いたいことが言えなかったりと我慢を強いられることも多く，ストレスが溜まりやすい。また仕事が終わった後も達成感や充足感が得られにくく，労働の内容が目に見えないため周囲の理解が得られにくいなどの特徴がある。大きな自然災害や事件の後など，関係者の心理的ケアとして対人援助職が関わる機会が増えてきた。本人が直接災害や事件を体験していなくても，その体験をした人（被害者）の話を聞いたり，現場を目撃したりすることで被害者と同様のストレス反応を示すという**二次的外傷性ストレス**なども含め，支援者のメンタルヘルスのサポートも重要な課題である。

　4）心の健康維持のために　「折れない心を作る」という表現を耳にすることがある。しかしどんなに工夫しても鍛えても，人生には予測できないトラブルや苦難がつきものであり，折れる時には折れるのが人間である。大事なのは立ち直れる強さであり，へこたれない強さである。この強さのことを**レジリエンス**という。レジリエンスを伸ばす方法については，近年，活発な研究が行われている。

　「心身一如」という言葉があるが，心とからだはつながっている。心が健康だからといってからだも元気とは限らないが，からだの調子が悪い時に気分よく過ごすのは難しい。風邪を引いただけでやる気が減退するという経験は誰でもあるだろう。

　心の健康のためにはからだの調子を整えることも重要である。バランスよく食事をとり，充分な睡眠をとり，疲れたら休む。徹夜や食べ過ぎ，飲み過ぎ，無理しすぎを避けること，つまり小学校で習ったような基本的生活習慣がもっとも効果的である。

　人に頼らず自力で頑張る，のが正しいとは限らない。また，「気合い」や「根性」でストレス反応は軽減されない。人に助けを求めるのは弱さの証拠だと思い込んでいる人もいるが，むしろ本当に強い人とは，「必要な時に必要な援助を求める力」を持っている人のことであり，気合いで無理する人のことではない。必要な援助を求める力を自分のなかに育てていくことも，心の健康のためには重要である。

2.　ストレスとは何か

［1］ストレスとは

　1）ストレスの定義　ストレスという言葉を，私たちは日常的に自然に使っている。たとえば「ストレスが溜まっているからカラオケに行って解消しよう」とか「明日のテストがストレスだ」のように使われたりする。

　ストレスという言葉は 14 世紀ごろには苦境，苦難，逆境という意味で使われていたようであり，17 世紀ごろには物理学や工学の分野の用語として，外から加わる力によって物体にダメージが与えられるという意味で使われていた。20 世紀に入り，人の心に影響を与えるものとしてのストレスという概念が定着してきた。

　現在，ストレスとは心身の適応能力に課せられる要求（demand）およびその要求によって引き起こされる心身の緊張状態を包括的に表す概念と理解されている。何らかの刺激によって心身が影響を受けると，元に戻ろうとする心理的および身体的作用が発生する。これをストレス状態という。

　2）ストレッサーとストレス反応　ストレスは，心理学的には**ストレッサーとストレス反応**の二種類に分かれる。ストレッサーとは「客観的に見てある程度の身体的あるいは心理的危険性を持つ状態や刺激（坂野，1995）」を指している。先の例でいえば，「明日のテスト」がそれである。厳しい先生の授業であったり，勉強に口うるさく小言を言う親であったりといった対人関係からくる刺激も含まれる。ほかにも交通事故などの予期せぬアクシデントや，地震や大雨などの自然災害もストレッサーに含まれるであろう。また意外に感じられるかもしれない

が，暑さや寒さ，天候といった物理的な刺激や環境条件などもストレッサーに含まれる。
　ストレス反応とは，こうした外からの刺激を受けて起こる心身の反応のことをいう。反応の例としては，冷や汗をかいたり，呼吸が速くなったり，動悸やめまいといった身体反応と，不安感やイライラ感，抑うつ気分などの心理的な反応に分けられる。

［2］汎適応症候群

　汎適応症候群とは「外界のあらゆる要求によってもたらされる身体の非特異的反応」のことであり，生理学者のハンス・セリエ（Selye, 1956）によって提唱された。ストレス学説における重要な概念である。セリエは，性ホルモンの研究をきっかけに，さまざまな身体疾患に共通して現れる，食欲不振や胃腸の不調，体重減少といった一般的な症状に着目し，これを非特異的反応と呼んだ。通常は，疾患を鑑別するためにその病気に特徴的な（特異的な）症状を明確化することが重要とされていたので，外界からのあらゆる刺激（ストレッサー）に対して生体は似た反応をするというセリエの視点は斬新であった。
　セリエの提唱した汎適応症候群では，ストレッサーに対する生理的反応として，三つの段階が想定されている（図11-1）。①**警告期**，②**抵抗期**，③**疲憊期**である（Selye, 1956）。①警告期（stage of alarm reaction）は，**ショック相**と**反ショック相**からなる。ショック相は，ストレッサーによる刺激に反応し，一次的に生理的な抵抗力が落ちる時期である。体温や血圧の低下，血糖値の低下，神経系の活動の抑制などがその現れである。しかしショックへの防衛反応として抵抗力が発動し，生体としてのバランスを取り戻そうとする。これが反ショック相である。②**抵抗期**（stage of resistance）は，ストレッサーに対する抵抗力が通常よりも上回った状態である。いわばカラ元気ともいえる状態で，一見すると高ストレス環境に適応し，活動的に過ごしているように見える。しかしこの時期が長期にわたると，もはや生体は抵抗状態を維持できなくなる。抵抗力は再び低下し，さまざまな症状が生じたり不適応状態に陥ったりする。これが③**疲憊期**（stage of exhaustion）である。

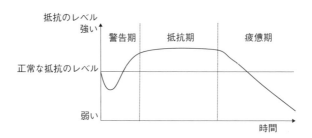

図11-1　セリエの汎適応症候群（Selye, 1958）

［3］認知的評価モデル

　環境から受けたストレッサーに生体が反応することは共通していても，その反応の程度は人によってさまざまであろう。たとえば，冒頭に挙げた「明日のテスト」は，ある人にとっては恐怖として感じられるほど大きな存在かもしれないが，ある人にとっては，「明日がテスト」であることすら忘れる程度の，取るに足りない存在かもしれない。
　ラザルスとフォルクマン（Lazarus & Folkman, 1984）は，心理学的ストレス理論として，**認知的評価モデル**を提唱した。個人がストレッサーをどのように認知し評価するのかという，主観的な観点を含み込んだストレスモデルである。認知的評価モデルにおいてストレスは，「個人が，その環境を，自分のもつ資源以上の重荷を負わせるもので，自分の安寧を脅かしていると評価した場合の，個人と環境との特別な関係をいう（Lazarus & Folkman, 1984）」と定義さ

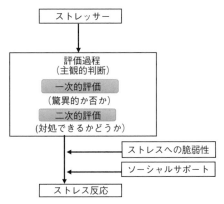

図 11-2　心理学的ストレスモデル（坂野，1995）

れている。

　認知的評価モデルでは，主観的な認知的評価の傾向に加えて，ストレッサーに対する傷つき
やすさ（vulnerabilities）にも個人差があり，認知的評価プロセスに影響すると考えられている。
図 11-2 に示されるように，認知的評価は**一次的評価**と**二次的評価**の 2 段階に分かれている。

　一次的評価は，外界からの刺激が自分にとって脅威なのか否かの判断をする段階である。一
次的評価はさらに①無関係，②無害─肯定的，③ストレスフルの 3 種類に区別される。先の
「明日のテスト」を例にとると，ある人にとって「明日のテスト」は留年の有無を決める大一番
であり，それに失敗すると今後の進路に大きな変更が生じる状況であれば，そのテストは「高
ストレス」と評価されるであろう。一方，そのテストがとくに進級に影響しない人にとっては，
むしろ学習の成果を発揮する挑戦の場として「無害─肯定的」と評価されるかもしれない。テ
ストは実施されるが，自分は受けなくてもよい場合は「無関係」と評価されるであろう。この
ように，一次評価は，外界からの刺激が個人にとってどのくらい重要なのか，自らの目標や信
念と密接な関係にあるのか，失敗した場合に価値観を脅かすものなのかということと深く関連
している。一次的評価の結果「脅威」と判断されなければストレス反応は生じない。

　一次的評価の結果，ストレッサーが「脅威」と判断された場合，二次的評価が生じる。二次
的評価は，ストレッサーに対処できるかどうかを検討する段階である。高ストレスな現状に対
して，自分の持つスキルや経験が役に立つのかどうか，ストレッサーに対処するための時間的
余裕はあるか，それが失敗した場合にはどのような損害をこうむるかなどを総合的に判断して
いくため，二次的評価は複雑なプロセスとなる。また，高ストレスな状態へのコミットの程度，
パーソナリティ，傷つきやすさなども関係しているとされる（Lazarus & Folkman, 1984）。二
次的評価の結果，高ストレスな状況に対処できると評価されればストレス反応は生じないが，
対処できないと見なされた場合には，ストレス反応としてさまざまな心身の症状が現れること
になる。

［4］生活出来事（life event）と日常の苛立ち事（daily hassles）

　ストレッサーは大きく**生活出来事**と**日常の苛立ち事**に分けられる。ホームズとレイ（Holmes
& Rahe, 1967）は，人が人生において大小の出来事に遭遇し，その出来事によってもたらされ
た生活の「変化」に再適応する際に，どの程度の努力や心的エネルギーおよび時間を要するの
かを測定するために，**社会的再適応評価尺度**（Social Readjustment Rating Scale; SRRS）を
作成した（表 11-1）。結婚を 50 として相対的に順位付けしたところ，「配偶者の死」がもっとも
高く（100 点），次いで「離婚」（73 点），「夫婦別居」（65 点）がそれに続いた。

表 11-1　社会的再適応評価尺度（SRRS）(Holmes & Rahe, 1967)

順位	出来事	LCU 得点	順位	出来事	LCU 得点
1	配偶者の死亡	100	23	子女の独立	29
2	離婚	73	24	義理の親族とのトラブル	29
3	夫婦別居	65	25	個人的な成功	28
4	刑務所などへの収容	63	26	妻の就職または退職	26
5	近親者の死亡	63	27	本人の進学または卒業	26
6	本人の大きなケガや病気	53	28	生活条件の変化（家の新改築，環境悪化）	25
7	結婚	50	29	個人的習慣の変更	24
8	失業	47	30	職場の上司とのトラブル	23
9	夫婦の和解	45	31	勤務時間や労働条件の大きな変化	20
10	退職・引退	45	32	転居	20
11	家族員の健康面・行動面の大きな変化	44	33	転校	20
12	妊娠	40	34	レクリエーションのタイプや量の大きな変化	19
13	性生活の困難	39	35	宗教（教会）活動上の大きな変化	19
14	新しい家族メンバーの加入	39	36	社会（社交）活動の面での大きな変化	18
15	合併・組織替えなど勤め先の大きな変化	39	37	1 万ドル以下の借金	17
16	家計状態の大きな変化	38	38	睡眠習慣の大きな変化	16
17	親友の死	37	39	団らんする家族員の数の大きな変化	15
18	転勤・配置転換	36	40	食事習慣の大きな変化	15
19	夫婦の口論回数の大きな変化	35	41	長期休暇	13
20	1 万ドル以上の借金	31	42	クリスマス	12
21	借金やローンの抵当流れ	30	43	信号無視などちょっとした法律違反	11
22	仕事上の責任（地位）の大きな変化	29			

　一方，ラザルスと共同研究者（Kanner et al., 1981）は，ホームズとレイが主張する生活出来事のような大きなストレッサーではなく，日常の苛立ち事（daily hassles），たとえば近所とのトラブルや騒音，職場や学校での人間関係のごたごたのような小さなストレッサーのほうが，人々の健康にとってより重要だと主張する。これまでの研究では，滅多に起こらない大きな生活出来事よりも日常苛立ち事のほうが，健康への影響が大きいと考えられている（Pillow et al., 1996）。

3. ストレスに対する反応

[1] 心理的反応

　ストレス状況下では不安や抑うつ，怒りなどさまざまな心理的変化が生じる。ある特定のストレスに対して特定の情動的変化が起こるという決まった関係性はないが，ストレッサーに対する認知的評価によって，特定の情動的変化が起こりやすい傾向はある（矢富，1991）。

　1）不　安　不安はストレッサーに対するもっとも一般的な反応である。今後の見通しがたたない場合に生じやすく，また，喪失体験や危害が予測される場合にも生じやすい。

2）**抑 う つ**　　強いストレッサーに対して自分では対処できない場合，抑うつ的になる傾向がある。自分ではどうすることもできないという体験が無力感を学習させ，その後，抑うつ感へと発展していく。そのメカニズムについてはセリグマン（Seligman, M. E. P.）の**学習性無力感**の理論で説明されている。

3）**怒　　り**　　ストレッサーによる影響が大きく，欲求不満に陥る状況下では怒りっぽくなり，攻撃的行動を見せる場合がある。目標に向かう努力が妨害されると，欲求不満の原因となっている人や対象を傷つける行動に出る。欲求不満の原因が定かでない場合や実体がない場合，もしくは直接攻撃することが困難な場合には，怒りをぶつける対象が別の第三者となる可能性もある。

4）**認知的障害**　　強いストレッサーに晒されると，集中力が低下し，論理的な思考が困難になる。これは上述したような情動的変化によって，思考が混乱し，情報を整理することが難しくなるために起こると考えられる。

　これらの心理的ストレス反応は情動的変化のみならず，行動的変化ももたらす。たとえば，強い不安や抑うつ感は，意欲の低下や否定的な思考につながり，ひきこもりなどの消極的な行動として表出される場合がある。また，認知的障害は，仕事でのミスや事故，ヒヤリハットの増加などのヒューマンエラーにつながる。他にも，飲酒量や喫煙量の増加，けんかなどの攻撃的行動，拒食・過食，幼児返りなども行動的ストレス反応として表出されるものである。

［2］ 身体的反応

　ストレッサーに晒されると私たちの身体にはさまざまな変化が起こる。たとえば，あなたが大勢の人の前でスピーチする機会を得たとしよう。その時，手に汗を握り，呼吸が速くなり，心臓はドキドキと鼓動し，顔が赤くなるというような身体の変化が起こることは容易に想像できるだろう。この身体の変化は，脳の**視床下部**が**内分泌系**と**自律神経系**という二つの主なストレス反応系を賦活させることによって起こる（図11-3）。

　内分泌系の中にもいくつかの経路があるが，ストレスに関連が深いのは**視床下部 – 下垂体 – 副腎皮質**（Hypothalamic-Pituitary-Adrenal Axis; HPA）系である。HPA系では，まず視床下部前部からコルチコトロピン放出ホルモン（Corticotropin Releasing Hormone; CRH）が分泌され，脳下垂体に作用し，副腎皮質刺激ホルモン（Adrenocorticotropic Hormone; ACTH）が分泌される。ACTHは副腎皮質に作用し，最終的にコルチゾールというホルモンが分泌される。コルチゾールの生理的作用は主に糖と関連しており，糖新生を促進させ，血糖値を上昇させる。一方，**交感神経系**と**副交感神経系**の二つの神経系で構成される自律神経系では，ストレスによって交感神経系が賦活される。交感神経系は主にエネルギーの消費を亢進する。これらの作用によって，心拍数，血圧，呼吸数の増加や筋肉の緊張，瞳孔の拡大などの変化が起こる。さらに，コルチゾールや交感神経系は免疫系にも作用し，急性ストレス時には一時的に免疫力は増加し，慢性ストレスでは免疫力は低下する。このような身体の変化は，何か脅威にさらされた時，その脅威に対して戦うか逃げるかを判断し瞬時に動くための反応である（**闘争 – 逃走反応**）。すなわち，これらの反応は緊急事態に身体が適応するためには必要な反応といえる。

　なお，このように心理社会的要因が神経系を介して免疫系に影響するメカニズムを明らかにするアプローチを精神神経内分泌免疫学（Psychology, Neurology, Endocrinology and Immunology; PNEI）という。近年では，PNEI分野の研究の発展により，ストレスに対して内分泌系，自律神経系，免疫系の三つが相互に関連し，総合的な生理的変化をもたらしていることが明らかになっている。

　上述したようにストレスに対する反応は心理的，行動的，身体的なストレス反応として表出される。人によってストレスに対する耐性も異なり，表出されやすいストレス反応も異なる。

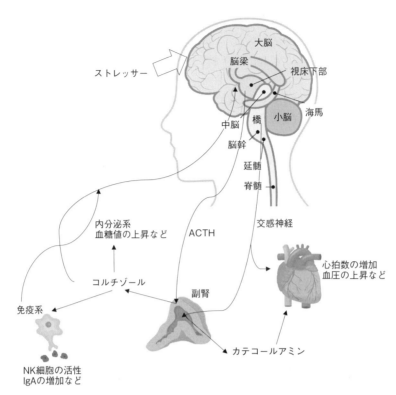

図 11-3　ストレスによる内分泌系・自律神経系・免疫系の反応

そのため，ストレス反応の評価は一側面ではなく，多面的に行われる必要がある。また，予防的な観点から考えると，自分では気づいていないストレス反応に気づくことも重要であり，現在一般的に行われている自己回答式質問紙による主観的な評価のみに留まらず，他者回答式質問紙や生理指標による客観的な評価も重要となる。

[3] ストレスと病気

　ストレッサーに長期間晒された場合や強いストレッサーを受けた場合，または少しのストレッサーにも過剰に反応する人の場合など，高強度もしくは慢性的なストレス状態は病気へとつながる。図 11-4 に示したようにストレスは種々の身体機能に影響を及ぼすため，ストレスと関連する疾患は少なくない。たとえば，冠状動脈性心疾患，高血圧症，胃潰瘍，うつ病などの身体的・精神的疾患の発症や予後に関連することは，実験的，疫学的，臨床的な研究から明らかにされている。これらの疾患との関連は，心理的・身体的ストレス反応から考えると特段不思議なことではないだろう。しかし，実際には何か一つ特定のストレス反応の結果，ある特定の病気に罹患するということではない。ストレスと病気罹患性の関連については，図 11-4 のようなモデルが想定されている（Steptoe & Wardle, 1994）。このモデルでは，ストレスによる生理的変化と認知 - 行動的変化の二つから病気への罹患性を説明している。第 1 のルートでは，生理的変化が，特定の系の過活動，免疫系の機能低下，基礎疾患の悪化を引き起こし，病気への罹患性を高める。第 2 のルートでは，認知 - 行動的変化が，情動の表出行動，健康リスク行動（喫煙や飲酒など）の増加，症状に対する不適切な専門機関の利用を引き起こし，病気への罹患性を高める。これら二つのルートに合わせて，もともとの健康状態や既往歴，遺伝などの要因が複雑に関連し，病気への罹患性を決定づけると考えられている。

　強いストレッサーが原因となる疾患としてもっとも有名なのは**心的外傷後ストレス障害**

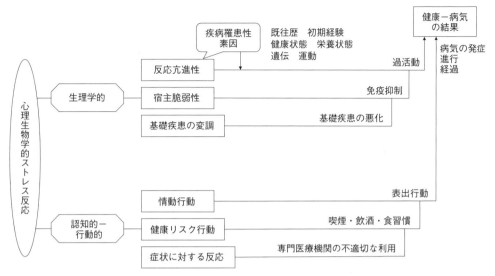

図 11-4　病気罹患性のストレス・コーピング・モデル (Steptoe & Wardle, 1994)

(Post-Traumatic Stress Disorder; PTSD) である。PTSD は災害，暴力，深刻な性被害，重度事故，戦闘，虐待などの精神的衝撃を受ける心的外傷体験に晒されたことで生じる特徴的なストレス症状群のことである。実際に自分が体験していなくても，その出来事を目撃することや家族など親しい者が巻き込まれるということも心的外傷体験となる。強いストレッサーに晒された際には，強い心理的・身体的ストレス反応が誰にでも起きる。その後，ストレッサーが去ればストレス反応も落ち着くはずであるが，あまりにも強いストレッサーに晒されると，ストレッサーが去った後も，強いストレス反応が持続する。診断基準によると，1 ヶ月以上症状が持続しそれにより顕著な苦痛感や，社会生活や日常生活の機能に支障をきたしている場合，PTSD と診断される（詳しくは第 12 章参照）。

4. ストレス・コーピング

[1] コーピングのタイプ

　ストレッサーに気づき，それが脅威であると評価された場合，私たちは何とかそれに対処しようと試みる。ストレス状況をコントロールするように試みる認知的，行動的努力を**コーピング**という。コーピングは，ストレスの原因そのものにアプローチする**問題焦点型コーピング**とストレッサーによって生じた情動の変化にアプローチする**情動焦点型コーピング**の二つに大別される（図 11-5）。たとえば，人前で話さなければいけないというストレッサーに対して，その機会自体がなくなるように調整する（行動的），もしくはこの機会は自分のスキルアップにつながると肯定的に考える（認知的）というようなアプローチは問題焦点型コーピングとなる。一方，同様のストレッサーに対して，誰かに辛い気持ちを聞いてもらう（行動的），もしくはそのこと自体を考えないようにして気持ちを落ち着かせる（認知的）というようなアプローチは情動焦点型コーピングとなる。

　一般に，ストレス状況がコントロール可能と評価された場合は，問題焦点型コーピングが増加し，コントロール不可能と評価された場合は，情動焦点型コーピングが増加する（尾関ら，1994）。しかし，私たちはいずれか一方のコーピング方略だけを用いているわけではない。一つのストレッサーに対して，その時々の状況に合わせて両方のコーピング方略を使い分けるこ

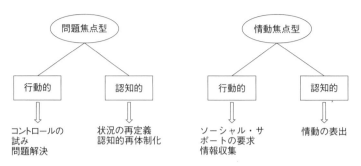

図 11-5　コーピングの分類 (Steptoe, 1991)

とで対処している。すなわち，どちらか一方のコーピング方略が優れているということではなく，両タイプのコーピング方略を万遍なく持ち合わせていることが望ましいといえる。

［2］ストレス緩和要因

　ストレス状況を緩和するためには，前述したようにさまざまなコーピング方略を身につけることが重要である。一方で，個人の特性や利用可能な資源がどれぐらいあるかは，どの程度のストレス反応が生じるかの要因にもなり，どのようなコーピング方略を選びやすいかという指針にもなる。ここでは，ストレス・コーピング過程における個人差となるストレス緩和要因についていくつか紹介する。

　1）自己効力感　　ある行動がある特定の結果を生み出すという予測（**結果予期**）のもと，その行動をうまく行うことができるという確信（**効力予期**）をどの程度持っているかという認知を**自己効力感**という。すなわち，自己効力感が高いほど，自分の行動によって自分の想定する結果が得られるという自信が高いということである。そのため，自己効力感が高い者ほど直接問題に介入するコーピング方略を選択しやすく，維持されやすい。

　2）統制の所在（locus of control）　　**統制の所在**とは，自分に起こる出来事や行動，評価の原因がどこにあるのかという認知のことである（第 5 章参照）。統制の所在が外側にあると思う人（外的統制者）は物事の原因や理由は他者，社会，運命などにあると考えるため，自分にはほとんどコントロールできないと考える。逆に，統制の所在が内側にあると思う人（内的統制者）は物事の原因や理由は自分自身にあると考えるため，自分でコントロールできると考える。そのため，外的統制者は問題そのものを解決するような行動を起こすことは少ない。

　3）ハーディネス　　**ハーディネス**とは高ストレス下で病気にならない人々が持つ性格特性で，コミットメント，コントロール，チャレンジの三つの要素で構成されている（Kobasa, 1979）。コミットメントとは，自分が行っているどんな事柄にも自分自身を関与させていく傾向であり，コントロールとは，自分が出来事の成り行きを左右できると信じて行動する傾向のことであり，チャレンジとは，生活は変化するのが普通であり，その変化が自分の成長になるという予期のことである。このような特性を有する者は，認知的再解釈，問題解決といった積極的なコーピングを多く採用する傾向がある（城，2010）。

　4）社会的スキル　　対人関係を円滑に運営する適応能力のことを**社会的スキル**という（大坊，1998）。対人関係は，お互いのメッセージを適切に送受信することによって円滑に展開される。すなわち，適切なコミュニケーションを図ることができる場合，社会的スキルが備わっているといえる。社会的スキルが高い者は，周囲の人々との問題解決がよりよく行われ，協力や援助を受ける可能性が高まる。

　5）ソーシャル・サポート　　**ソーシャル・サポート**とは，他者から提供される援助のことであり，有形，無形は問わない。ソーシャル・サポートには，辛い気持ちに共感し，励まして

もらうなどといった情緒的サポート，形のあるものやサービスを提供してもらうなどの道具的サポート，問題解決のために必要な情報を提供してもらうなどの情報的サポート，起こったことを肯定的に評価してもらうなどの評価的サポートがある。このようなサポートをより多く受けることができれば，ストレッサーがあったとしても，高ストレスな状況にはなりにくい（Greenberg, 1999）。ソーシャル・サポートを手に入れられるかどうかは，社会的スキルの高さに依存している。

　このほかにも，身体的健康，経済力，自尊心，ユーモアのセンスなどがストレス緩和要因として挙げられる。これらの個人特性や資源はコーピングを促進，維持する要因となる。高ストレスな状況を回避するためには，より多くの特性や資源を身につけておくことが望ましい。

［3］ストレスマネジメント

　ストレスは日常生活について回るものであり，ある程度のストレスは，人生を充実した有意義なものにするためには必要なものともいえる。ある種のストレッサーがかかることで，新しい人間関係が築けたり，自分自身のスキルアップにつながったりと，ストレス状況下にあるということは決して否定的な側面だけではない。しかし，前述のように過度のストレッサーや過剰なストレス反応は心身ともに悪影響を及ぼす。すなわち，ストレスを完全になくすことが重要なのではなく，高ストレスな状況に陥らないようストレスを管理することが重要といえる。ストレスマネジメントは，ストレッサーに対するアプローチ，コーピングに対するアプローチ，ストレス反応に対するアプローチに大別される。

　ストレッサーに対しては，まず自分にどのようなストレッサーがかかるのかを予測する必要がある。そのためには，スケジュール表や日記をつけることが有効である。スケジュール表を眺めていると，おおよそどの辺りに辛くなるかということが把握できる。日記は何年も続けると，毎年ストレッサーが集中する月や季節に気づくことができる。このようにストレッサーを予測することができれば，不要なストレッサーを回避し，回避不可能なものも最小限に抑えるように予防することができる。

　コーピングに対しては，まず自分がよく使うコーピング方略を把握する。たとえば，付箋などにとにかく自分がよく行うコーピング方略を思いつくまま記入してみる。それらをコーピングのタイプ別に分類してみるとよいだろう。そうすると，自分に足りていないコーピング方略に気づくことができる。ソーシャル・サポートが足りていなければ，まず自分の気づいていないサポートを受けられそうな人はいないかを考えてみる。断ることや回避する対処法が少なければ，正しく自己主張するために必要なスキルを身につける。ほかにも，間違った対処法がないかを確認することもできる。たとえば，喫煙や過度の飲酒などは身体的健康に悪影響を及ぼす。また，高頻度のギャンブルは経済的な不安定さを招き，八つ当たりやひきこもりは本来活用すべきソーシャル・サポートを減らすことにつながる。このような間違ったコーピング方略に気づき修正することは，新しい対処法を身につける以上に重要である。

　自分の認知的傾向を把握し，認知を変えることもコーピングの一つである。たとえば，「先生に注意された」というストレッサーを受けた場合に，「がっかりしてやる気をなくす」というストレス反応が起こることがある。この場合，「注意を受けた」と「がっかりしてやる気をなくす」という出来事の間には，「人前で注意を受けることはあってはならない」のような個人の強固な信念が介在していることがある。また，「物事は自分の思い通りになる（べき）」という誤った思い込みを持っている場合，希望通りにならないというストレッサーに遭遇した際には，強い不満や怒りを感じるというストレス反応が起こるかもしれない。自分の持つ信念や認知の歪みに気づき，「次に注意されないように気をつければよい」と考えを変えたり，「物事は自分の思い通りにはならないものだ」というごく当たり前の認知に修正するように練習したりする

ことで，ストレッサーに過剰に反応しなくて済むようになる。

　また，つい「自分なんてどうせダメだ」のように自分を卑下する言葉が出やすい人には，自分に優しい言葉を使う練習をすることも効果的である。たとえば「失敗は成功のもと」とか「次，頑張ればいい」とか「自分はそんなに悪い人間ではない」とか「1人では無理でも助けてくれる人がいる」などの言葉を折に触れて口に出すことで，自信を取り戻しストレッサーを怖がらなくなる効果がある（大野，2002）。

　ストレス反応に対しては，過剰なストレス反応を抑える方法（**リラクセーション**）と余分なストレス反応を発散させる方法（**アクティベーション**）がある。ストレス反応は交感神経系の賦活による産物である。そのため，拮抗する副交感神経系を賦活させることでストレス反応を抑える方法がリラクセーションである。もっとも簡単なものは呼吸法である。呼吸に意識を集中させ，ゆっくりと鼻から息を吸って口から吐くという腹式呼吸を行う。吸うことよりも吐くことを意識し，細く長く息を吐くことがポイントとなる。ほかにも，**漸進的筋弛緩法**や**自律訓練法**，イメージ法もリラクセーション方法として有効である。漸進的筋弛緩法は，身体の一部の筋肉に力を入れて一気に力を抜くことで強いリラックス効果を得る方法である。自律訓練法は，決められた言葉を心のなかで繰り返すことにより自分に軽い催眠をかけリラックスさせる方法である。イメージ法は，決まった文言（スキット）を録音するなどし，それを再生しながら聞き入ることで，自分にとって心地よい状態をイメージしながらリラックスする方法である。このような専門的な方法でなくても，音楽や香り，温かい飲み物を飲むことなどもリラクセーションとなる。一方，アクティベーションは余分に生成されたストレス産物（コルチゾールなど）を別の活動で消費させる方法である。ウォーキングやジョギングなどの有酸素運動はストレス産物を消費させる効果がある。どの運動であっても軽く汗をかく程度，息が上がらない程度のものを 20 〜 30 分行うことが有効である。また，身体を動かせない場合は，TV や映画を見て思い切り泣いたり笑ったりすることも運動と同じようにストレス産物を消費させる効果がある。泣いたり笑ったりした後，何となくすっきりしているという経験をしたことがある人は少なくないだろう。

　最後に，ストレスマネジメントの基本となるのは，論理的な思考と健康的な生活習慣である。ストレッサー，コーピング，ストレス反応とストレスをさまざまな要素で分けて考えることで，論理的に破綻していないか，不合理な信念はないかということを確認し，論理的に考えるクセをつける。そして，このように冷静に落ち着いて物事を考えられるかどうかは，身体的な健康状態に依存する。そのためには，健康な状態を維持できるよう生活習慣にも気を配る必要がある。高ストレスな状況になってしまってからストレスマネジメントを習得するのは非常に難しい。高ストレスな状況に陥る前にストレスに対する正しい知識や対処法を身につける機会を持つためには，ストレスマネジメント教育が非常に重要である。

コラム 19　ストレスとタイプＡ行動パターン

　同じようなストレス状況であっても，そのストレスに対する反応はそれぞれに異なる。あまり影響を受けない人もいれば，大きくダメージを受ける人もいる。そのようなストレス反応の違いは，コーピング行動，社会的資源などの心理社会的要因だけでなく，個人の行動特性にもよることがわかっている。その一つがタイプＡ行動パターンと呼ばれる特性である（血液型の A 型とは無関係である）。タイプＡ行動パターン（以下，タイプＡ）とは，ひとことでいうなら「急げ急げタイプ」である。特徴としては，
・タフで活動的，せっかちで怒りっぽい
・競争心や挑戦心，責任感が強い

・いつも時間に追われている感じがある

などが挙げられる。

　このような人は最小限の時間で多くのことを成し遂げようとする。ついつい人との競争に夢中になったり，やるからには徹底的にやらないと気が済まなかったり，熱中すると気持ちの切り替えができずにのめりこんだりする。これはいわば慢性的にストレス状態にあるような状況であり，欧米ではタイプＡは虚血性心疾患の危険因子の一つと指摘されている。

　一方で，このような人は学校や職場で成果を上げやすい人，有能な人，やり手といわれる人であることも多い。タイプＡであることそのものが悪いのではない。その特性の良い面を生かしつつ，自らの健康を維持するためには，まずは自分が「無理して頑張りすぎていないか」と気づけるようになること，そして次に，意識して「のんびり」モードになれる時間をつくること，自分なりの息抜きやホッとする方法を工夫することが重要である。

　とはいえ，タイプＡの人はもともとちょっと無理するくらい頑張るのが好き，それが自分の通常モード，という面があるため，この頑張りすぎに気づくのが難しい。一つのやり方として，自分の調子が悪くなった時に出る「行動のサイン」に注意する方法がある。忘れ物が増える，ダブルブッキングをしてしまう，うっかり電車の乗り換えで間違える，いつもなら楽しめる番組が楽しくない，など人それぞれの「イエローカード」がある。まだまだ大丈夫，と思っても自分にとっての「イエローカード」が出たら「あ，無理してるな，疲れがたまってるな」と休養するのがコツである。

　あれもこれも気になってのんびりできないのもタイプＡの特徴の一つであるが，そのような場合には「クリアリング・ア・スペース」（Clearing A Space）という方法も有効である。これはフォーカシングという心理療法の技法の一つで，気になっていることをひとつずつ，イメージのなかでどこかに置く（しまう）という方法である。たとえば，「来週の課題ができていない」という気がかりが浮かんできたら，それをどこかに置いてみることをイメージする。ポイントは，ここに置いたらなんとなく楽だな，というところに置くことである。イヤなことだからゴミ袋に詰めて捨ててしまう，というイメージはうまくいかないことが多い（そこが面白いところ）。一つ置けたら，次に浮かんできたことを，またなんとなくここがいいかな，というところに置く……というのを繰り返す。問題は何も片付かないが，自分と気になることの間に距離を置く，というこの作業で，気分がぐっと楽になることが多い。イメージを使っても置きにくい場合は，紙に書き出してみたり，絵に描いてみたりすることでもよい。いろいろなクリアリング・ア・スペースの方法が開発されているので，興味のある人は試してみてほしい（参考：『フォーカシング・ワークブック』日本・精神技術研究所，2005）。タイプＡ以外の人でももちろん効果は同じである。

■ 小テスト

【　　　】に当てはまる語句を答えなさい。

1. WHO憲章では，健康について，単に病気でないだけでなく，身体的，精神的，【　　　】にも良好な状態（well-being）にあること，と定義している。

2. ストレスコーピングには，ストレッサーそのものに働きかける【　　　】焦点型アプローチと，ストレスの結果生じた不安や怒りなどを低減させようとする【　　　】焦点型アプローチがある。

3. セリエの提唱した汎適応症候群の３つの段階は，【　　　】→【　　　】→疲憊期である。

■ 引用文献

大坊郁夫（1998）．しぐさのコミュニケーション―人は親しみをいかに伝えあうか―　サイエンス社

Emmons, R. A., & McCullough, M. E. (2003). Counting blessings versus burdens: An experimental investigation of gratitude and subjective well-being in daily life. *Journal of Personality and Social Psychology, 84*(2), 377–389.

Fredrickson, B. L., & Levenson, R. W. (1998). Positive emotions speed recovery from the cardiovascular sequelae of negative emotions. *Cognition and Emotion, 12*, 191–220.

Freudenberger, H. J. (1974). Staff burnout. *Journal of Social Issues, 30*, 159–165.

Greenberg, J. S. (1999). *Comprehensive stress management* (6th ed.). New York: The McGraw-Hill Companies. （服

部祥子・山田冨美雄（2006）. 包括的ストレスマネジメント　医学書院）

Hochschild, A. R.（1983）. *The managed heart: Commercialization of human feeling.* Berkeley, CA: University of California Press.（石川　准・室伏亜希（訳）（2000）. 管理される心—感情が商品になるとき　世界思想社）

Holmes, T. H., & Rahe, R. H.（1967）. The social readjustment rating scale. *Journal of Psychosomatic Research, 11,* 213-218.

城　佳子（2010）. 大学生のハーディネスとコーピング，ライフイベントの関連の検討　生活科学研究, *32,* 37-47.

Kanner, A. D., Coyne, J. C., Schaefer, C., & Lazarus, R. S.（1981）. Comparison of two modes of stress measurement: Daily hassles and uplifts versus major life events. *Journal of Behavioral Medicine, 4,* 1-39.

Kobasa, S. C., Maddi, S. R., & Kahn, S.（1981）. Hardiness and health. *Journal of Personality and Social Psychology, 37,* 1-11.

Lazarus, R. S., & Folkman, S.（1984）. *Stress, appraisal, and coping.* New York: Springer.（元 明　寛・春 木　豊・織田正美（監訳）（1991）. ストレスの心理学　実務教育出版）

大野太郎（2002）. ストレスマネジメント・ワークブック　東山書房

尾関友佳子・原口雅浩・津田　彰（1994）. 大学生の心理的ストレス家庭の共分散構造分析　健康心理学研究, *7,* 20-36.

Pillow, D. R., Zautra, A. J., & Sandler, I.（1996）. Major life events and miner stressors. *Journal of Personality and Social Psychology, 70,* 381-394.

坂野雄二（1995）. 認知行動療法　日本評論社

Seligman, M. E. P., Steen, T. A., Park, N., & Peterson, C.（2005）. Positive psychology progress: Empirical validation of interventions. *American Psychologist, 60*（5）, 410.

Selye, H.（1956）. *The stress of life.* New York: McGraw-Hill.（杉岡三郎他（訳）（1974）. 現代生活とストレス　法政大学出版局）

島津明人（2011）. ワーク・エンゲイジメントとポジティブメンタルヘルス　産業精神保健, *19,* 280-284.

Steptoe, A.（1991）. Psychological coping, individual differences and psysiological stress responses. In C. L. Cooper & R. Payne（Eds.）, *Personality and stress*（pp. 205-233）. Chichester: Wiley.

Steptoe, A., & Wardle, J.（1994）. *Psychosocial processes and health.* Cambridge: Cambridge University Press.

The World Health Organization（1948）. https://www.mofa.go.jp/mofaj/files/000026609.pdf

矢富直美（1991）. 心理学の立場より　佐藤昭夫・朝長正徳（編）　ストレスの仕組みと積極的対応（pp. 49-55）　藤田企画出版

第 12 章

心の病態
精神病理学の基礎

> 心理学を学ぶためには，正常心理のみならず，**精神病理学**を通して人間の異常心理の理解を深める必要がある。精神病理学とは，精神疾患を非生物学的な方法（心理学，哲学など）で研究する精神医学の基礎領域である。しかし，最近は精神疾患を生物学的な方法（神経学，薬理学，遺伝学など）で研究する**生物学的精神医学**の進歩が著しい。そのため，本章では精神病理学のみならず，生物学的精神医学を含む精神医学の基礎を解説する。

1. 精神疾患の診断分類

　精神疾患は身体疾患と異なる特徴がある。身体疾患の多くは実体として目に見え，見えなくても臨床検査で数値化，可視化できる。しかし，ほとんどの精神疾患に実体はなく，臨床検査で異常は見いだせない。そのため，精神疾患の存在を明らかにするには，患者の行動や言葉を手がかりとするしかない。しかし，その行動や言葉を精神疾患とすべきか，そうでないのかの線引きは容易ではなく，その判断は，どうしても社会文化的な影響や主観的影響を受ける。こうした曖昧さをいかに画一化し，統一した診断分類を作成するかが，精神病理学の長年の大きな課題となっている。

[1] 病因論的診断，記述的診断
　精神疾患の代表的な分類法として，**病因論的診断**と**記述的診断**がある。病因論的診断とは，「その人がなぜその状況に陥っているのか」という病因（病気の原因）を想定して分類する方法である。それに対して，記述的診断とは病因は考えず，その結果である精神症状だけを客観的に記述して分類する方法である。

[2] 伝統的診断分類
　精神疾患の伝統的な診断分類として，**外因性**，**内因性**，**心因性**という分類がある。これは，先ほど述べた精神疾患の病因を想定して分類する病因論的診断である。ヤスパース（Jaspers, K.）は，精神症状の理解に感情移入という手法を用いて，「その人がなぜその状況に陥っているのか」が**感情移入**により理解できる場合は**了解可能**であり，それが理解できない**了解不能**の場合は何らかの病的過程があると考えた。
　ヤスパースの診断分類として，まず外因性を区別する。脳に明らかな異常が生じている認知症や薬物によって引き起こされたものが**外因性精神疾患**に含まれる。そして次に，脳に明らかな異常が見いだせないものを了解可能か了解不能で，内因性と心因性に区別する。

　内因性とは，脳に明らかな異常は見いだせないものの，その状況に至った心理過程が了解不能であるために，原因不明であっても遺伝素因も含めた何らかの病的過程（実質的な変化ではない）が推測されるものである。やや概念が曖昧で明確な定義はないが，このような**内因性精神疾患**には統合失調症や双極性障害などがある。そして心因性とは，その状況に至った心理過程が了解可能なものであり，不安症やストレス反応などが**心因性精神疾患**に含まれる。

［3］操作的診断分類

　操作的診断分類は先ほど述べた記述的診断分類の一種である。操作的診断分類には，米国精神医学会の作成した **DSM**（Diagnostic and Statistical Manual of Mental Disorders：精神疾患の診断・統計マニュアル），世界保健機関が作成した **ICD**（International Classification of Diseases：国際疾病分類）がある。

　操作的診断の「操作」とは，明確に定義された，いくつかの診断基準があり，その定義に当てはまれば，その精神疾患と診断できるというものである。DSM は，第 1 版，第 2 版はあまり注目されなかったが，第 3 版である DSM-Ⅲで，統計的手法を用いた科学的な裏づけを持つ操作的診断を採用し，米国のみならず，世界中の精神科医や精神保健に関わる人々に用いられるようになった。その後，精神医学の研究成果が取り込まれた微修正を加えながら改訂され，現在は第 5 版である DSM-5 が用いられている。

　ICD には，精神疾患のみならず身体疾患も記載されており，第 10 版である ICD-10 はわが国の公式な医療統計で用いられている。ICD は世界保健機関が作成し，医療水準の異なるさまざまな地域でも使用しやすいように，診断基準があまり複雑にならないように配慮されている。現在は第 11 版である ICD-11 が作成されており，ICD-11 と DSM-5 は大枠については概ね協調が図られている（飯森ら，2013）。

2. 代表的な精神疾患

　本節では代表的な精神疾患について解説する（表 12-1）。なお，精神疾患の症状については，紙面の都合から DSM-5 の概略を記載するにとどめたので，実際の診断分類については，ぜひ成書を読んで理解を深めることを薦める（American Psychiatric Association, 2013）。

［1］統合失調症

　1）概　　念　　統合失調症（Schizophrenia）は，青年期に幻覚や妄想，まとまりのない会話や行動が出現し，多くは慢性に経過し，再発を繰り返すうちに社会生活に困難をきたすようになる代表的な精神病である。統合失調症は 19 世紀にクレペリン（Kraepelin, E.），ブロイラー（Bleuler, E.）によって概念化されたが，有史以前から存在していたといわれており，精神医学の歴史のなかでもっとも重要な精神疾患であるといっても過言ではない。

　生涯発症率は概ね 0.7 〜 0.8%で，地域や時代によっても大きな差は見られない。古典的には破瓜型・妄想型・緊張型・単純型に分類されてきたが，DSM-5 からこのような病型分類は根拠がないとして廃止になっている。

　2）症　　状　　統合失調症は，妄想，幻覚，まとまりのない発語，まとまりのない行動や緊張病症状（反応なく無言となり，同じ姿勢を保持したりする），陰性症状，これらの症状が活動期として 1 ヶ月存在しつつ，障害の徴候が 6 ヶ月持続していることで診断される。

　妄想と幻覚は密接に関わりあって出現することが多く，統合失調症に高頻度で見られる症状である。妄想は被害妄想が多く，幻覚は幻聴が多い。幻覚や妄想のようなはなばなしい症状を陽性症状と呼び，情動表出の減少や意欲欠如などを陰性症状と呼ぶ。一般的な統合失調症の経

表 12-1　DSM-5 における主要な精神疾患の診断分類と下位分類

神経発達症／神経発達障害群	
統合失調症スペクトラム障害および他の精神病性障害群	妄想性障害 短期精神病性障害 統合失調症様障害 統合失調症* 統合失調感情障害
双極性障害および関連障害群	双極 I 型障害* 双極 II 型障害*
抑うつ障害群	うつ病* 持続性抑うつ障害 月経前不快気分障害
不安症／不安障害群	限局性恐怖症* 社交不安症／社交不安障害* パニック症／パニック障害* 広場恐怖症* 全般不安症／全般性不安障害*
強迫症／強迫性障害および関連症群	強迫症／強迫性障害* 醜形恐怖症／身体醜形障害 ためこみ症
心的外傷およびストレス因関連障害群	心的外傷後ストレス障害* 急性ストレス障害
解離症／解離性障害群	
身体症状症および関連症群	
食行動障害および摂食障害群	異食症 反芻症／反芻性障害 回避・制限性食物摂取症／回避・制限性食物摂取障害 神経性やせ症／神経性無食欲症* 神経性過食症／神経性大食症* 過食性障害
睡眠 - 覚醒障害群	
性機能不全群	
性別違和	
秩序破壊的・衝動制御・素行症群	
物質関連障害および嗜好性障害群	
神経認知障害群	
パーソナリティ障害群	A 群（猜疑性／妄想性，シゾイド，統合失調型） B 群（反社会性，境界性*，演技性，自己愛性） C 群（回避性，依存性，強迫性）
パラフィリア障害群	

*本章で解説されている精神疾患。

過は，青年期に陽性症状で発症し，慢性的に経過しながら，徐々に陰性症状が主体となることが多い。

　3）病因と支援　　統合失調症の病因として，生物学的側面，心理社会的側面からさまざまな研究が行われているが，いまだ明確な病因は見いだされていない。近年，多くの精神疾患に神経受容体の機能病理が指摘されているが，統合失調症は神経シナプス間隙のドパミンの過剰が指摘されている（**ドパミン仮説**）。統合失調症に遺伝的要因があることが古くから指摘され

ているが，現在では遺伝的な素因を持つ者に心理社会的ストレスが加わって発病するという，**ストレス−脆弱性モデル**[1] が提唱されている。

　治療は**抗精神病薬**による薬物療法が中心となるが，経過や状態に応じて心理療法やリハビリテーション，社会復帰活動が行われる。かつては入院医療が中心であったが，現在では地域医療に治療の場が移り，精神症状の改善だけでなく，**リカバリー**（就職や結婚など，充実した人生を目指す）を尊重することが，支援の世界的潮流になっている。心理療法は日常的なニーズを話題の中心とした支持的心理療法が中心となるが，統合失調症に対する**認知行動療法**も開発されている（池淵, 2019）。また，統合失調症は長期にわたる維持治療が必要となるために，患者や家族への**心理教育**[2] が重要である。

［2］うつ病，双極性障害

　1）概　念　　うつ病（Depression）は，うつ病エピソード（抑うつ気分，興味または喜びの喪失）を呈する精神疾患である。**双極性障害**（Bipolar Disorder）は，うつ病エピソードに加え，躁病エピソード（持続的に著しく高揚した，開放的で易怒的な気分）を反復する精神疾患である。さらに，双極性障害は，**双極Ⅰ型障害**と**双極Ⅱ型障害**に分類される。

　このような気分変動を繰り返す患者は紀元前から記録があるが，19世紀にクレペリンによって**躁うつ病**として概念化された。躁うつ病は双極性障害やうつ病を含む幅広い概念であり，古くから統合失調症と並ぶ代表的な内因性精神疾患と考えられてきた。その後，DSM-Ⅲでは，うつ病と双極性障害は**気分障害**という概念で一括されたが，DSM-5からは気分障害という概念を廃止し，うつ病と双極性障害は別々の精神疾患として扱われることになった。

　うつ病は**自殺の主要原因**であり，ストレス社会との関連で，自殺者が高水準で推移するわが国の自殺対策という観点から重要な精神疾患である。また，双極性障害は生涯の大半を何らかの精神症状がある状態で過ごし，躁病エピソードよりうつ病エピソードで過ごす時間のほうが長いので，うつ病との鑑別診断が重要となる。

　2）症　状　　うつ病は一つ以上の抑うつエピソードがあることで診断される。また，躁病エピソードが一つ以上起こると双極Ⅰ型障害，少なくとも1回の軽躁病エピソードとうつ病エピソードを伴うと双極Ⅱ型障害と診断される。

　抑うつエピソードとは，抑うつ気分，興味や喜びの喪失，体重や食欲の変化，不眠や過眠，焦燥感や制止（行動や思考が遅くなる），疲労感や気力の減退，無価値感や罪責感，思考力や集中力の減退，決断困難，自殺念慮などが2週間続いていることで診断される。

　躁病エピソードとは，気分が異常に高揚し，自尊心の肥大，睡眠欲求の減少，多弁，観念奔逸（次から次へ観念が浮かび，思考の統一性を欠く），注意散漫，目的指向性の活動の増加（社会的，職場や学校，性的な活動），困った結果になる可能性の高い快楽的活動に集中するなどの症状が1週間続いていることが求められる。

　軽躁病エピソードは，ほぼ躁病エピソードと同じであるが，持続期間が短く，社会的・職業的に著しい障害を起こすほどでない。

　3）病因と支援　　うつ病は**メランコリー親和型性格**[3] を病前性格とするものが典型例とさ

1）ストレス−脆弱性モデルは，精神疾患の発症を統合的な視点から説明する理論である。脆弱性（もろさ）とは，その人の病気へのなりやすさで，遺伝的な素因だけでなく，学習や訓練などによる生まれてからの能力やストレスへの対応力が関連する。それにさまざまな心理社会的なストレスが加わって精神疾患が発症すると考えられている。

2）心理教育とは，患者や家族に精神疾患の正しい知識・情報を伝え，最善の対応法を教えることによって，主体的に治療に取り組むようにさせる患者教育である。

3）メランコリー親和型性格とは，テレンバッハ（Tellenbach, H.）が提唱したうつ病の病前性格で，几帳面，勤勉，誠実，円満な対人関係を維持するための気遣いなどを特徴とする。精神的に消耗しやすく，環境の変化にも弱いとされている。

れてきたが，近年はうつ病の病像の多様化が指摘されている。双極性障害は遺伝要因が考えられ，統合失調症と同様にストレス‐脆弱性モデルが想定されている。うつ病も遺伝要因があることが知られているが，遺伝率は双極性障害のほうがかなり高く，うつ病には心理社会的な要因も多く関与していると考えられる。さらに，近年の遺伝子研究から，双極性障害はうつ病と統合失調症の中間，むしろ統合失調症に近い遺伝的背景があることが示唆されている（尾崎，2014）。

　うつ病の治療は**抗うつ薬**による薬物療法が中心となるが，軽症の場合は心理療法や運動療法を優先すべきである。心理療法は認知行動療法や**対人関係療法**の効果が実証されている。双極性障害の治療は薬物療法が主体となり，**気分安定薬**が使用される。抗精神病薬にも気分安定作用があるため使用されることがある。統合失調症と同様に，双極性障害の治療は長期にわたる維持治療が必要となるため，患者や家族への心理教育が重要となる。

［3］不 安 症

　1）概　　念　　不安症（Anxiety Disorders）はかつて**神経症**と呼ばれていた。神経症は何らかの心理的葛藤によって引き起こされた精神病水準でない心因性精神疾患とされてきたが，近年，生物学的側面もあることが明らかになった。そのため，神経症という概念は廃止され，DSM-Ⅲから「病的な不安」を中心症状とする不安症という概念で一括された。

　2）症　　状　　パニック症（Panic Disorder）は，繰り返されるパニック発作を特徴とする。発作は突然の激しい恐怖や強烈な不安の高まりであり，数分以内に頂点に達する。発作中は，呼吸困難感，動悸，胸痛や胸部不快感，窒息感，コントロールを失う恐怖などが存在する。また発作が起こるのではないかという予期不安が続く。

　広場恐怖症（Agoraphobia）は，逃げられない状況や場所，または助けが得られない状況や場所に対する不安または回避行動である。

　限局恐怖症（Specific Phobia）は，ある特定の対象（動物や注射・血液など）や状況（飛行機やエレベーターなど）に対する著しい恐怖や不安である。

　社交不安症（Social Anxiety Disorder）は，他人の注目を浴びるような社交的状況に対する恐怖や不安で，その状況を回避するのが持続する。

　全般不安症（Generalized Anxiety Disorder）は，多くの出来事や活動についての過剰な不安が持続する。

　3）病因と支援　　不安や恐怖は，生体に迫る脅威に対する信号であり，本来は適応的に機能している。しかし，何らかの原因で過剰に反応してしまったものが不安症と考えられる。フロイト（Freud, S.）の**精神分析理論**では，不安症とは，自我がエス，超自我，外界からの圧迫に対処できない状態と考えられる。森田正馬の**森田理論**では，神経質性格を基盤にして，「とらわれ」という特有の心理的メカニズムが働き，不安症を発症させると考えた。**学習理論**では，特定の環境刺激に対する条件づけられた反応であると考えた。このように，かつては心理社会的側面が注目されていたが，近年は不安症にも生物学的側面が存在し，遺伝的要因に心理社会的ストレスが加わって発症すると考えられている。

　治療としては，ほとんどの不安症に認知行動療法が有効とされている。また，わが国では**森田療法**も行われ，不安の源を理解しようとする動機づけや心理的準備のある場合は**精神分析的心理療法**の適用になる。薬物療法として，抗うつ薬が選択されることが多く，補助的に**抗不安薬**が用いられる。

［4］強迫症／強迫性障害

　1）概　　念　　強迫症（Obsessive-Compulsive Disorder）とは，自らの意思に反して繰り

返し浮かぶ考えや衝動，イメージがあり，それを中和しようとして，ある行動を繰り返さざるを得ないため，日常生活に大きな支障をきたす精神疾患である。その考えや衝動，イメージを**強迫観念**，繰り返す行動を**強迫行為**と呼ぶ。強迫症は強迫観念と強迫行為の両者が見られるもの，またそのどちらかが主となるものがある。

　かつて強迫症は心因性精神疾患と考えられ，不安症のカテゴリーに含まれていた。しかし，強迫症の中心症状は「病的な不安」ではなく，「とらわれ」「繰り返し行為」と考えられるようになり，DSM-5 から別々の精神疾患として扱われることになった。

　2）症　　状　　強迫観念か強迫行為，またはその両方が存在し，これらは時間を浪費させ，著しい苦痛や社会的機能の障害を引き起こしていることで診断される。

　強迫観念とは，反復的，持続的な思考，衝動，イメージであり，それは侵入的で不適切なものとして体験されており，強い不安や苦痛を引き起こす。そして，これらを無視したり抑制したり，あるいはほかの思考または行為で中和しようとする。

　強迫行為とは，反復行動（手を洗う，確認するなど）または心の中の行為（数を数える，言葉を繰り返す）であり，強迫観念に対応して，厳密な規則にしたがって行わなければならないと感じる。

　3）病因と支援　　強迫症には遺伝要因など生物学的側面が強く関与していると考えられる。また，学習理論としては，強迫観念を軽減するために強迫行為を行うが，その軽減効果は一時的であり，繰り返すことで強迫観念と強迫行為は容易に生じるようになるという悪循環に陥っていると考えれている。

　強迫症の薬物療法としては抗うつ薬が用いられ，効果不十分の場合には抗精神病薬が使用される。心理療法としては認知行動療法が行われ，とくに強迫行為の悪循環に介入する**暴露反応妨害法**が用いられる。強迫症は時に慢性化し，強迫症状に家族が巻き込まれるなど，その影響は本人にとどまらないことも多い。治療が困難な強迫症には**自閉スペクトラム症**が併存している場合がある（中川，2017）。

［5］心的外傷後ストレス障害

　1）概　　念　　心的外傷後ストレス障害（Post-Traumatic Stress Disorder; PTSD）は 19 世紀から報告されていたが，1970 年代のベトナム戦争帰還兵や性犯罪被害者の研究から概念化された。PTSD は極度のストレス状況に巻き込まれれば誰にでも生じる反応であり，「異常な状況に対する正常な反応」とされている。かつて PTSD は不安症の一つとして扱われていたが，DSM-5 から別々の精神疾患として扱われることになった。

　2）症　　状　　実際にまたは危うく死にそうになること，重傷や性的暴力を受ける出来事に暴露しており，以下の症状が心的外傷後 1 ヶ月以上続いていることで診断される。

　心的外傷に関連した侵入的で苦痛な記憶や反復する苦痛な夢，フラッシュバックのような，その出来事が再び起こっているように感じる体験（侵入症状）。

　心理的外傷体験に関連した刺激，人や場所，状況の持続的な回避（回避症状）。

　心的外傷出来事に関連した出来事の想起不能，自己や他者や世界に対する否定的な信念や予測，持続した陰性の感情（認知と気分の陰性変化）。

　覚醒度と反応性の著しい変化，すなわち怒りっぽく，向こう見ずな行動や過度の警戒心や驚愕反応（覚醒度と反応性の著しい変化）。

　3）病因と支援　　PTSD は生命を脅かすような非常に強いストレスが病因であるが，個人の生物学的要因や心的外傷後の状況や周囲の支援の影響も重視されている。ベトナム戦争帰還兵の 30%が PTSD を経験したといわれているが，戦闘のストレスのみならず，帰国後の反戦運動の高まりによる帰還兵への非難や孤立が発症の大きな要因となった（宮地，2005）。また，近

年は PTSD のような不適応に陥らなかった人たちの特性を明らかにする**レジリエンス研究**も注目されている（西・臼田，2017）。

　治療としては，トラウマ反応に対して暴露療法などを行う**認知行動療法**，**眼球運動を用いた脱感作と再処理法**（Eye Movement Desensitization and Reprocessing; EMDR）がある。またこのような専門的な支援以前に心理教育や**啓発活動**の重要性が挙げられる。心的外傷後のトラウマ反応は「誰にでも起こりうる当然のもの」と理解させ，一人で抱え込まないようにさせることは重要である。また支援にあたっては，トラウマの持つ多面性や患者の人生観や死生観も念頭に置いた慎重な関わりが求められる。薬物療法としては，抗うつ薬の有効性が報告されている。

［6］神経性やせ症，神経性過食症

　1）概　念　摂食障害は，近年増加している食行動の異常を主症状とする障害であり，**神経性やせ症**（Anorexia Nervosa）と**神経性過食症**（Bulimia Nervosa）に大別されている。摂食障害は思春期から青年期に始まり，女性に有病率が高い。

　2）症　状　神経性やせ症は，必要なカロリー摂取を制限し，年齢や性別などを考慮しても有意に低い体重である。低い体重にもかかわらず，体重増加や肥満に対する強い恐怖があり，体重増加を妨げる持続した行動がある。このような行動の背景には，自分は太っているという身体イメージの障害や低体重への深刻さの欠如がある。さらに，神経性やせ症は，**摂食制限型**と**過食・排出型**に分類される。前者は，過去3ヶ月に過食や排出行動（嘔吐，下剤や利尿剤の乱用，過剰な運動）がないが，後者にはそれがある。

　神経性過食症は反復する過食エピソードがあることで診断される。体重の増加を防ぐために不適切な代償行為（嘔吐，下剤や利尿剤の乱用，過剰な運動）が3ヶ月にわたって存在する。自己評価は体型や体重の影響を過度に受けている。

　神経性やせ症と神経性過食症は経過中に相互に移行することは稀ではなく，これらは個別の病態でなく，連続的な病態であると考えられている。

　3）病因と支援　神経性やせ症はかつて**思春期やせ症**と呼ばれ，成熟拒否や女性性否定が推定されていた。しかし，その病態は時代に応じて変化し，現在では心理社会的要因と生物学的要因が複雑に関与していると考えられる。摂食障害の心理社会的な要因として，**西洋的価値観による痩身志向**があり，それを媒介・促進するメディアの影響が指摘されている。また，他のリスク要因として，心理的や性的虐待，審美性や体重管理を要するスポーツの関与が挙げられる。摂食障害は，以前から完璧主義や強迫性，衝動性などの性格傾向が指摘されており，食欲の病ではなく「人格の病」といわれ，**パーソナリティ障害**との併存が多いことが報告されている（岡本，2018）。また，近年は自閉スペクトラム症の併存も指摘されている（和田，2018）。

　神経性やせ症は治療への動機づけに乏しく，治療の導入が困難であることが多い。従来は行動療法による低体重の管理が中心であったが，現在は認知行動療法が行われることが多い。薬物療法としては，効果は限定的であるが，抗うつ薬が用いられる。特効的な治療法はなく，さまざまな治療法を組み合わせて行われているのが現状である。また長期にわたる経過から**自助グループ**への参加も勧められる。

［7］境界性パーソナリティ障害

　1）概　念　**境界性パーソナリティ障害**（Borderline Personality Disorder）は，両極端を揺れ動く不安定な対人関係，同一性の混乱，激しい衝動性などを特徴とする代表的なパーソナリティ障害である。パーソナリティの偏りのある患者は古くから知られており，クレペリンは**精神病質人格**として7類型を提唱した。また1950年ごろから，このような患者を「神経症と

精神病の境界」という意味で**境界例**と呼んだ。境界例はパーソナリティの水準を記述するために用いられてきたが，DSM-Ⅲからは境界性パーソナリティ障害として，特定の精神疾患の名称に使用されることになった。

　DSM-5 では 10 のパーソナリティ障害に分類されているが，ICD-11 ではこのような分類に妥当性が乏しいとして廃止している。しかし，唯一，境界性パーソナリティ障害だけは，これまで蓄積されてきた研究の重要性が認識され，border pattern という特定用語として残ることになった（松本，2019）。

　2）症　　状　　パーソナリティ障害は，認知，感情性，対人関係機能，衝動の制御のうち二つが著しく偏っており，幅広い場面で長期間変動がなく続いていることで診断される。

　さらに，境界性パーソナリティ障害は，見捨てられることを避けようとするなりふりかまわない行動，理想化とこき下ろしとの両極端を揺れ動く不安定で激しい対人関係，自己像や自己意識の不安定さ（同一性の混乱），浪費や性行為，薬物乱用などの自己を傷つける可能性のある衝動性，自殺の行動やそぶり，脅し，または自傷行為の繰り返し，強い不快気分やいらだちなど顕著な気分反応性による感情の不安定さ，慢性的な空虚感，不適切で激しい怒りや怒りの制御困難，一過性のストレスによる妄想観念や重篤な解離症状などを特徴とする。

　3）病因と支援　　精神分析理論では，幼少期の養育者との関係がパーソナリティ形成に大きな影響を及ぼすと考える。代表的にはマーラー（Mahler, M. S.）の養育者との**分離個体化のテーマ**がある。またカーンバーグ（Kernberg, O. F.）はパーソナリティの病理水準を**神経症構造，境界構造，精神病構造**の 3 段階に区別して治療論を展開した。最近ではリネハン（Linehan, M.）の**弁証法的行動療法**が注目され，生物学的な脆弱性と養育者に承認されない生育環境によって感情調節が困難になっていると考えられている。また，ベイトマン（Beteman, A. W.）とフォナギー（Fonagy, P.）は，**メンタライゼーション**（自己や他者の精神状態を理解する能力）の障害があると考えている。

　治療としては，長期にわたる心理療法が行われ，補助的に薬物療法が併用される。かつては治療が困難と思われていたが，実際の予後は比較的良いことが知られている（Gunderson et al., 2011）。

3．精神疾患の治療（薬物療法）

　精神疾患の治療を大別すると，身体的治療と心理社会的治療に分類される。身体的治療の代表は**向精神薬**による**薬物療法**であり，心理社会的治療の代表は**心理療法**である。向精神薬はさらに，その薬物が有効な精神疾患や精神症状，またその効果により，抗精神病薬，抗うつ薬，気分安定薬，抗不安薬，精神刺激薬，睡眠薬，抗認知症薬，抗てんかん薬，抗パーキンソン薬，抗酒薬などに分類されている。

　本書は心理学の入門書であるので，向精神薬の詳細は割愛し，ここでは薬物療法と心理療法の関係について解説する。精神科臨床において，薬物療法は心理療法と切り離されたものではなく，理想的な薬物療法は心理療法と相補的な関係にある。精神症状に苦しんでいる患者にとって，症状を軽減することは緊急の問題である。薬物療法によって症状が軽減されれば，心理療法の導入や進展に必要となる自己観察能力の回復をもたらす。そして心理療法によってもたらされる信頼関係は，向精神薬の副作用の軽減や服薬の遵守をもたらす。

　薬物療法と心理療法をどのように行うかには，**組み合わせ治療**と**スプリット治療**がある（西園，2009）。組み合わせ治療は一人の精神科医が薬物療法と心理療法を行う場合で，日常の診療でよく行われる方法である。スプリット治療は精神科医と心理療法家が役割分担する方法で，精神科医が薬物療法や現実的な管理を行い，心理療法家は心理療法に専念する方法である。ス

プリット治療は精神分析的心理療法など洞察志向の心理療法が行われる場合や，患者が境界性パーソナリティ障害など重い病理を抱えている場合に選択される。

4. 精神疾患の治療（心理療法）

［1］アセスメントとは

　アセスメントとは，もともと課税のために資産を評価することを指し，日本語では「評価」や「査定」と訳される。「心理アセスメント」は心理査定ともいわれ，狭い意味では心理検査を意味するものとして使われることもあるが，もっと幅広く，心理的支援を専門とする支援者が，面接や観察，心理検査などから得られた情報をもとに，**クライエント**[4)]の状態や特性を理解し，評価することである。そのような心理学的な評価を行いながら，援助の方向性や見通しを考えていくことになる。

　心理的支援の専門職の一つである公認心理師の専門性が，公認心理師法には定められているが，その中に「一　心理に関する支援を要する者の心理状態を観察し，その結果を分析すること」と記されている。このことからも，心理アセスメントは，公認心理師を含む心理的支援の専門家にとっての重要なスキルであることがわかる。

　医師は医学的な評価を行い，それは**診断**と呼ばれる。一方，心理的支援の専門職が行う評価は**見立て**と呼ばれることがある。クライエントが抱えている悩みや問題を，生物・心理・社会的にとらえていくのである。クライエントはどのようなものの受け取り方をするのかといった認知のあり方やパーソナリティ特性，そのような考え方を持つに至ったのはどのような生育歴があったのか，家族や友人関係，職場環境は今の悩みや問題にどのような影響があるのか，ということを総合的に理解して評価し，カウンセリングや心理療法による援助が望ましいのか，それとも他の援助法が適切であるのかなど，見通しを立てることが見立てと呼ばれるものである。

［2］心理検査

　心理検査は，心理アセスメントの大切な一部である。クライエントに適切な心理支援を実施するためには，クライエントの状態を正確に把握する必要がある。心理検査は，一般にその信頼性や妥当性が検討されており，客観的にクライエントをとらえることができる。面接や行動観察だけではわかりにくいパーソナリティの側面が，心理検査をすることで見えてくることがある。また，心理検査の情報は，現在のクライエントの状態を理解するだけではなく，将来の見通しを立てることにも役立つ。心理検査は，決してクライエントの異常を見つけ出すということを目的としている訳ではなく，検査を通してクライエントの強みも同時に把握することで，成長や良い方向への変化の可能性を見いだしていくことが重要である。

　心理検査には多くの種類がある。たとえば，抑うつや不安などの気分や状態を測定する検査（GHQ精神保健調査票，自己評価式抑うつ尺度（SDS），不安測定尺度（STAI）など），性格を測定する性格検査（矢田部ギルフォード性格検査（YG性格検査），ミネソタ多面人格目録（MMPI），東大式エゴグラム（TEG）など），発達を測定する発達検査（遠城寺式乳幼児分析的発達検査法，乳幼児精神発達診断法，新版K式発達検査法など），知能を測定する知能検査（グッドイナフ人物画知能検査（DAM），ビネー式知能検査，ウェクスラー式知能検査など），高齢

---

4) カウンセリングや心理療法においては，要支援者のことを「クライエント（client）」と呼ぶことが多い。「来談者」の意味であり，要支援者が主体的に問題解決に参加すること，要支援者と支援者とが平等な関係であることを強調するためとされている。

者などの認知機能を測定する認知機能検査や神経心理検査（改訂長谷川式簡易知能評価スケール（HDS-R），MMSE（Mini Mental State Examination）など）などである（第 8 章第 2 節参照）。

[3] 心理療法

　心理療法の数は，療法家の数だけ，あるいはクライエントの数だけあるといわれることがある。東山（1999）は，「心は人の数だけその体系をもっており，体系と体系との関係やそれを統合しようとする理論はそれぞれ相対的な位置づけしかもてない」としている。心に関する限り，唯一正しい理論や治療法といったものはないということだろう。では，心理療法とは何を目指すものなのだろうか。東山（1999）は，ウォルシュ（Walsh, R. N.）らの分類に言及し，心理療法の目的は，①症状の除去，症状の治療，②症状の背景にある人格を問題にし，究極的には自己実現を図る，③心というより「たましい」への接触を図り，「たましい」の救済を考える，ことであるという。つまり，症状や問題が取り除かれるというレベルから，「私は何のために生きているのだろう」というような実存的な問いについて取り組むレベル，さらには，従来であれば宗教が担っていたであろう役割りを担う心理療法があり得るということだろう。身体的な病気や怪我の場合，治療が成功したとしても，病気や怪我以前の水準までしか身体の健康状態は回復しない。一方心理療法は，人間の成熟に関わる仕事であるため，悩みや問題を抱える前の状態よりも良い状態になることもあり得ると考えられている。

　この項では，数ある心理療法のなかから，無意識の働きに注目する深層心理学を確立するに至った**精神分析**や**分析心理学**，人間性心理学の心理療法として**来談者中心療法**，より構造化され，短期療法としても注目されている認知療法・認知行動療法について取り上げる。

　1）精神分析　　催眠を通じたヒステリー治療から研究を始めたフロイト（Freud, S.）は，次第に催眠よりも，寝椅子に横になり頭に浮かんできたことをそのまま話す**自由連想**や**夢分析**といった技法を取り入れ，心的構造論や心理性的発達論を発展させていった。

　フロイトは，人間の心は**意識**，**前意識**，**無意識**の三つの領域から成るという局所論を唱えた。その後修正が加えられ，心的装置として，人間の心は，無意識の領域で快楽原則に従う**エス（イド）**，良心や理想が内在化された**超自我**，エスと超自我とを調節し，現実原則に従う**自我**と呼ばれる働きがあるとする心的構造論を提唱した。

　「エスあるところに自我あらしめよ」というのは，フロイトの治療論を端的に表している言葉といえる。フロイトは，抑圧された無意識的葛藤が洞察されることで自我の領域が拡大されることが，精神分析の目標と考えた。自由連想のなかで生じる抵抗や転移に対して，解釈や直面化といった介入を行うことで，洞察に至るとした。

　フロイトは，人間の精神発達を五つの心理性的発達段階に分けた。乳児期を口唇期，3 歳くらいまでを肛門期，3 歳から 6 歳くらいまでを男根期，6 歳以降の学童期を潜伏期，思春期以降を性器期とし，部分的であった性的欲動（リビドー）が，性器期に至って集約され，自らに向いていた性愛が他者へと振り分けられるとした。

　フロイトの娘であるアンナ・フロイト（Freud, A.）は，精神分析の流れをくみ，子どもの分析に力を入れ，**自我心理学**を発達させていった。自我心理学では，欲求不満から自身を守るための自我の活動を**防衛機制**という概念で整理し，**抑圧**，**退行**，**反動形成**，**投影**，**打ち消し**，**昇華**などを体系づけた。

　一方メラニー・クライン（Klein, M.）は，乳児の内的世界を描き出し，自己と対象との関係性を重視した**対象関係論**を提唱した。クラインは，フロイトの発達段階とは別に分裂ポジション，抑うつポジションという考えを提示して，**分裂や投影同一化**といった**原始的防衛機制**の概念をもたらした。

2）**分析心理学**　　一般的によく知られる**コンプレックス**という言葉を初めて使ったのはユング（Jung, C. G.）である。コンプレックスとは，無意識内に存在して，何らかの感情によって結ばれている心的内容の集まりのことであり，それに関連する外的刺激が与えられると，その心的内容の一群が意識の制御を越えて活動するとした。

　また人間には，「内向 - 外向」という一般的態度があり，さらに「思考」「感情」「感覚」「直観」という心理的機能があるとし，それらを組み合わせて性格を八つの類型に分けるタイプ論を提唱した。

　ユングは，人間の心を意識と無意識とに分け，さらに無意識を個人的無意識と**集合的無意識（普遍的無意識）**とに分けた。集合的無意識には，**元型**と呼ばれる個人を超えた人類に共通する普遍的なイメージを生み出す源があるとした。ユングは，無意識の自己治癒力を重視し，意識が一面的に偏った場合には，失われた平衡を無意識的に回復させる補償の機能が働くとした。そして自我を高次の全体性へと向かわせることが**自己実現**であるとして，人生の究極の目的であると考えた。

3）**来談者中心療法**　　ロジャーズ（Rogers, C. R.）によって始められた来談者中心療法は，精神分析や行動主義に対するアンチ・テーゼとして出現した人間性心理学の一つとして考えられている。

　ロジャーズは，成功する心理療法に必要にして十分な治療者の三つの態度条件として，治療者の**純粋性または一致性**，クライエントへの**無条件の肯定的関心**，正確な**共感的理解**を挙げた。クライエントは不一致の状態にあり，一致の状態にある治療者と心理的な接触を持ち，治療者の無条件の肯定的関心と共感的理解がクライエントに伝わることで，クライエントは自己と経験との一致に至り，自己成長へとつながると考えた。

4）**認知療法・認知行動療法**　　**認知療法**は，認知心理学の発展とともに登場し，ベック（Beck, A. T.）が本格的に洗練されたものに高めていった。ベックは，患者の問題は，誤った前提と考え方によって引き起こされたある種の現実の歪曲（認知の歪み）から生まれているとし，治療者の役割は，患者が自分の歪んだ考えを同定して，自分の体験をより現実的にまとめ上げていく方法を学習していくのを助けることであるとした。たとえば，うつ病の患者というのは，頭に自然と浮かぶ**自動思考**と呼ばれる考えが否定的であり，それが否定的感情をもたらし，うつ気分にさせるという。まずは，この否定的自動思考に気づき，その解釈の前提となる考え方（**スキーマ**）を同定することが重要となる。自動思考やスキーマが非現実的なものである場合は，その考えをより現実的なものに修正するのである。認知行動療法とは，認知の修正に加えて，行動を変えることによって問題解決を志向するアプローチである。現在，うつ病や不安障害，パーソナリティ障害に対しても有効性が認められている。

コラム 20　精神疾患の分類法

　精神病理学は歴史の長い学問だが，古くから精神科医の頭を悩ませている問題が精神疾患の分類法である。かつて精神疾患は病因によって「外因性」「内因性」「心因性」に分類されていた。たとえば，ある高齢の女性が，長年連れ添った夫を失い，悲嘆と罪悪感から命を絶ちたいと述べ，明らかに通常の死別反応から逸脱しているとする。この場合，夫との死別からうつ病を発症したのは明白であり，うつ病を発症した経緯は感情移入により「了解可能」である。よって，古典的診断分類からすると，この女性は心因性のうつ病と診断できる。

　しかし，現実はさらに複雑である。この高齢女性の体を検査すると，小さな脳梗塞がたくさん見つかった。高齢者は脳梗塞症状がなくても，小さな脳梗塞が感情や意欲に影響することは，よく見受けられる。それでは，この女性は外因性とすべきだろうか。はたまた，この女性の家族歴を聴取すると親族に多くのうつ病患者が存

在することがわかった。それでは，この女性を内因性とすべきだろうか。伝統的診断分類は，病因によって分類するという病理学の伝統的な方法論で一見明確だが，実際の精神疾患はさまざまな要因が重なりあって発症している。どれが本当の病因なのかの判断はあくまで推測に過ぎず，治療者間で診断が一致しないことも多い。

　そのため，現在では曖昧な病因を考えず，その結果である精神症状の特徴だけで分類する操作的診断分類が主流になっている。その代表である DSM-5 は統計的手法で抽出された診断基準を用いており，精神科医の診断の一致率（信頼性）を高め，精神科臨床や臨床研究に欠かせないものになっている。しかし，病因でなく結果である精神症状ばかりに目がいくと，治療者がそれぞれの患者の特徴や事情を考えないようになるという批判もある。操作的診断分類を用いながらも，推定されるさまざまな病因も考慮し，患者を一人の人間として全体像をとらえることが重要である。

■ 小テスト

1. 精神疾患の伝統的診断分類と操作的診断分類について，それぞれの特徴と問題点を説明しなさい。
2. 代表的な内因性精神疾患である統合失調症と双極性障害について，その症状と治療を説明しなさい。
3. 心理アセスメントとはどのようなもので，何を大切に行う必要があるのか説明しなさい。

■ 引用文献

American Psychiatric Association (2013). *Diagnostic and statistical manual of mental disorders* (5th ed.): *DSM-5.* Washington, DC: American Psychiatric Association.（高橋三郎・大野　裕（監訳）(2014). DSM-5 精神疾患の診断・統計マニュアル　医学書院）

Beck, A. T. (1976). *Cognitive therapy and the emotional disorders.* New York: Mark Paterson and International Universities Press.（大野　裕（訳）(2001). 認知療法—精神療法の新しい展開—　岩崎学術出版社）

中央教育審議会 (2015).「チームとしての学校の在り方と今後の改善方策について」（答申）　Retrieved from https://www.mext.go.jp/b_menu/shingi/chukyo/chukyo3/063/siryo/attach/1366354.htm（2020 年 2 月 8 日）

福島哲夫・尾久裕紀・山蔦圭輔・本田周二・望月　聡 (2018). 公認心理師必携テキスト　学研メディカル秀潤社

Gunderson, J. G., Stout, R. L., McGlashan, T. H., Shea, M. T., Morey, L. C., Grilo, C. M., …Skodol, A. E. (2011). Ten-year course of borderline personality disorder: Psychopathology and function from the Collaborative longitudinal personality disorders study. *Arch Gen Psychiatry, 68,* 827–837.

畠瀬　稔 (1999). ヒューマニスティック・セラピー　岡田康伸ほか（編）　臨床心理学（pp. 42-43）　創元社

東山紘久 (1999). 心理療法の基礎問題　岡田康伸ほか（編）　臨床心理学（pp. 3-22）　創元社

堀越　勝 (2012). 考えや行動を柔軟にする—認知行動療法—　窪内節子（編著）　心理療法の実践（pp. 169-186）　培風館

飯森眞喜雄・松本ちひろ・丸田敏雄 (2013). ICD-11 の最近の動向　精神神經學雑誌, *115,* 49-52.

池淵恵美 (2019). 統合失調症の認知行動療法　精神医学, *61,* 191-204.

石隈利紀 (2016).「チーム学校」における連携—スクールカウンセラーの役割と課題　一般財団法人日本心理研修センター（編）　臨床心理学　臨時増刊号（pp. 33-35）　金剛出版

河合隼雄 (1999). ユング心理学入門　培風館

町沢静夫 (2004). 認知療法・認知行動療法　氏原　寛・亀口憲治・成田善弘・東山紘久・山中康裕（編）　心理臨床大辞典　改訂版（pp. 374-378）　培風館

松原達也（編）(2018). 臨床心理アセスメント　丸善出版

松本ちひろ (2019). パーソナリティ障害（特集 ICD-11 のチェックポイント）　精神医学, *60,* 293-300.

宮地尚子 (2005). トラウマの医療人類学　みすず書房

文部科学省（2012）．通常の学級に在籍する発達障害の可能性のある特別な教育的支援を必要とする児童生徒に関する調査結果について　Retrieved from https://www.mext.go.jp/a_menu/shotou/tokubetu/material/1328729.htm（2020年2月8日）

永井　撤（2004）．自我心理学　氏原　寛・亀口憲治・成田善弘・東山紘久・山中康裕（編）　心理臨床大辞典　改訂版（p. 71）　培風館

中川彰子（2017）．自閉スペクトラム症を併存する強迫症への対応（特集 強迫症の理解と治療の新たな展開（1））　精神科治療学, *32*, 343–349.

西　大輔・臼田謙太郎（2017）．トラウマティック・ストレスとレジリエンス（特集 メンタルヘルスとレジリエンスの先端研究：最新の動向）　トラウマティック・ストレス：日本トラウマティック・ストレス学会誌, *15*, 147–153.

西園昌久（2004）．精神分析的人間理解の基本的特質　氏原　寛・亀口憲治・成田善弘・東山紘久・山中康裕（編）　心理臨床大辞典　改訂版（pp. 965–968）　培風館

西園昌久（2009）．薬物療法と精神療法：総論（特集　薬物療法と精神療法）　精神療法, *35*, 425–430.

沼　初枝（2016）．臨床心理アセスメントの基礎　ナカニシヤ出版

Nye, R. T.（1992）. *Three psychologies*（4th ed.）: *Perspectives from Freud, Skinner, and Rogers*. Pacific Grove, CA: Brooks/Cole, A Division of Wadsworth.（河合伊六（訳）（1999）．臨床心理学の源流―フロイト・スキナー・ロジャーズ―　二瓶社）

岡本百合（2018）．摂食障害におけるパーソナリティ特性（特集 摂食障害の今日的理解と治療（1））　精神科治療学, *33*, 1333–1338.

尾崎紀夫（2014）．双極性障害および関連障害群に関するDSM-5改訂の一般的コンセプト―病因・病態に基づく診断体系，過剰診断の抑制，自殺危険性への配慮　神庭重信・内山　真（編）　DSM-5を読み解く　中山書房

和田良久（2018）．摂食障害と発達障害（特集 摂食障害の今日的理解と治療（1））　精神科治療学, *33*, 1327–1332.

第13章

自己と他者
社会的自己・認知，対人心理学

社会の状況は絶えず変化している。インターネットや携帯電話の普及や，SNS（ソーシャルネットワーキングサービス）の利用拡大により，コミュニケーションの手段や対象は広がり，従来よりも多くの情報に触れられるようになった。日本では，少子高齢化や核家族化により，家族間の関係性や家庭内のコミュニケーションの形態も多様化してきている。

社会心理学とは，このような「社会」と「人」との関係を心理学の観点から研究する分野である。本章では，とくに社会や対人関係における自己と他者についての概念や，それらが対人関係に及ぼす影響について学ぶ。さらに，インターネットによるものを含む対人コミュニケーションの特徴や，人が社会に参加するうえでの態度の形成と変容について実証的研究から得られた知見を用いて解説する。

1. 自己と他者

[1] 対人関係の中の自己

街中でふと鏡に映ってる自分を見つけた時，たいていの人は外見をチェックし，髪形を整えたり，服装を直したりしたくなる。これは鏡に映された現実の自分の姿が理想よりも少々劣るため，少しでも自分をよく見せようとする気持ちが働くためと考えられている（斎藤，2000）。

このように，人が自分自身をどのようにとらえているかという意識のことを**自己意識**という。自己意識には，自分自身の容姿，振る舞いなどの周囲から見える自分に対して向かう意識である公的自己意識と，自分の考えや性格など自分自身の内面に対して向かう意識である私的自己意識がある。この二つの自己意識のうち，どちらの自己意識に注意が向かいやすいかということは人により異なる。フェニグスタインら（Fenigstein et al., 1975）では，自己意識を特性ととらえて測定する指標が表 13-1 の項目のように示されている。

私的自己意識は，自分自身について振り返り内省したり，自分自身の気持ちを日記などに表現したりする時に注意を向ける領域である。**公的自己意識**は，自分自身の外見や振る舞いが人にどのように映っているかを認識する際に注意を向けることができる。自分自身をどのようにとらえるかにより，他者への接し方や対人行動の選択肢は変わってくる。そのため，自己意識のありかたは，対人関係の持ち方に大きく影響を与えているといえる。

表 13-1　自己意識特性についての測定項目 (Fenigstein et al., 1975 の一部を筆者が翻訳)

私的自己意識	・私はいつも自分自身のことを知ろうとしている
	・私は自分自身についてよく省みるようにしている
	・私はたいてい自分の気持ちに気がついている
	・私は常に自分の気持ちを知ろうとしている
	・私は自分の気持ちの変化に気づく
	・私は問題を解決するときに自分の気持ちに働きかける方法を知っている
公的自己意識	・私は自分の振る舞いがどうか気にかけている
	・私は自分自身を表現する方法について知っている
	・私は自分がどう見えているかについて自覚している
	・私はたいてい良い印象を作ることができているか気にしている
	・私は周囲が自分をどう思っているのかについて気にかけている
	・私はたいてい自分の外見を気にしている

[2] 自己開示

　先述したように，自分自身をどのようにとらえているかということは，対人関係の持ち方を左右する。初対面の相手と会話をする時，多くの場合は互いに自己紹介をして，自分自身についての情報を少しずつ開示し合って関係を築いていく。このように，自分自身のことを他者に伝えることを**自己開示**という。一般的には互いの自己開示が進むほど，どのような話題を好み，苦手としているのか，どのような経験をしてきた人なのかなど，相互の理解が進むため，関係性は進展しやすい。

　オルトマンら（Altman et al., 1981）によると，**自己開示**には「広さ」と「深さ」があるとされている。**自己開示の広さ**とは，自分自身の情報をどのくらいの話題領域まで広げて開示するかを示す。一方，**自己開示の深さ**とは，自分自身の情報についてどのくらい深く話題にして開示するかということを示している。通常，出会って間もない初期の段階では，互いに共有している話題が少なく，自己開示のレベルも表面的であることが多い。しかし，関係が発展し，親密なものになるに従い，共有できる話題が広がり，秘密を打ち明けるなどして，より深いレベルの自己開示に基づく話題が共有できるようになる。

　このように，親密な対人関係を築いていくには，互いの自己開示が前提となる。しかし，そのありかたは，人により異なる。自分自身のことを進んで周囲に話したい人もいれば，あまり話したがらない人もいる。そのため，他者との親密な関係を築いていくためには，相互に自己開示の程度や距離感を感じ取りながら対人関係を構築していくスキルが求められる。

コラム 21　ジョハリの窓

　ジョハリの窓とは，ジョセフ・ラフト（Luft, J.）とハリントン・インガム（Ingham, H.）によって開発され，両研究者の名前から命名された対人関係のモデルである（Luft & Ingham, 1961）。このモデルでは，対人関係における自己は 4 つの領域から構成されていると想定されている。図 13-1 のように，①**開放の領域**は自分で気づいており，他者からも知られている自己（その人の振る舞いや態度，情緒的な状態，知識，経験，スキル，ものの見方など）を示している。②**盲点の領域**は自分で気づいていないが，他者に知られている自己を意味する。③**隠された領域**は自分で気づいており，他者には知られていない（または知らせていない）自己を示す。④**未知の領域**は自分でも気づいておらず，他者にも知られていない自己を示している。そして，②盲点の領域のように，自分が気づいていない自己の領域に関しては，対人関係のなかで他者から指摘されたり教えてもらったりする**フィードバック**により，①開放の領域に推移していく可能性がある。一方，③隠された領域の

ように他者に知られていない，あるいは他者に知らせていない自己の領域は，自己開示により他者に知ってもらうことができるため，①開放の領域に変化していく可能性がある。また，他者との交流を通して得られた自己に対する発見は，④未知の領域か①開放の領域へと変化させてくれる（Luft & Ingham, 1961）。

　一般に，自分自身が所属する集団にうまく適応したり，円滑な対人関係を築いていったりするためには，①開放の領域を広げていくことが望ましい。なぜなら，他者に知られていない領域が広すぎると，その集団において自分に合った役割を割り振ってもらうことができなかったり，相性の良くない人と一緒にいることになったりして不適応をきたすかもしれないからである。また，自分が気づいていない領域が広すぎると自分自身の振る舞いや態度を振り返ったり，コントロールができていない可能性が高い。そのため①開放の領域を広げるべく日ごろから自分のことを周囲に知ってもらえるよう勇気を出して自己開示し，周囲からのフィードバックに心を開き，自分自身について知ろうと心がけておくことが大切である。

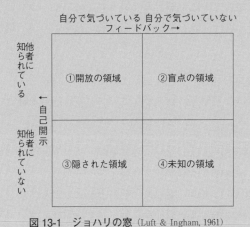

図 13-1　ジョハリの窓（Luft & Ingham, 1961）

[3] 自己呈示

　自己呈示とは，自分自身が他者にどのように思われているかに注意を払い，それをコントロールして望ましいイメージを他者に伝えようとする行動のことである（谷口，2006）。たとえば，アルバイトの採用面接を思い浮かべてみよう。採用面接では多くの人が，これまでのアルバイト経験や自分自身の意欲，採用されてから仕事のなかで貢献できる点を積極的に話すことで自分がそこで働くのに望ましい人物であることをアピールすることだろう。このように自己呈示は，先述した自己開示と似た概念ではあるが，より他者からの印象を意識した意図的な自己に関する情報伝達といえる。本節では，自己呈示は対人関係においてどのような働きを担っているのかという自己呈示の主要な機能について紹介する。

　自己呈示の主要な機能としては，「報酬の獲得と損失の回避」，「自尊心の高揚と維持」，「アイデンティティの確立」の三つがあるとされている（安藤，1994）。

　一つ目の「報酬の獲得と損失の回避」というのは，自分自身の望ましいイメージを他者に伝えることができれば，自分にとっての利益や優位性などの報酬を得ることができ，また望まない結果などの損失を最小限に留めることができるというものである。たとえば，アルバイトの採用面接で，自分自身の望ましい点をうまくアピールすることができれば，採用という報酬が得られるだろうし，採用後に仕事で振るわなかったとしても素直に反省し，努力を続ける姿勢を示すことができれば，解雇という損失をこうむる可能性は最小限に留められるだろう。

　二つ目の機能は，「自尊心の高揚と維持」である。**自尊心**とは，自分自身に対する評価的な感情のことをいう。たとえば，自己呈示を行い，自分自身の望ましいところをうまく他者に伝えることができれば，周囲から認められたり評価されたりすることがあるだろう。このことは，

結果として自分自身の自分に対する評価を高め，自尊心の高揚にもつながる。また，アルバイト先などで失敗をしてしまったとしても，うまく弁明をして自己呈示することができれば，周囲からの評価が著しく下がるということは免れることができ，結果として自尊心の維持につながるだろう。

　三つ目の機能は，「アイデンティティの確立」である。**アイデンティティ**とは，自分は何者であるか，自分らしさとは何かという自分に対する認知のことである。自己呈示により，他者に対して自分のイメージを伝えることは，周囲から自分がどう見られているか，どのような人と思われているかというイメージに影響する。たとえば，自分自身のことを努力家だと思っている人が，アルバイト先で積極的に仕事に関する質問をしたり，自分が努力してきた経験を話したりすることで，周囲の人からも努力家であると認めてもらうことができる。このように，自己呈示を行った結果，周囲が努力家だと評価してくれることは，自分は努力家だというアイデンティティをより一層確かなものにすると考えることができる。

［4］対人魅力

　本節の最後に，人はなぜ他者に心惹かれるのかという，**対人魅力**の規定因について実証的研究を紹介する。

　周囲の友人関係や恋人関係を振り返ると，同じ学校に所属していたり，同じアルバイトをしていたりというように活動範囲が近いことが多い。このように，近くにいるだけで他者に心ひかれる傾向のことを**近接性**という（広沢，2004）。フェスティンガーら（Festinger et al., 1950）は，学生の住むアパートにおいて未知の学生同士がどのように親しくなるかを調べ，住宅間の距離が近いほど友人選択率が高かったことを示し，近接性について実証的に説明している。さらに，ザイアンス（Zajonc, 1968）は，大学生を対象に未知の人の顔写真を用いて，その提示回数と好意度との関係を調べ，提示回数が多いほど好意度が高くなることを示し，**単純接触仮説**を示している。このように，一般には近くにいたり，会う回数が多かったりする相手ほど，好意を抱きやすいと考えらえる。

　一方で，近くにいたり会ったりすることはできなくてもアイドルや俳優のように外見の美しい人に心ひかれることもあるだろう。こうした外見の美しさによる魅力のことを**身体的魅力**という。ウォルターら（Walster et al., 1966）は，大学生を対象にコンピューター・ダンス実験を行い，コンピューターがランダムに選んだダンスのパートナーに対する好意度の調査から，身体的魅力の影響を実証的に示している。

　また，バーンとネルソン（Byrne & Nelson, 1965）は，人種統合政策や子どものしつけなどの様々な社会事象に関する態度調査を行った後，架空の人物の態度調査の回答票から，その人物への好意度を評定させることにより，相手の態度と自分の態度が類似している比率が高いほど，相手への好意度が高いことを実験により明らかにしている。このように，**類似性**もまた対人魅力の重要な規定因の一つであることが示されている。

　しかし，仲の良い友人や恋人が自分とは正反対のタイプであるという場合も少なくはない。ウィンチ（Winch, 1958）は，学生結婚した夫婦を対象に調査を行い，夫と妻それぞれの欲求の強さを測定することにより，**欲求の相補性**を示している。これには，同じ欲求で強さに差がある場合（仕切りたい人と，仕切りたくない人）と，異なる二つの欲求の場合（甘えたい人と，甘えられたい人）があるとされている。

　以上の研究から示されているように，対人魅力の規定因にはさまざまな要素があり，類似性と欲求の相補性のように時には相反するものもある。マースタイン（Murstein, 1987）による**SVR 理論**では，とくに恋人関係が進展する過程を「S（Stimulus：刺激）」，「V（Value：価値）」，「R（Role：役割）」の 3 段階に分け，交際段階が進むにつれて重要度の順位が推移していくこ

とを示している。つまり，出会いの段階では刺激（S）となるような身体的魅力の重要度が高く，付き合いが進展し考えや価値（V）を共有するためには類似性が重要となり，付き合いが深まり互いの期待に応える役割（R）が求められるようになると欲求の相補性が関係の継続に重要な要素となる（広沢，2004）。

2. 社会的相互作用

[1] コミュニケーションとは

1) **対人コミュニケーションの要素とプロセス**　家族と話す，上司や同僚と仕事をする，コンビニの店員さんから商品を買う，など，日常生活における他者との関わりは多様である。**社会的相互作用**（social interaction）とは他者との関わり全般を指す幅広い概念である。ここでは社会的相互作用の基礎的なものとして対人コミュニケーションを取り上げる。

　対人コミュニケーションは，送り手，メッセージ，受け手，メディアの四つの要素に分解される。**メディア**とは，メッセージを伝える際の媒介になるものであり，身体，電話，メール，などがある。さらに，メディアによって使用可能なチャネルが異なる。**チャネル**とは，メッセージを伝える際の伝達手段や表現方法を指す。たとえば，電話では音声チャネル，メールでは視覚チャネルの使用が可能となる。

　これらの要素は次のように関連している（Shannon & Weaver, 1949）。まず，伝えたい内容が情報源としてあり，送り手がそれをメッセージとして送信可能な何らかの信号に記号化する。そうして作られた信号がチャネルを用いたメディアを通して受け手に送られる。そこで受け手が信号を受け取り，解読する。たとえば，ブレーキランプを5回点滅させる「アイシテル」のサインは，送り手の「あなたを愛する気持ち」という情報源から「愛してる」というメッセージを作り，ブレーキランプの点滅信号として記号化したものである。その信号がブレーキランプという視覚チャネルを用いたメディアで送られる。そして，信号を受け取った受け手が，ブレーキランプの点滅を「愛してる」と解読し，「私を愛する気持ち」として受け取れれば，送り手の気持ちが伝わったことになる。ただし，信号はノイズの影響を受けやすく，たとえば車の前を人が横切ったためにブレーキランプの信号が伝わらないなど，コミュニケーションがうまくいかないこともある。

2) **コミュニケーションの機能**　パターソン（Patterson, 1983）は，**対人コミュニケーションの機能**を「情報の提供」，「相互作用の調整」，「親密さの表出」，「社会的コントロールの実行」，「サービスや仕事・作業上の目標の促進」の五つにまとめている。つまり，コミュニケーションは，自分の気持ちや考え，あるいは知識を伝え，会話の開始や終了をコントロールするという役割を持つ。また，相手に対する好意や力関係を示すこともできる。さらに，診療場面や散髪などで相手に触れることも「業務を遂行する」というコミュニケーションの機能の一つとしてとらえられている。

3) **コミュニケーションと親密さ**　二者がコミュニケーションを重ねると，親密さが増し，対人関係が形成される。大坊（1990）は，**対人コミュニケーションの直接性**（発言量，接触など）と親密さには一定の関連があることを明らかにしている（図13-2）。

　二者が出会い，関係が形成される初期には，頻繁に会話をするなど，関係の発展に伴ってコミュニケーションの直接性が高まる。しかし，関係が成立し，ある程度親密になると直接性は頭打ちになり，関係を維持する段階では逆に低下する。たとえば，恋人と数年付き合ったり，夫婦になって数十年一緒に過ごしたりすると，付き合い初めのころより会話が減る。これは，関係が安定すると，コミュニケーションの形が直接的なものから以心伝心のような直接言葉でいわなくても気持ちを伝えられるものに変化するからである。このように，コミュニケーショ

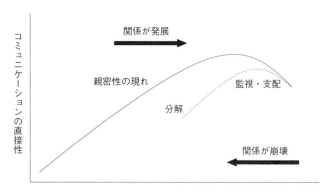

図 13-2　親密さとコミュニケーションの直接性の関係 (大坊, 1990)

ンの直接性と親密さには逆 U 字の関係があることが指摘されている。

　一方，関係が崩壊に向かう時には，再び直接性が高まる。これは相手に対する不安などから監視や支配といった意味でのコミュニケーションが増えるためである。しかし，次第に会話が減るなど直接性が低下し，関係は終焉を迎える。

　4) コミュニケーションの分類　　対人コミュニケーションは，対面および非対面で行われる。対面で行うコミュニケーションでは用いられるチャネルが多様であり，大坊 (1998) はそれらのチャネルを次の図 13-3 のように分類している。さらに，対面で行うコミュニケーションは，会話などの言語を用いる**言語的コミュニケーション**（Verbal Communication; VC）と身体動作などの言語を用いない**非言語的コミュニケーション**（Nonverbal Communication; NVC）に大別される。以降では，VC，NVC，非対面によるコミュニケーションとしてインターネットを介したコミュニケーションについて取り上げる。

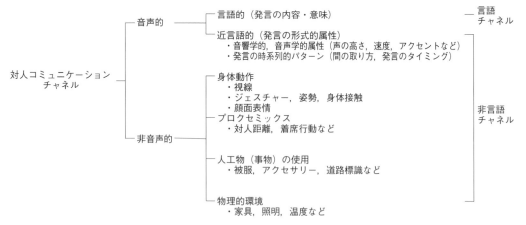

図 13-3　対人コミュニケーション・チャネルの分類 (大坊, 1998)

[2] 言語・近言語によるコミュニケーション

　1) 発話の量　　一般に，仲の良い者同士はそうでない者よりよく会話をするため，発話量が多い。また，発話が多くなる特定の場面として，二者が不安のズレに気づいた時が挙げられる（大坊，1982）。不安が高い人と低い人が会話をし，互いの不安の程度が違うことに気づくと緊張状態が生じる。この時，緊張を解消するため，会話によって相手を理解し，状況に適応しようとして発話が多くなる。このメカニズムを**不安のディスクレパンシー活性化モデル**という。

　2) 発話の質　　会話の内容は，目的や話者同士の関係によって変化する。たとえば，時間

を消費するためのおしゃべりなのか，何かを決めるための相談なのかによって，話す内容が調整される。浦ら（1986）が行った**相互作用過程の質的分析**によると，問題解決場面では会話の目標が明確なため，評価や意見が多くなる。一方，おしゃべりや情報交換場面では，情報を共有するための発話が多くなる。また，同性同士よりも異性同士の会話では，評価と意見の発話が少なく，とくに二者の親密性が低い場合にその傾向が顕著になる。すなわち，会話者の親密性が低い異性間の場合は，相手にどう思われるかという不安が高く，評価や意見が抑えられる傾向がある。

3）沈黙と発話抑制　　「発話をしない」，すなわち**沈黙**も一種の対人コミュニケーションである。これは，先述したコミュニケーションチャネルの分類では近言語とされるものであり，厳密には NVC に分類される。しかし，発話に関連するものであるため，ここで取り上げる。

沈黙には，相手への反発，相手の発話の反芻・吟味，会話の流れの振り返り，自分の発話の準備，の機能がある。これらを**相互作用的沈黙**と呼んでいる（Bruneau, 1973）。また，会話中に発言を抑制する理由として，次の五つがある（畑中，2003）。相手を傷つけないための「相手志向」，自分がどう思われるかという懸念のための「自分志向」，相手との深いやりとりを避ける「関係距離確保」，自分の立場を考慮したための「規範・状況」，どういっていいのかわからない「スキル不足」の五つである。これらは，会話不満感や精神的健康に影響する。たとえば，スキル不足による発話抑制は会話後の悔しさや気分の落ち込みにつながる。一方，規範や状況による発話抑制は会話不満感や落ち込みを解消する。

[3] 非言語によるコミュニケーション

1）身体動作　　「目は口ほどにものを言う」という諺が示す通り，**視線**は NVC のなかでも重要な役割を果たす。ルビン（Rubin, 1970）によると，恋愛感情が強い 2 人は会話中の視線量が多くなる。また，**身体接触**，すなわち，相手に触れることも視線と同様に NVC の機能を持つ。親子関係から友人，恋人，夫婦，仕事上の付き合いまで，手をつないだり，肩をたたいたりするなど相手に触れることは好意の表れであると考えられる。しかし逆に，相手に対する嫌悪や怒りの表出のために視線や身体接触を使用することもある。

2）人工物の使用　　服やアクセサリーを選んで身につけることも，NVC の一種である。たとえば，就職活動でスーツを着るのは，自分の誠実さをアピールするためであろう。神山（1996）は**被服行動**の機能を次の三つにまとめている。一つ目は，「自己の確認・強化・変容」である。特定の服を選んで着ることで，自分の好みやイメージを確認したり，または変化させたりする機能である。二つ目は「情報伝達機能」である。ここでいう情報とは，自分の性別や年齢，性格，態度，感情，価値，状況的な意味，が含まれる。三つ目は，「社会的相互作用の促進・抑制」である。これは他者とのコミュニケーションを規定する機能である。たとえば，海に行く時に水着を着ていれば，泳ぐという行為が促進される。

3）親密性平衡モデル　　VC も含め，対人コミュニケーションは常に単一のチャネルで行われているわけではない。言語と非言語，さらに非言語の複数のチャネルを同時並行的に使用してコミュニケーションが行われている。

また，それらのチャネルは独立しているのではなく，密接に関連している。アガイルとディーン（Argyle & Dean, 1965）は，視線と対人距離を操作した実験から，対人距離が近い時は視線量が減少し，遠い時には視線量が増加するという結果を報告している。そこから，適度な親密さを保つためにチャネルが相補的に調整されるという**親密性平衡モデル**を提唱した。すなわち，相手との対人距離が近く親密性が過剰に高いと感じる時は，視線を合わさないようにして親密性を低下させることでバランスをとる。このように，コミュニケーションのチャネルは互いに関連している。

コラム 22　対人距離とパーソナル・スペース

　NVC の一つに**プロクセミックス（proxemics：近接学）**がある。これは，対人距離の取り方や着席行動といった，空間の使い方によるコミュニケーションである。

　対人距離はホール（Hall, 1966）によると，四つに分類される。まず，45cm以内での接近が可能な「密接距離」がある。ここでは，家族や恋人などごく親しい人が，保護や愛撫等を行う。次に，45 ～ 120cmの「個体距離」では，親しい人同士が互いの表情を読み取ったり，手を伸ばして触れ合ったりすることができる。さらに，120 ～ 360cmの「社会距離」では，秘書と客のようにビジネスライクな付き合いが行われる。最後に，360cm以上離れる「公衆距離」では，相手の様子がまったくわからず，個人的な関係が成立しにくい。たとえば，講演会での演者と聴衆の距離がこれにあたる。

　さらに，一方向の距離だけではなく，自分を取り巻く空間を対象として**パーソナル・スペース**の存在が指摘されている。パーソナル・スペースは他者の侵入を不快に感じる空間であり，一般的に，前方向に大きく，後ろ方向に小さくなるという卵型をしている。

　パーソナル・スペースは，性別，年齢，文化，性格などに規定されることがわかっている。たとえば，一般的に女性は男性よりパーソナル・スペースが狭い。しかし，想定する場面や相手の性別などによってパーソナル・スペースが流動的になるために一貫した傾向が見られていない。また，測定方法が混在している問題もあるため，さらなる検討と整理が必要である。

［4］インターネット上のコミュニケーション

　1）匿 名 性　　インターネット上の対人コミュニケーションは通常非対面で行われる。たとえば，Twitter や LINE などの SNS でのやりとりはパソコンやスマートフォンなどを使うことが多く，直接相手と対面してやりとりをすることは少ない。そのため，たとえ知っている人とのやりとりであっても，相手を見ることができないという**視覚的匿名性**が高くなる。

　匿名性は，ネガティブにもポジティブにも働くと考えられる。一般的に，匿名性が高い状況では，どこの誰だとわからないので通常抑えられている行動をとりやすくなる。抑えられている行動がネガティブなものの場合は，インターネット上のいじめ，あるいは，過度な批判や挑発といった「荒らし」などの問題行動が促進される。しかし逆に，いつもは恥ずかしくてできない人助けがしやすくなる，というように，匿名性がポジティブに働く可能性もある。

　2）弱い紐帯によるサポート　　グラノヴェッター（Granovetter, 1973）によると，弱い紐帯には強い紐帯にはない強みがあるという。**弱い紐帯**とは知り合い程度の親密性の低い人間関係，それに対して，**強い紐帯**とは家族や親友といった親密性の高い人間関係を指す。たとえば，新しい情報を得たいような場面では，強い紐帯では既知の情報が多いためにあまり有益でなく，弱い紐帯の方が情報源として優れている可能性が高い。コンスタントら（Constant et al., 1997）の実験では，組織内で全社員に対して質問を投げかけると，ほとんど面識のない者が有益な情報を提供してくれることが示されている。インターネット上の人間関係においても，SNS のみでつながっているような人や Q&A サイトでの知り合いは弱い紐帯に分類され，このような強みを持っていると考えられる。

　3）インターネットと精神的健康　　本来，インターネットは社会的なつながりの効率的な形成・維持に貢献できると期待されるものである。しかし，クラウトら（Kraut et al., 1998）が米国で行った調査の結果，インターネットの使用が社会との関わりを減少させ，孤独感や抑うつを増加させる，という逆の傾向を示した。これを**インターネット・パラドックス**という。ただし，この調査結果には批判も多く，その後の調査ではインターネットの使用が精神的健康の増進に寄与しているという結果も報告された。インターネットに関する技術の発展や使用状況の変化は急速であるため，今後，さらに新たな知見が得られる可能性が高い。

3. 社会的推論と態度

［1］社会的推論

　他者や集団が関わる（社会的）出来事や現象が生じた原因について推し量ることを**社会的推論**と呼ぶ。人の生活基盤は他者が存在する社会的環境であるため（第2章参照），私たちは絶えず他者の感情や意図を理解することを目的とした社会的推論を行っている。こうした社会的推論のもっとも基本的なタイプが，他者の行動の原因を推測することである。たとえば，あなたの前を歩いていた人物が突然笑い始めたなら，あなたはその原因を知りたいと思うだろう。こうした他者の行為の原因を何かに求めることは**原因帰属**と呼ばれ，半世紀以上も前から社会心理学の主な研究テーマであった。人の原因帰属のありかたについて，ハイダー（Heider, 1944, 1958）は最初に理論的な考察を行い，原因帰属には原因を行為者自身の性格や能力といった内的要因に求める**内的帰属**と，周りの環境や他者といった外的要因に求める**外的帰属**の2種類があることを指摘した。

　では，どのような行動が内的要因もしくは，外的要因に帰属されやすいのだろうか。この疑問に対してジョーンズとデイヴィス（Jones & Davis, 1965）は，行動と行為者の内的要因との**対応性**（ある行動がその人の性格や能力といった内的要因と合理的に関連している程度）が重要であるとする**対応推論モデル**を提唱した。対応推論モデルでは，行動から内的属性が推論できる場合を「対応性が高い」という。対応性の高さは外的圧力の有無や，社会的望ましさの有無といった要因により左右される。たとえば，ある人が自らの意志で災害の被災地へ救援に駆けつけた場合は「その人は親切だ」というように内的要因に帰属されるが（対応性が高い），会社の命令（外的圧力）で救援に駆けつけた場合だと内的要因に帰属されにくい（対応性が低い）。また，社会規範や社会的望ましさから逸脱した行動も対応性が高くなる。授業中は私語を慎むという社会規範が存在するが，それを守らないで私語を続ける場合，その行動は行為者の内的要因に帰属されることになる。

　さらに，ケリー（Kelley, 1967）は原因帰属の対象として，①**人物**（行為の主体），②**実体**（行為の対象），③**時や周囲の状況**，の三つを挙げ，それらのうちどこに帰属されるかは，**共変原理**に基づくとする**共変モデル**を提唱した。共変原理とは，ある行動や反応が存在した際に見られ，その行動や反応が存在しない場合には見られない要因がその行動をもたらした原因であると推測することを指す。ケリーは共変原理を適応する際の基準として**一貫性**（ある人の行動や反応はどのような状況でも変わらないか），**弁別性**（ある人の反応はある対象に限って見られるものか），**合意性**（ある人の反応は，他の人々の反応と一致しているか）の三つを挙げている（Kelley, 1967; 池上・遠藤, 2008）。

　たとえば，ある人（Aさん）が3回目の数学の試験で満点をとった際の原因の帰属過程を考えてみよう（図13-4）。この図のなかで，色が塗られた部分は「満点」という結果が生じたことを表している。この時左側の立法体では，Aさんだけでなく，BさんとCさんも満点をとっている（合意性が高い）。さらにAさんは数学でのみ満点であり（弁別性が高い），これまで実施された1回目，2回目の数学の試験でも満点だった（一貫性が高い）。こうした状況では，「数学の試験が簡単だった（すなわち，実体）」というように外的要因に帰属される。一方で右側の立方体では，3人のなかでAさんだけが数学の試験が満点であり（合意性が低い），さらにAさんはほかの科目でも満点で（弁別性が低い），Aさんはこれまでの数学の試験で一貫して満点である（一貫性が高い）。こうした状況では，Aさんの「能力の高さ（すなわち，人物）」といった内的要因に帰属されることになる。

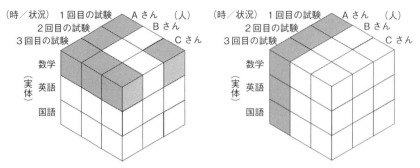

図13-4 ケリーの共変モデル (Kelley, 1973; 池上・遠藤, 2008 をもとに作成)

[2] 帰属のバイアス

　このように，他者の行動の原因をどこに求めるかに関していくつかの説明が提起されてきたが，実際に私たちが他者の行動の原因を考える際（すなわち，原因帰属を行う際）には，これまで紹介した理論では説明できない歪んだ原因帰属（これを，**帰属のバイアス**という）を行うことも明らかになっている。たとえば，私たちは他者の行動について帰属を行う際に，周りの環境や状況（すなわち，外的要因）による影響を軽視し，その人物の性格や能力（すなわち，内的要因）に過度に帰属する傾向がある。こうした傾向は根強く，さまざまな場面で確認されることから**基本的な帰属の誤り**と呼ばれる（Ross, 1977）。

　ジョーンズとハリス（Jones & Harris, 1967）は基本的な帰属の誤りを実験によって明らかにした。彼らの実験に参加した参加者はカストロ政権（当時のキューバの指導者）について賛成もしくは，反対の立場で書かれたエッセイを読むことが求められた。エッセイを読む際，半数の参加者は，エッセイを書いた人物はカストロ政権に対して決められた立場でエッセイを書くように指示されていたと説明され（自由選択権なし条件），残りの半数は立場を自由に選択できたと説明された（自由選択権あり条件）。すべての参加者はエッセイを読んだ後に，エッセイを書いた人物のカストロ政権に対する真の態度を予測するよう求められた。実験の結果，「自由選択権なし条件」のエッセイを読んだ参加者であっても，エッセイの内容はそれを書いた人物の実際の態度を表していると考えてしまうことが明らかになった。

　こうした外的要因を軽視して，内的要因を過大視する傾向は，自己以外の他者の行動の原因を帰属する際に生じやすいが，自己の行為についてはその反対に外的要因に帰属する傾向がある。このような，自己と他者における原因帰属の違いは，**行為者－観察者バイアス**と呼ばれる。たとえば，授業中に友人が寝ている場面を目撃すると，「やる気がない」とその友人の内的要因に原因帰属を行うが，自分自身が授業中に寝てしまった場合には「昨日遅くまでアルバイトをしていたから」というように外的帰属を行う。

　また，自己の成功は内的要因に，失敗は外的要因に帰属するという**セルフ・サービング・バイアス**の存在も知られている。このため，試験で良い点をとった場合は自己の能力の高さといった内的要因に帰属するが，悪い点をとった場合は「勉強する時間がなかった」というように外的要因に帰属してしまいがちである。

　このように帰属のバイアスは自分自身に都合が良いように働く。このため，帰属のバイアスには自尊心の維持といった自己高揚動機や，他者から望ましい人物だと思われたいという自己呈示（第1節参照）に関する動機が関わっているといえる。

[3] 態度とは

　態度（attitude）とは社会心理学領域において古くから研究されてきた**仮説的構成概念**であり，

一般的に「ある特定の対象に対する行動の準備状態で，経験によって獲得された比較的永続する，肯定的あるいは否定的といった評価的性質をもった内的傾向」と定義される（Allport, 1935）。また，こうした態度は「良い－悪い」という**認知的成分**，「好き－嫌い」という**感情的成分**，「接近－回避」という**行動的成分**の 3 成分から構成されると考えられている（Rosenberg & Hovland, 1960）。

　態度について具体的に説明するため，友人がある映画を見に行った状況を考えてみよう。この映画鑑賞という目で見てわかる行動の背後には，その映画（対象）のことを「面白い（認知）」と思い，その映画のことが「好き（感情）」で，「見たい（行動）」といった目に見えない態度をその友人が持っていたと考えられる。そして，こうした映画に対する肯定的な態度が映画観賞という実際の行動をもたらしたといえる。

　こうした行動の準備状態である態度についてあらかじめ知ることができれば，どのような商品が売れるのか，どのような政党に投票するのかといったさまざまな行動の予測が可能になると思われる。こうした理由のため，社会心理学では態度が形成されるメカニズム（**態度形成**）や，態度が変わるメカニズム（**態度変容**）について活発に研究がなされてきた。

［4］態度形成・態度変容の基本

　一般的に態度は生まれてからの経験によって形成されると考えられている。経験による態度形成の基本的なタイプは，古典的条件づけ（第 4 章参照）によるものである。スターツら（Staats & Staats, 1958）の実験では国名を提示する際にポジティブな単語（たとえば，happy; 幸せ），もしくはネガティブな単語（たとえば，failure; 失敗）が一緒に提示（対提示）された。すると，参加者はネガティブな単語と対提示された国名よりも，ポジティブな単語と対提示された国名を好ましく思うようになった。つまり，最初は好きでも嫌いでもなかった対象が，好ましいもの，もしくは好ましくないものと対提示されただけで，その対象に対する態度が形成されたのである。人気のある俳優や歌手を商品とともに対提示するテレビコマーシャルでは，その俳優や歌手に対する好意的な態度が商品にも波及するのかもしれない。

　また，対象を単純に何度も繰り返し提示するだけで，その対象に対して好意的な態度が形成される現象は**単純接触仮説**と呼ばれる。ザイアンス（Zajonc, 1968）は，参加者が初めて見る人物の顔写真や図形の提示回数を少しずつ変化させた実験によって，提示回数が多い刺激ほど好意的な態度が形成されることを明らかにしている。

［5］態度と認知的一貫性

　私たちはある態度対象に対して一貫した認知を持つことを希求する傾向がある。そして，ある態度対象に関する認知間に矛盾が生じると，不快感や緊張状態を経験することになる。こうした時，態度を構成する認知の一部を変化させることで再び認知間の一貫性を回復しようと動機づけられる。こうした人の傾向に基づく理論群は総称して**認知的一貫性理論**と呼ばれる。以降では認知的一貫性理論の代表であるハイダー（Heider, 1946）のバランス理論とフェスティンガー（Festinger, 1957）の認知的不協和理論を紹介する。

　ハイダーは，自己（P）と他者（O），対象（X）の三者の心情関係のバランス（均衡）を保つように態度が形成・変容すると想定する**バランス理論**を提唱した。例として図 13-5 に，あなた（P）と恋人（X），ネコ（O）の三者関係を示した。図中の＋（プラス）は肯定的な心情関係を示し，－（マイナス）は否定的な心情関係を示している。バランス理論では，三つの符号の掛け算がプラスになる場合を「**均衡状態**」，マイナスになる場合を「**不均衡状態**」と呼ぶ。均衡状態（図の上部）では三者の関係は安定したものであり，とくに態度を変える必要はない。しかし不均衡状態（図 13-5 の下部）だと不安や緊張が生じ，どこかの符号の正負を逆転させる

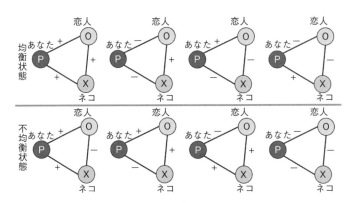

図 13-5　均衡状態と不均衡状態のバリエーション

ことで均衡状態を目指そうとする。たとえば，あなたはネコが好きなのに，恋人がネコ嫌いであるような場合（図 13-5 の左下），あなた自身がネコを嫌いになる（P と O の符号をマイナスにする），もしくは恋人を嫌いになる（P と X の符号をマイナスにする）といった態度変容によって均衡状態を作り出そうと動機づけられる。

　またフェスティンガーは，ある態度対象に関連する認知要素の間で不一致や矛盾が生じると，私たちは心理的に不快な状態である**認知的不協和**を経験すると考えた。そして，私たちはそうした不協和を低減するために，不一致や矛盾が生じている認知の片方を変化させる，もしくは新しい認知を加えることで認知の一貫性を保つように動機づけられるとする**認知的不協和理論**を提唱した。たとえば，お酒が大好きなある人物が，「飲酒は身体に悪い」という認知もあわせて持っていたとしよう。この認知は「お酒が好き」という認知と相容れないものであり，認知的不協和を生じさせる。このため，その人物は認知の片方を変化させる（たとえば，酒が身体に悪いという考えは間違いだと思うようにする），もしくは新たな認知をつくりあげる（たとえば，適度な飲酒なら身体に良いと考える）といったことを通じて認知的不協和を低減させようとする。

■ 小テスト ────────────────────────────────

1. 対人関係における自己について「自己意識」，「自己開示」，「自己呈示」というキーワードを使って説明し，それらが対人関係に及ぼす影響について考察しなさい。
2. 目が合っている相手との対人距離と目が合っていない相手との対人距離は，どちらが大きくなると考えられるか。また，その理由を「親密性平衡モデル」を用いて説明しなさい。
3. どのような要因が態度形成や態度変容に影響すると考えられるか。本文を参考にして答えなさい。

■ 引用文献 ────────────────────────────────

Allport, G. W. (1935). Attitudes. In C. Murchison (Ed.), *A handbook of social psychology* (pp. 798–844). Worcester, MA: Clark University Press.

Altman, I., Vinsel, A., & Brown, B. B. (1981). Dialectic conceptions in social psychology: An application to social penetration and privacy regulation. In L. Berkowitz (Ed.), *Advances in experimental social psychology* (Vol. 14, pp. 107–160). New York: Academic Press.

安藤清志 (1994). 見せる自分／見せない自分―自己呈示の社会心理学―セレクション社会心理学 1　サイエンス社

Argyle, M., & Dean, J. (1965). Eye contact, distance and affiliation. *Sociometry, 28*, 289–304.

Bruneau, T. J. (1973). Communicative silences: Forms and functions. *Journal of Communication, 23*, 17–46.

Byrne, D., & Nelson, D. (1965). Attraction as a linear function of proportion of positive reinforcements. *Journal of Personality and Social Psychology, 1*(6), 659–663.

Constant, D., Sproull, L., & Kiesler, S. (1997). The kindness of strangers: On the usefulness of electronic weak ties for technical advice. In S. Kiesler (Ed.), *Culture of internet* (pp. 303–322). Nahwah, NJ: Lawrence Erlbaum.

大坊郁夫 (1982). 二者間相互作用における発言と視線パターンの時系列的構造　実験社会心理学研究, *22*, 11–26.

大坊郁夫 (1990). 対人関係における親しさの表現―コミュニケーションに見る発展と崩壊―　心理学評論, *33*, 322–352.

大坊郁夫 (1998). しぐさのコミュニケーション―人は親しみをどう伝えあうか―　サイエンス社

Fenigstein, A., Scheier, M. F., & Buss, A. H. (1975). Public and private self-consciousness: Assessment and theory. *Journal of Consulting and Clinical Psychology, 43*(4), 522–527.

Festinger, L. (1957). *A theory of cognitive dissonance*. Stanford, CA: Stanford University Press.

Festinger, L., Schachter, S., & Back, K. (1950). *Social pressures in informal groups: A study of human factors in housing*. New York: Harper & Row.

Granovetter, M. S. (1973). The strength of weak ties. *American Journal of Sociology, 78*, 1360–1380.

Hall, E. (1966). *The hidden dimension*. New York: Doubleday & Company. (日高敏隆・佐藤信行 (訳) (1970). かくれた次元　みすず書房)

畑中美穂 (2003). 会話場面における発言の抑制が精神的健康に及ぼす影響　心理学研究, *74*, 95–103.

広沢俊宗 (2004). 人を好きになる心理学をしよう　藤本忠明・東　正訓 (編). ワークショップ人間関係の心理学 (pp. 15-44)　ナカニシヤ出版

Heider, F. (1944). Social perception and phenomenal causality. *Psychological Review, 51*, 358–374.

Heider, F. (1946). Attitudes and cognitive organization. *The Journal of Psychology, 21*, 107–112.

Heider, F. (1958). *The psychology of interpersonal relations*. New York: Wiley.

池上知子・遠藤由美 (2008). グラフィック社会心理学　第2版　サイエンス社

Jones, E. E., & Davis, K. E. (1965). From acts to dispositions: The attribution process in person perception. In L. Berkowitz (Ed.), *Advances in experimental social psychology* (Vol. 2, pp. 219–266). New York: Academic Press.

Jones, E. E., & Harris, V. A. (1967). The attribution of attitudes. *Journal of Experimental Social Psychology, 3*, 1–24.

Kelley, H. H. (1967). Attribution theory in social psychology. In D. Levine (Ed.), *Nebraska symposium on motivation* (Vol. 15, pp.192–238). Lincoln, NE: University of Nebraska Press.

Kelley, H. H. (1973). The processes of causal attribution. *American Psychologist, 28*, 107–128.

神山　進 (1996). 被服心理学の研究動向　高木　修 (監修)　大坊郁夫・神山　進 (編)　被服と化粧の社会心理学 (pp. 2-24)　北大路書房

Kraut, R., Patterson, M., Lundmark, V., Kiesler, S. Tridas, M., & Schelis, W. (1998). Internet paradox: A social technology that reduces social involvement and psychological well-being? *American Psychologist, 53*, 1017–1031.

Luft, J., & Ingham, H. (1961). The johari window. *Human Relations Training News, 5*(1), 6–7.

Murstein, B. I. (1987). A clarification and extension of the SVR theory of dyadic pairing. *Journal of Marriage and Family, 49*(4), 929–933.

Patterson, M. L. (1983). *Nonverbal behavior: A functional perspective*. New York: Springer-Verlag. (工藤力 (監修) (1995). 非言語コミュニケーションの基礎理論　誠信書房)

Rosenberg, M. J., & Hovland, C. I. (1960). Cognitive, affective and behavioral components of attitudes. In M. J. Rosenberg, C. I. Hovland, G. J. McGuire, R. P. Abelson, & J. W. Brehm (Eds.), *Attitude organization and change* (pp. 1–14). New Haven, CT: Yale University Press.

Ross, L. (1977). The intuitive psychologist and his shortcomings: Distortions in the attribution process. In L. Berkowitz (Ed.), *Advances in experimental social psychology* (Vol. 10, pp. 173–220). New York: Academic Press.

Rubin, Z. (1970). Measurement of romantic love. *Journal of Personality and Social Psychology, 16,* 265–273.

齊藤　勇 (2000). 人間関係の心理学　第2版　誠信書房

Shannon, C. E., & Weaver, W. (1949). *The mathematical theory of communication.* Urbana, IL: University of Illinois Press. (長谷川　淳・井上光洋（訳）(1969). コミュニケーションの数学的理論　明治図書)

Staats, A. W., & Staats, C. K. (1958). Attitudes established by classical conditioning. *The Journal of Abnormal and Social Psychology, 57,* 37–40.

谷口淳一 (2006). 他者にみせるわたし　金政祐司・石盛真徳（編）(2006). わたしから社会へ広がる心理学 (pp. 108-130)　北樹出版

浦　光博・桑原尚史・西田公昭 (1986). 対人相互作用過程における会話の質的分析　実験社会心理学研究, *26,* 35–46.

Walster, E., Aronson, V., Abrahams, D., & Rottman, L. (1966). Importance of physical attractiveness in dating behavior. *Journal of Personality and Social Psychology, 4*(5), 508–516.

Winch, R. F. (1958). *Mate-selection: A study of complementary needs.* New York: Harper & Row.

Zajonc, R. B. (1968). Attitudinal effects of mere exposure. *Journal of Personality and Social Psychology, 9*(2), 1–27.

第 14 章

社会と文化

> 人間は家族・職場・学校・部活など，さまざまな集団のなかで生活している。そして，それらの多種多様な集団とそこに所属する人々が複雑に関わり合って，「社会」や「文化」が形成されている。本章では，私たちを取り巻く「社会」や「文化」のなかで，集団からどのような影響を受けて人々が行動するかについて，いくつかの観点から説明する。
> 　第 1 節では，人間が集団のなかで他者を助ける向社会的行動，とりわけ援助行動について説明する。第 2 節では，他者の存在によって，私たちの行動がどのように影響を受けるかについて，そのパターンを解説する。第 3 節では，集団を力学的な観点からとらえ，集団の規範，成員の同調，さらに集団間の葛藤，集団内のリーダーのありかたについて詳説する。そして，第 4 節では，「文化」の観点から，それが人々の行動をどのように規定しているかを自己のとらえ方や周りの人々の流動性の観点から述べる。

1.　向社会的行動

　「持ちつ持たれつ」や「お互いさま」という言葉で表されるような，相互に助け合う精神は，洋の東西を問わず私たちの生活のなかに根づいている。私たちは生きていくうえで他者から助けられることもあれば，自らが他者を助けることもある。電車のなかで席を譲ったり，譲られたり，道に迷っている人に道案内をすることは日常的に行われている。また，災害発生時に多数のボランティアが被災地に入って活動する光景を目にすることも珍しくない。

　このような場面を指す**援助行動**（helping behavior）は，他者に利益をもたらそうと意図された自発的な行動をいう（相川，1999）。端的にいえば誰かを助ける行動である援助行動は，**向社会的行動**（prosocial behavior）の一部であると考えられている。向社会的行動は，協同や寛容を含め，社会的な価値を認められた「良い」とされる行動全般を指す幅広い概念である（福岡，2014）。いわゆる反社会的行動と対義語的な意味合いを持つ。類似概念としては，たとえば自らの利益よりも他者の幸福を大切にする価値観に基づいて行われる，いたわりのような愛他的行動がある（福岡，2014）。また，自分の身を犠牲にしても人を助けるような行動は利他的行動と呼ばれている（水田，2014）。いずれも援助行動の一つである。

[1] 援助行動

　一口に援助行動といってもその種類は多岐にわたる。高木（1998）は援助行動を 7 種類に分類している。時間や労力を提供するボランティア活動への従事や，献血などの「寄付・奉仕行動」，自分の貴重な持ち物を分け与える「分与・貸与行動」，緊急で重大な事態に陥っている他

者を救出するため，身を挺して事態に介入する「緊急事態における救助行動」，身体的努力を提供する「労力を必要とする援助行動」，迷子の世話や拾得物を持ち主に届ける「迷子や遺失者に対する援助行動」，子どもや老人，あるいは障害者の手助けをする「社会的弱者に対する援助行動」およびカメラのシャッターを押すなどちょっとした思いやりや親切心から行う「小さな親切行動」である。

　ところで，人はなぜ人を助けるのだろうか。援助行動を行う動機は，いつも他者の利益を願っているとは限らない。援助する側にとっては，時間や体力，金銭面などの負担を伴っても援助行動を行う理由について，いくつか説がある。バトソン（Batson, 2011）は，共感的感情を基盤として援助行動は起こるとする，**共感－利他性仮説**を提唱している。純粋に他者を思いやる心，すなわち利他性に基づくという立場である。一方で菊池（2014）は，多くの研究者は私たちのとる行動の大半，あるいは全部が，たとえ自己犠牲を伴う行動の場合も利己性を中心としていると指摘している。また，援助行動の生起には社会の規範の影響も考えられる（大坊・安藤，1995）。たとえば，助けられた経験があれば，いつかお返しをするということや，困っている人がいれば助ける，事故や犯罪が疑われる場合には通報を行うことなどが当てはまる。さらに近年では進化心理学の立場からの指摘もある。人が互いに助け合おうとすることの重要性は，個人としてだけでなく社会的な動物として集団で生き残ってきた人類という視点で考えると理解しやすいとする考え方である（齊藤，2011）。

[2] 援助行動に関わる社会的要因と個人的要因

1）社会的要因　　援助行動に関する研究が始まったきっかけは，1964年にニューヨークで起こったキティ・ジェノビーズ事件である。若い女性が深夜の帰宅途中に暴漢に襲われた際に，付近の住民38人は事件に気づき，かつ数十分間の時間があったにもかかわらず助けられることがなかったという痛ましい出来事である。この事件を契機に援助行動について注目が集まり，ラタネとダーリー（Latané & Darley, 1970）は，周囲にいる他者が多いほど援助行動は抑制されるという**傍観者効果**（bystander effect）を明らかにしている。ダーリーとラタネ（Darley & Latané, 1968）は，集団サイズの違いによって援助率や反応速度が異なることを確認している。実験では，参加者人数を2人，3人，6人で行う条件を設定して，インターホンでの会話中に相手のうめき声が聞こえた場合に，緊急事態を実験者に報告するまでの時間を測定した。その結果，その場にいる人数が，うめき声をあげた相手と自分の2人条件の場合は実験参加者の85%が52秒で報告していた。しかし，相手と自分以外に1人の傍観者がいる3人条件の場合では，報告率は62%，反応時間は93秒かかっていた。また，傍観者が4人に増えた6人条件では，さらに報告率は31%に下がり，反応時間は166秒と遅くなっていた。すなわち，傍観者の人数が増えるにつれて援助行動が減少することが示されている。

　実験結果より，傍観者効果を生じる要因について，ラタネらは，**責任の分散**を指摘している。これは，同一の事態を共有している他者が複数いる場合に，問題解決に対する個人の責任が希薄になることをいう。傍観者効果が起こる理由としてはほかにも，**注意の拡散**や**多元的無知**が挙げられる。注意の拡散は，たとえば駅などの騒がしく周囲に人が多い場所では緊急事態そのものに気づかないことがあることを指す。多元的無知は，起こっている事態に気づいても事の重大性が曖昧な場合に，判断を他者の行動に委ねるなど，自ら行動を起こさない場合があることを指している。

2）個人的要因　　援助行動の促進や抑制には，個人的な要因も影響を及ぼしている。

　援助者の要因としては，一般的に男性よりも女性の方が援助を行いやすく，若者よりも高年者の方が一層援助的であるといわれている（箱井・高木，1987）。また，大坊ら（1995）は，援助についての知識や経験を持っていることや，ポジティブな感情が生じていること，共感性が

高いことは援助を促進することを指摘している。

　被援助者の要因については，箱井ら（1987）によると，男性よりも女性が援助されやすく，高齢者の方が若年者よりも援助されやすいことが示唆されている。また，清潔な身なりをしているなど外見が整っていることや，援助者との関係性がより近い場合は援助されやすいことが明らかにされている（大坊ら，1995）。

　援助は，援助者と被援助者との相互関係のなかで行われる。被援助者から「おせっかい」といわれるのか感謝をされるのかといった，援助に対する被援助者の反応が，援助者のその後の援助行動に影響を及ぼすことは想像できるであろう。また状況によっては，被援助者は援助されることに対して申し訳なさを感じる場合がある（福岡，2014）。社会的には評価される援助という行動が，他者を傷つけてしまう可能性もあることは，心に留めておくことが大切である。

2.　集団が個人に与える影響

　私たち人間は社会的動物といわれる。生まれた時から何かの集団に属しながら活動している。家族，保育所や幼稚園，学校でのクラス，会社の職場などもあれば，仲良しグループのように自然に形成される集団もある。私たちは日々，さまざまなことを自分で考えて判断し振る舞っているつもりであるが，実は知らず知らずのうちに集団からの影響を受けている。一人でいる時と集団のなかにいる時で，私たちの行動にはどのような違いがあるのだろうか。

[1] 社会的促進と社会的抑制

　何かを企画するためのアイデア出しを行う際に，1人だけで行うよりも複数の友人と一緒に行ったほうが，面白いアイデアがたくさん出てきたという経験をしたことはないだろうか。このように，集団の影響によって個人の課題成績が促進されることを**社会的促進**（social facilitation）という。トリプレット（Triplett, 1898）は，釣りで使用するリールを改造した糸巻き機を使った課題によってこの現象を確認している。実験では2人で一緒に糸巻きを行った方が，単独で巻く場合よりも一人あたりの糸巻きのスピードが速くなっていたことを明らかにしている。反対に，集団の影響によって個人の成績が低下する場合もある。この現象を**社会的抑制**（social inhibition）という。

　集団の存在が，一方では社会的促進につながり，もう一方では社会的抑制に働くのはなぜだろうか。これについては，課題内容の性質の違いによることが考えられる。課題が単純で簡単な場合は，単独よりも集団で行うほうが成績は良くなるが，複雑で難易度の高い課題の場合は，集団よりも個人で行うほうが成績は良いことが明らかにされている。ハントとヒラリー（Hunt & Hillery, 1973）は，単純型と複雑型の2種類の迷路を使用して施行時のエラー回数を測定するという実験を行った。単純型の迷路では，単独よりも3人1組で実施する方がエラー回数は少ないが，複雑型の迷路の場合は，単独で行う方がエラー回数は少ないことが示されている。

　社会的促進や社会的抑制が起こる理由については，いくつかの説がある。ザイアンス（Zajonc, 1965）は，他者の存在自体が覚醒水準（生理的興奮状態）や動因水準を高めて，よく学習された優勢な反応が表出されやすくなることを挙げている。優勢な反応がその場の状況に合致していれば社会的促進が起こり，合っていなければ社会的抑制が起きると説明している。すなわち，すでに習熟していて簡単でわかりやすい課題の場合は正反応が多いために成績が上がるが，難しく複雑な課題の場合は誤反応が多くなるゆえに成績が下がると考えられる。

[2] 社会的手抜き

　集団の存在は，個人で課題を達成しようとする動機づけに時に影響を及ぼす場合がある。簡

単な作業を行う場合でも，1人で行うよりも集団で行う方が常に大きな成果を得られるとは必ずしもいえない。集団の作業では，他者が存在するだけでなく集団を構成するメンバー間の相互作用も重要な要因である。たとえばグループで一つの課題に取り組む場合に，他に何人もいるから，必要以上に努力しなくても大丈夫だと考えた経験はないだろうか。集団になると1人で行う時よりも頑張る力が減少するといわれている。リンゲルマンは，綱引きの課題で集団のサイズが大きくなるほど1人当たりの努力量が減少することを明らかにしている（Ingham et al., 1974）。ラタネら（Latané et al., 1979）は，1人で作業を遂行する時よりも集団での作業では個々人の努力を低下させることを**社会的手抜き**（social loafing）と定義している。

ただし，集団の成果がその個人にとって重要な意味があり，かつ集団内の他者を信頼できない場合には，他者の不足分を補うように，かえって努力量を増大させることがある。これをウィリアムスとカラウ（Williams & Karau, 1991）は**社会的補償**（social compensation）と呼んでいる。

ラタネらは，大きな拍手や大声を出すという課題で，集団のサイズによってどのくらい社会的手抜きが生まれるかを検討している。集団のサイズを1人，2人，4人，6人で比較した結果，メンバー数が増えるほど1人あたりの音の大きさは減少していた（図14-1）。

社会的手抜きが起こる理由は，**社会的インパクト理論**や**フリーライダー効果**に基づいて説明することができる。社会的インパクトは，ラタネ（Latané, 1981）によれば，個人の遂行に対する観察者の影響の強さは，観察者のもつ勢力（地位や立場，能力），観察者の直接性や近接性，観察者と被観察者の人数によって規定される。たとえば会社で，同僚ではなく上司から，間近に1対1で観察される場合は，インパクトは強い状況であるといえる。また，フリーライダー効果は，社会的ジレンマ状況において古くから議論がある。集団で作業を行う際に自らの能力の低さを認知して，集団の成果に貢献することへの動機づけを低下させて他者に依存することをいう。

日本でも釘原が綱引きの実験を行い，社会的手抜きが存在することや男性は女性に比べて手抜きをしやすいという性差の効果を明らかにしている（釘原, 2011）。会社などの組織での課題遂行は，多くの場合は集団で行われる。集団としての生産性を高めるためにも，社会的手抜きをいかに低減していくかは重要である。社会的手抜きを低減するための方策としては，各個人の貢献度の判別や各個人の貢献度を評価すること，ないし成員の関与や課題の魅力をそれぞれ高めることが有効とされている（遠藤, 2018）。

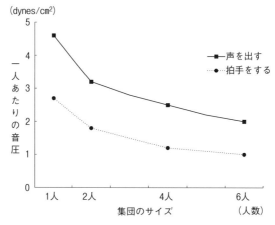

図14-1　社会的手抜きの実験結果（Latané et al., 1979）

3. 集団のダイナミクス

[1] 集団規範と同調

1) **集団規範**　　私たちが所属している集団や組織には，公式な規範（formal norm）として明文化されている複数のルールが存在する。たとえば，大学生であれば大学の学則，社会人であれば職務規定や就業規則などが存在し，その集団に所属している成員はそれを遵守する必要がある。このような集団のなかで生活していくために守るべきルールは，公式に明文化されたものだけではない。たとえば，就業規則として「始業時間は午前9時である」という公式の規範とともに，「始業時間の15分前には出勤しておくべき」といった，非公式な規範（informal norm）も存在する。このような，集団の成員間で共有されている，行動や価値判断の規準のことを**集団規範**（group norm）と呼ぶ。そして，集団に所属している成員はその集団規範を守ることが求められ，そこから逸脱した行動を行った場合は処罰されたり，集団から排斥されたりする。

集団規範のうち，とくに非公式なものは集団成員の対人関係や心理的な働きによって，形成・変化するものであり，これまでに多くの心理学的研究の対象となってきた。そのうち，ジャクソン（Jackson, 1960）は，**リターン・ポテンシャル・モデル**という，集団規範を測定する方法を提唱している。このモデルでは，具体的な行動の次元を横軸に，それを是認（否認）するかという評価の次元を縦軸にとり，その交点を結んだ曲線を描くことで集団規範を定量化している。図14-2では，行動次元の6が頂点となっており，もっとも是認の度合いが高いことを示している。このグラフの頂点を最大リターン点と呼び，この集団が理想と見なす行動様式を表している。そして曲線が是認の領域にある横軸の範囲が，この集団内で許容されている範囲を示しており，ここから逸脱した行動をとらない限り，集団から否認されることはない。また，この曲線が急角度で尖ったものであるほど，その集団にとってその規範が重要である（強い）ことを示している。

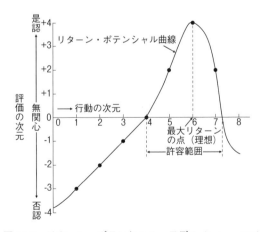

図 14-2　リターン・ポテンシャル・モデル（Jackson, 1960）

2) **同調**　　「類は友を呼ぶ」ということわざの通り，同じ集団に所属している成員は，行動や意見などが類似していることが多い。これを**集団斉一性**と呼ぶ。集団斉一性は初めから集団に備わった特性ではなく，成員間の相互作用のなかで形成されるものである。

集団のなかで何かを行う際には，「みんなで決まった行動をする」ように社会的な圧力がかかり，それによって個人の行動や意見が変化することがある。たとえば，友人数人と遊びに行く

時，ほかの友人たちが遊園地に行きたいといっていたら，自分は水族館に行きたくても，それを言い出せず，自分も遊園地に行きたいということもあるだろう。このような，集団の持つ社会的圧力によって，個人が意見や行動を変化させることを**同調**（conformity）と呼ぶ。すなわち，集団に所属している成員がお互いに同調し合うことで，集団成員は類似していくということである。

アッシュ（Asch, 1955）は，集団の同調の存在を実験によって明らかにしている。アッシュの実験では，線分の長さを比較判断するという，簡単な課題を行った。具体的には，最初に1本の線（標準刺激）を提示し，それと同じ長さの線を3本の線（比較刺激）のなかから選ぶというものであった。この課題は1人で行えば99％の人が正解する問題であった。アッシュはこの簡単な課題を7人1組の集団で行わせた。しかし，7人中6人はサクラで，18回中12回で間違った回答をするように実験者から指示されており，実験参加者は周囲が間違えているなかで正解を答えるように求められた。その結果，実験参加者は全体の36.8％は誤った多数派（サクラ）と同じ回答をしており，実験参加者の76％が少なくとも1回は誤った回答をした。つまり，1人で行えば正解が明確な問題でさえ，集団の圧力によって誤った回答をするということである。

ドイチとジェラード（Deutsch & Gerard, 1955）は，人が同調する理由として，二つの要因が影響していると述べている。一つは，他者の意見を参考にしたいという，欲求から生まれる影響である。人は正解があいまいな状況で物事を判断する際には，他者から情報を得ようとする。その際に，「多数派の意見が正しいだろう」という信念のもと，多数派に同調してしまう。この影響のことを，情報的影響と呼ぶ。そして，二つ目の影響は，規範的影響と呼ばれるものである。前項の集団規範で述べた通り，集団にはさまざまなルールが存在し，成員はそこから逸脱しないようにする必要がある。そのため，周囲の意見に同調し，自分だけが疎外されないように振る舞うようになる。

［2］集団間葛藤

私たちの周りには多くの集団が存在する。それらの集団のうち，自分が所属している集団を**内集団**，それ以外の集団を**外集団**と呼ぶ。人が社会生活を行うなかで，この両者の関係は非常に重要な問題となる。

集団間関係のなかでも，集団間の対立を含めた緊張状態，すなわち**集団間葛藤**はとくに大きな問題として取り扱われることが多い。たとえば，国家間の対立や戦争は大きな社会的問題であるし，スポーツチームを応援しているファン同士が相手チームに暴言を吐いたり，時に暴動を起こしたりすることがニュースで取り上げられる。

シェリフら（Sherif et al., 1961）は，泥棒洞窟実験，あるいはサマーキャンプ実験と呼ばれる，フィールド実験によって集団間葛藤について検討を行った。この実験は12歳前後の少年を集め，キャンプ場での共同活動を行わせるものであった。シェリフらは，少年たちを二つのグループに分け，3段階の実験を行わせた。まず，第1段階ではグループごとに親睦を深めて，内集団を形成する活動を行わせた。この段階においては，少年たちは自分たちのグループのほかに，グループが存在することは知らなかった。

次に，第2段階として，二つのグループを出会わせ，優勝カップをかけた野球の試合など，集団間の競争を促す課題を行わせた。その結果，課題を行っている時間以外にも相手のグループメンバーを罵倒し，互いの小屋を襲撃しあう事態にまで発展した。

そして，第3段階として，その集団間葛藤の解消する試みがなされた。具体的には，まず映画や食事を共同で行い，交流する機会を増やした。しかし，この交流では葛藤の解消は実現せず，残飯を投げ合うなど，さらに葛藤が深まってしまった。そのため，シェリフらは二つのグ

ループが協力し合わなければ達成できないような，集団間の上位目標を設定した。その結果，両グループの葛藤は徐々に解消され，友好的な関係が形成されるようになった。

　この実験によって，なんらかの資源を奪い合うような，集団間で利害対立関係が生じた際に，集団間葛藤が強く生じることが明らかになった。そして，その集団間葛藤は，単に接触機会を増やすことでは解消せず，集団間の協力なしには解決しないような上位目標が葛藤の解消には必要であることが示された。

[3] リーダーシップ

　多くの集団には「リーダー」が存在し，リーダー以外の成員は「フォロワー」と呼ばれる。リーダーシップは「目標達成のために，集団成員に働きかける影響力」と定義される。すなわち，リーダーシップはリーダー以外の成員が行使することもできるが，現実的にはリーダーによってその機能を果たされることが多い。

　そして，良い集団をつくるためにはどうしたらよいのかという問に対して，人はリーダーシップに注目する。これは，人が経験的に良いリーダーがいる集団は良い集団になることを知っているためである。そのような観点から，心理学においても多くのリーダーシップ研究がこれまでに行われてきた。ここでは，それらの心理学におけるリーダーシップ研究を以下に述べる。

　1）特性アプローチ　　リーダーシップ研究における初期の段階では，リーダーはフォロワーに比べて優れた特性を有しているという考えから，リーダーの特性に注目した研究が多く行われた。それらの研究は特性アプローチと呼ばれている。

　ストッグディル（Stogdill, 1948）は，それらの特性アプローチに関する128の研究を分析し，本質的にどのような特性が優れたリーダーの条件であるのかを明らかにしようとした。その結果，リーダーは，①能力（知能，表現力，判断力など），②素養（学識，経験，体力など），③責任感（信頼性，忍耐力，自信など），④参加態度（活動性，社交性，協調性，ユーモアなど），⑤地位（社会的地位，人気など）が，ほかのメンバーに比べて優れていることが明らかになった。しかし，すべての研究で共通するリーダーの特性は発見されなかった。つまり，ある特性を持ったリーダーが優れた業績を生み出したとしても，他の集団においても同じように活躍できるとは限らないということである。たとえば，大企業の経営者と，大学や高校などの部活の監督に求められる資質や特性が異なることは，経験的にも明らかであろう。

　2）行動アプローチ　　特性は資質であって，集団やリーダーの影響力や影響を与えた内容を直接分析したものではないため，結果的に何が影響したのかを明らかにすることはできなかった。そのような問題から，リーダーシップ研究では，「どのような特性がリーダーとして必要か」ではなく，「優れたリーダーがどのような行動をとっているのか」に注目するようになっていった。このリーダーの行動に注目した研究を，行動アプローチと呼ぶ。

　行動アプローチの研究の代表的な研究として，三隅（1984）が提唱した**PM理論**がある。PM理論では，リーダーの行動をP機能（performance function）という課題達成機能と，M機能（maintenance function）という集団維持機能の二つの機能に分類している。つまり，リーダーの行動は「目標に向かってフォロワーの職務遂行を促進していく」行動と，「集団の人間関係を重視した，集団を維持する」行動の二つに分類される。そしてPM理論では，その二つの機能の高低によって図14-3のように，四つの型にリーダーシップを類型化している。この四つのリーダーシップ・スタイルが集団に与える影響を検討した結果，生産性と成員の満足度ともにPM型の有効性が高かった。そして，Pm型とpM型を比較すると，短期的にはPm型の生産性が高いが，長期的にはpM型が効果的であり，フォロワーの意欲や満足感もpM型の方が高くなっていた。また，pm型のリーダーシップ・スタイルは生産性と満足感のいずれも低くなっていた。

図 14-3　PM 型リーダーシップ類型 (三隅, 1984)

3）状況アプローチ　　先述の行動アプローチでは，特定のリーダーの行動が優れた業績を生み出すとされていた。一方で，集団が置かれている状況の違いによって，同じリーダーの行動であってもその効果は異なるということが，後の研究で明らかとなった。このような，集団の状況を考慮してリーダーシップの効果を検討した研究は，状況アプローチと呼ばれる。

　状況アプローチの代表的な研究は，フィードラー（Fiedler, 1964, 1967）の**条件即応モデル**（contingency model）である。この理論においては，リーダーシップ・スタイルと集団状況の組み合わせによって，リーダーシップの有効性を検討している。まず，フィードラーは LPC（Least Preferred Co-worker）という，「もっとも好ましくない同僚に対して，リーダーがどのくらい許容するのか」ということから，リーダーシップ・スタイルを二つに分類している。LPC が高いリーダーは，好ましくない同僚に対しても許容的な「関係志向型」のリーダーであるとされる。一方で，LPC が低いリーダーは好ましくない同僚に厳しく，「目標志向型」のリーダーであるとされる。

　そして，その二つのリーダーシップ・スタイルの業績が，状況統制力という集団状況によって異なることをフィードラーは示している。状況統制力とは，リーダーが集団およびフォロワーをコントロールし得る程度のことであり，集団内におけるリーダーの有利さの指標として扱われる。フィードラーは状況統制力を「リーダーとメンバーの関係の良さ」，「課題が構造化されている程度（仕事の目標や手続きがどの程度明確になっているか）」，「リーダーの地位勢力（リーダーがどの程度，権力を持っているか）」の３要因で表している。その三つの要因の高低の組み合わせによって，八つのオクタントと呼ばれる集団状況に分類される。

　図 14-4 に示している通り，状況統制力が高い，あるいは低い状況においては，低 LPC リー

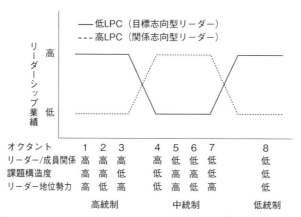

図 14-4　フィードラーの条件即応モデル概念図 (白樫, 2003 を一部改変)

ダーが優れた業績を示した。一方で，状況統制力が中程度の場合は，高 LPC リーダーが高い業績を挙げていた。すなわち，リーダーにとって非常に有利，または不利な状況においては目標志向型のリーダーが，そのどちらでもない場合は関係志向型のリーダーが有効であることをフィードラーは示している。

コラム 23　フォロワーの視点から見たリーダーシップ

　リーダーシップ研究の大多数の注目は「リーダー」であり，リーダーシップの長い歴史はリーダー中心の研究として進められてきた。本章でも述べたリーダーシップの研究も，リーダーの特性や行動といったリーダー自身に注目した研究である。一方で，近年の研究においては，「フォロワー」の存在が集団やリーダーシップに重要な役割を果たすことが徐々に認められてきている。

　そもそも，集団やリーダーシップにとってフォロワーが重要な役割を果たすということは，経験的に広く知られていることであろう。たとえば，リーダーがどのような指示を与えたり，影響力を行使しようとしたりしても，フォロワーがそれを受け入れなければ，その指示は効果的には働かない。このような観点のもと，フォロワーがリーダーをどのようにとらえ，評価しているのかという，フォロワーの認知的な側面に注目した研究が行われるようになった。

　ロードとメイヤー（Lord & Maher, 1991）は，フォロワーが行うリーダー評価には推論過程（inferential processing）と再認過程（recognition-based processing）という二つのプロセスが存在することを指摘している。前者の推論過程は，「優れた業績をあげた集団のリーダーは優れている」といった，結果から推察しリーダーを評価する過程を示している。たとえば，オリンピックなどでメダルを獲得したチームの監督やキャプテンは優れたリーダーであるとみなされ，その指導方針がテレビのニュースや本などで取り上げられる。つまり，集団の業績が高ければ「良いリーダー」，業績が低ければ「悪いリーダー」として評価されることを示している。

　一方で，後者の再認過程では，「リーダーとはこういうものである」という，フォロワーが個人的に持つリーダー像（リーダー・プロトタイプ像）と現実のリーダーを比較して評価する過程を示している。そして，自身のリーダー像と現実のリーダーが一致していれば，「良いリーダー」であると評価する。この 2 つの評価過程は用いられやすい場面が異なると考えられている。推論過程は日常的に接触する機会がない，あるいは少ないリーダーを評価する際に，再認過程は逆に日常接触する機会が多いリーダーを評価する際に用いられる。

　このどちらの評価過程においても，フォロワーが持つ「暗黙のリーダー像」がリーダー評価に影響していることが重要な点である。前述の通り，再認過程は自身の持つリーダー像がリーダー評価を決定している。一方，推論過程においても「良い業績はリーダーによって決定される」という，リーダーに対する固定観念があるからこそ，業績によってリーダー評価が決定されるのである。つまり，集団が良い業績を挙げたとしても，フォロワーが「リーダーは集団の業績に影響しない」や，「集団業績の多くは，運で決定される」と考えていれば，リーダー評価は高くはならない。

　このように，フォロワーの視点からリーダーシップを見ると，リーダーとフォロワーの相互関係によってリーダーシップが成立しているということがわかる。今後の研究や，日常生活においてもその点について留意し，リーダーとフォロワーが協力し合って「良い集団」がつくられていくということを心に留めておく必要があるだろう。

4.　文　　化

　前節の内容からわかるように，人間はさまざまな集団のなかで生きている。集団のなかに，私たちは普段意識しないが，実は，**文化**というものが共有され，学習され，そして，世代から世代へ受け継がれる。集団に生活している人間の「心」＝「行動」を探求する際，文化を抜きには語れないといっても過言ではない。文化とは，ある集団のメンバーによって幾世代にもわたって獲得し，蓄積された知識，経験，信念，価値観，態度，社会階層，宗教，役割，時間・空間関係，宇宙観，物質所有感といった諸相の集大成である（岡部，1996）。異なる文化におけ

る人間の行動の比較検討は，これまでに文化心理学のなかで検討されている。では，この学問のなかでは，文化をどのようにとらえているのだろうか。

[1] 文化のとらえ方

　文化をとらえるために，**個人主義 - 集団主義**（individualism-collectivism）（Hofstede, 1991; Triandis, 1995 神山・藤原訳 2002）という概念がよく使われている。ホフステッド（Hofstede, G.）は，世界中の IBM 社の社員（53 カ国と地域）を対象に，仕事に関する価値観の調査を行った。その結果，四つの次元が抽出され，そのうちの一つは「個人主義 - 集団主義」という次元であった。ホフステッド（Hofstede, 1991）では，地域の比較が行われた結果，北米など欧米諸国は個人主義傾向が強く，東アジア諸国や中南米諸国の集団主義傾向が強いことが示された。「個人主義 - 集団主義」の考えを引き継いだのは，トリアンディス（Triandis, H. C.）である。彼は一連の研究を踏まえて，「個人主義 - 集団主義」を以下のように定義した。個人主義とは，緩やかに結びついた人々が織りなす社会的なパターンである。このような社会では，個人が集団から独立していると見なし，自分の好みや権利，そして他者との契約によって動機づけられ，他者の目標より自分の目標を優先させ，他者と関係を持つ際にはそうすることの利点・欠点を合理的に判断する。一方，集団主義とは，密接につながった人々によって構成された社会的なパターンである。このような社会では，個人が単数あるいは複数の集団（家族，同僚，会社，部族，国家など）の一部であり，集団の規範や集団から課された義務に動機づけられ，自分の目標よりも集団の目標を優先させ，集団内のメンバーの団結が重視される。

　文化のもう一つのとらえ方として，ホール（Hall, 1976）の**高コンテキスト - 低コンテキスト**の次元が挙げられる。このとらえ方では，人々のコミュニケーションによる意思伝達の文化差に焦点を当てている。高井（1994）は，コンテキストおよびその程度の高低によって引き起こされている文化的特徴について，以下のように説明している。

　コンテキストとは，対人相互作用が行われる物理的，社会的，心理的，時間的な環境のことである。コンテキストは文化の規定により，刺激から特定のものを効率的に選び出し，それに定まった意味を付与できるようにする。そのなかでも，人との相互作用で，敏感に相手の言葉以外のメッセージを推測して，相手とやりとりのできる文化，すなわち刺激の選択性が高い文化は高コンテキスト文化とされ，その反対は，低コンテキスト文化とされる。対人的相互作用のなかで，相手が伝えようとする意味を理解するのに，相互作用のコンテキストを頼るほど，高コンテキスト文化となり，これに対して，意味を理解するのに相手から伝えてきた情報そのものを頼るほど，低コンテキスト文化となる。高コンテキスト文化のコミュニケーションの特徴は，情報の多くが物理的環境，あるいはコミュニケーション自身に内包されていることであり，メッセージは高度に包括的である。高コンテキスト文化では，人間関係が錯綜し，集団の凝集性が高く，情報が広くメンバー間で共有され，単純なメッセージでも深い意味を持ち，行動規範が伝統的に確立されていて，コミュニケーションの形式が明確に規定されている。中国，日本などの東洋文化の国は，この高コンテキスト文化に属する。一方，低コンテキスト文化のコミュニケーションの特徴は，メッセージが外面に明らかにされており，明確なことである。低コンテキスト文化では，個人の疎外・離散が顕著で，メンバー間で共有される前提が限定されている。このような文化にいる人間は，状況における細かい情報に気を配らず，言葉そのものに注意し，言語的なコミュニケーションの手段に大きく依存する。欧米諸国の多くはこの低コンテキスト文化に位置している。

[2] 文化的自己観

　文化的自己観という概念は 1990 年代に，文化心理学者のマーカスと北山（Markus &

Kitayama, 1991）により発表された。この概念は主に，文化比較の観点から，人間がどのように自分のことを認識しているかを示すものである。彼らは，文化的自己観を「相互独立的自己観」と「相互協調的自己観」に分けた（図14-5）。

　相互独立的自己観では，自己は，父母・兄弟・友人といった他者との間では，はっきりとした境界線で区切られている。さらに，自己をとらえる時，性格・態度・能力といった自分の内的属性に注目する。また，自分の位置付けを考える時，自分の所属する内集団と所属しない外集団に対する区別はあまりない。このような「人はほかの人や物事とは区別されて独立に存在する」（増田・山岸，2010）という自己のとらえ方については，今の日本においてもよく見られる考え方でもあるが，実は，これは欧米文化を生きる多くの人々が昔から持っている考え方であり，西洋の昔からの哲学的な考え方に由来している。

　これに対して，東アジア文化では，昔も今も，「一人前の人間とは，他人の気持ちを理解し，自分の望みだけではなく，他人の望みをかなえることに喜びを見出す者だ」（増田・山岸，2010）というように，望ましい人間像をとらえているようである。マーカスと北山は，これを**相互協調的自己観**と名付けている。このような自己観のもとでは，「自他の区別ができない」，あるいは「自分に主体性がない」ということではないが，自分と身近な他者との間の境界線は曖昧であり，場合によって，他者は境界線を越えて自分の枠組みに入り込むかもしれない。つまり，自分にとって，重要な他者との関係やその他者からの期待は極めて意味のあることであり，このため，自分の内的属性は前記の「相互独立的自己観」と比べて重みがそれほどない。このプロセスでは，重要な他者とそうではない他者が区別されるようになり，自己にとっては，内集団と外集団をはっきりと区別することが必要な処世術となる。

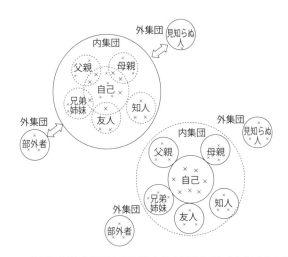

図14-5　相互協調的自己観と相互独立的自己観に基づく自己のモデル
（増田・山岸，2010）

[3] 関係流動性

　時間の流れとともに，私たちは社会生活のなかで，他者との別れ，そして出会いを繰り返している。また，場合によって，ずっと同じ人と付き合ったり，同じ集団に所属したりすることもある。さまざまな歴史的要因，自然環境の要因によって，それぞれの社会において，開放性や自由度が異なる。このうち，「対人関係や集団の選択の自由度」の側面は，**関係流動性**（relational mobility）と名付けられている（Yuki & Schug, 2012）。

　関係流動性の高い社会では，人々は見知らぬ人との出会いの機会が多く，また，誰と付き合うかという対象者を，自らの意思によってより自由に選ぶ，あるいは選び直すことができる。

一方，関係流動性の低い社会では，同じ人たちとの付き合いや同じ集団への所属が長期にわたる傾向があり，対人関係や所属集団を変更することが比較的困難である。これまで，日本社会よりも，アメリカ社会の方が「誰と付き合うか」の選択がはるかにしやすいといわれている。

　関係流動性という概念を提唱した結城らの研究グループは，この選択の自由度の高低が人間の考えと行動に与える影響を明らかにした（Yuki & Schug, 2020）。彼らによると，低関係流動性社会では，それまでに結ばれた対人関係や所属した集団からの離脱・変更は容易ではないため，人々は周囲の人々と諍いを起こすことなく，対人関係を調和的に保つことを環境適応のスキルとして身につけなければならない。この環境下において，人々は，社会不安や恥の感情を感じやすく，さらに自分に敵対心を持っている人が身近にいると考えやすい。これに対して，高関係流動性社会では，対人関係や所属集団の選択は自由度が高い一方で，相手と自分との関係をつなぎ止めるには，相手に自分の価値や有用性を理解してもらう必要がある。そのため，高関係流動性社会では，人々の自己評価が高く，独自性を追求し，友人に強い親密感を感じるなどの特徴がある。

コラム 24　木を見る西洋人，森を見る東洋人

　図14-6の水槽の中身を10秒ぐらい観察してみてください。10秒後，本を閉じて，この図にある内容を説明してください。そのとき，あなたは何を思い出して説明するだろうか。真ん中の大きな魚？　それともほかの生物？　さらに背景にある水草や気泡？

　これは日米の大学生を対象とする「記憶の再生」と称する比較実験（Masuda & Nisbett, 2001）であった。実験の本当の目的は参加者が図のどこに注目しているかを測定することである。実験の結果，真ん中の大きな魚について言及する数には日米間にはさほど違いがなかった。しかし，石，泡，水草など，水槽の背景にあたるものの言及については，日本人学生はアメリカ人学生より6割以上も多かった。そして，日本人学生は「環境」という観点（「池のようなところでした」）から述べ始める人が多いのに対して，アメリカ人学生は真ん中の魚（「大きな魚がいました……」）から話し始める人が日本人学生のおよそ3倍であった。その後，魚などの画面の手前にあるものと水草など画面の背景にあるものを関連付けて記憶することが，日本人学生はアメリカ人学生よりも顕著にできることが明らかになった。これらの結果により，アメリカ人は目立つ対象に注意を集中する傾向があるのに対して，日本人は画面全体に注意を払う傾向，いわゆる「木を見る西洋人，森を見る東洋人」という現象が裏付けられた。

図14-6　増田とニズベット（Masuda & Nisbett, 2001）が行った実験の課題

(Nisbett, 2003 村本訳 2004)

■ **小テスト** ────────────────────────────────

1. 社会的インパクト理論を，学生生活を例にして説明しなさい。

2. 同調に影響する要因として，主に二つの影響が存在する。そのうち，集団からの逸脱を避けるために，他者の意見に同調した行動をとらせるように働きかける影響を【　　　】と呼ぶ。

3. 「文化的自己観」について，その概要について説明しなさい。

■ **引用文献** ────────────────────────────────

相川　充 (1999). 援助行動　中島義明・安藤清志・子安増生・坂野雄二・繁桝算男・立花政夫・箱田裕司 (編)　心理学辞典 (pp. 74-75)　有斐閣

Asch, S. E. (1955). Opinions and social pressure. *Scientific American, 19*, 31-35.

Batson, C. D. (2011). *Altruism in humans*. New York: Oxford University Press. (菊池章夫・二宮克美 (訳) (2012). 利他性の人間学—実験社会心理学からの解答—　新曜社)

大坊郁夫・安藤清志 (1995). 援助と攻撃　安藤清志・大坊郁夫・池田謙一　現代心理学入門4　社会心理学 (pp. 119-142)　岩波書店

Darley, J. M., & Latané, B. (1968). Bystander intervention in emergencies: Diffusion of responsibility. *Journal of Personality and Social Psychology, 8*, 377-383.

Deutsch, M., & Gerard, H. B. (1955). A study of normative and informational social influences upon individual judgment. *The Journal of Abnormal and Social Psychology, 51*, 629-636.

遠藤由美 (2018). 社会的影響　無藤　隆・森　敏昭・遠藤由美・玉瀬耕治 (著)　心理学 (新版) (pp. 397-419)　有斐閣

Fiedler, F. E. (1964). A contingency model of leadership effectiveness. *Advances in Experimental Social Psychology, 1*, 149-190.

Fiedler, F. E. (1967). Personality and situational determinants of leadership effectiveness. In D. Cartwright & A. Zander (Eds.), *Group dynamics*. Vol.3 (pp. 362-380). New York: Harper & Row.

福岡欣治 (2014). 社会的関係　青山謙二郎・神山貴弥・武藤　崇・畑　敏道 (編)　岡市廣成・鈴木直人 (監修)　心理学概論　第2版 (pp. 378-385)　ナカニシヤ出版

Hall, E. T. (1976). *Beyond culture*. New York: Doubleday & Company. (岩田慶治・谷　泰 (訳) (1979). 文化を超えて　TBSブリタニカ)

箱井英寿・高木　修 (1987). 援助規範意識の性別，年代，および，世代間の比較　社会心理学研究, 3, 39-47.

Hofstede, G. (1991). *Cultures and organizations: Software of the mind*. London, UK: McGraw-Hill.

北海道大学社会生態心理学研究室 (2011). 関係流動性—対人関係と集団の「選択の自由度」が人の心理と行動に与える影響 Retrieved from https://lynx.let.hokudai.ac.jp/~myuki/ja/research/ (2019年7月1日)

Hunt, P. J., & Hillery, J. M. (1973). Social facilitation in a coaction setting: An examination of the effects over learning trials. *Journal of Experimental Social Psychology, 9*, 563-571.

Ingham, A. G., Levinger, G., Graves, J., & Packham, V. (1974). The Ringelmann effect: Studies of group size and group performance. *Journal of Experimental Social Psychology, 10*, 371-384.

Jackson, J. M. (1960). Structural characteristics of norms. In G. E. Jensen (Ed.), *Dynamics of instructional groups*. Chicago, IL: University of Chicago Press. (末吉悌次・片岡徳雄・森しげる (訳) (1967). 学習集団の力学　黎明書房)

菊池章夫 (2014). 思いやりと共感—本当の思いやりはあるのか　高木　修・竹村和久 (編)　思いやりはどこから来るの?—利他性の心理と行動 (pp. 82-102)　誠信書房

釘原直樹 (2011). グループ・ダイナミックス—集団と群集の心理学　有斐閣

Latané, B. (1981). The psychology of social impact. *American Psychologist, 36*, 343-356.

Latané, B., & Darley, J. M. (1970). *The unresponsive bystander: Why doesn't he help?* Englewood Cliffs, NJ: Prentice-Hall. (竹村研一・杉崎和子 (訳) (1997). 冷淡な傍観者—思いやりの社会心理学—　新装版　ブレーン出版)

Latané, B., Williams, K., & Harkins, S. (1979). Many hands make light the work: The causes and consequences of social loafing. *Journal of Personality and Social Psychology*, *37*, 822–832.

Lord, R. G., & Maher, K. J. (1991). *Leadership and information processing: Linking perceptions and performance*. Boston, MA: Unwin Hyman.

Markus, H. R., & Kitayama, S. (1991). Culture and the self: Implications for cognition, emotion, and motivation. *Psychological Review*, *98*, 224–253.

Masuda, T., & Nisbett, R. E. (2001). Attending holistically versus analytically: Comparing the context sensitivity of Japanese and Americans. *Journal of Personality and Social Psychology*, *81*, 922–934.

増田貴彦・山岸俊男 (2010). 文化心理学 (上)　培風館

三隅二不二 (1984). リーダーシップ行動と科学 (改訂版)　有斐閣

水田恵三 (2014). 思いやりはどんな場面で現れやすいのか　高木　修・竹村和久 (編)　思いやりはどこから来るの？―利他性の心理と行動 (pp.20–41)　誠信書房

Nisbett, R. E. (2003). *The geography of thought: How Asians and Westerners think differently … and why*. New York: Free Press. (村本由紀子 (訳) (2004). 木を見る西洋人　森を見る東洋人―思考の違いはいかにして生まれるか　ダイヤモンド社)

岡部朗一 (1996). 文化とコミュニケーション　古田　暁 (監修)　石井　敏・岡部朗一・久米昭元 (著)　異文化コミュニケーション [改訂版] (pp. 41–43)　有斐閣

齊藤　勇 (2011). 援助行動　齊藤　勇 (編著)　図説社会心理学入門 (pp. 155–166)　誠信書房

Sherif, M., Harvey, O. J., White, B. J., Hood, W. R., & Sherif, C. W. (1961). *Intergroup conflict and cooperation: The Robbers Cave Experiment* (Vol.10). Wesleyan Univesity Press: Wesleyan.

白樫三四郎 (2003). リーダーシップ　白樫三四郎・外山みどり (編)　社会心理学 (pp. 171–195)　八千代出版

Stogdill, R. M. (1948). Personal factors associated with leadership: A survey of the literature. *The Journal of Psychology*, *25*, 35–71.

高木　修 (1998). 人を助ける心―援助行動の社会心理学―　サイエンス社

高井次郎 (1994). 対人コンピテンス研究と文化的要因　対人行動学研究, *12*, 1–10.

Triandis, H. C. (1995). *Individualism and collectivism*. Boulder, CO: Westview Press. (神山貴弥・藤原武弘 (編訳) (2002). 個人主義と集団主義―二つのレンズを通して読み解く文化―　北大路書房)

Triplett, N. (1898). The dynamogenic factors in pacemaking and competition. *The American Journal of Psychology*, *9*, 507–533.

Williams, K. D., & Karau, S. J. (1991). Social loafing and social compensation: The effects of expectations of co-worker performance. *Journal of Personality and Social Psychology*, *61*, 570–581.

Yuki, M., & Schug, J. (2012). Relational mobility: A socio-ecological approach to personal relationships. In O. Gillath, G. E. Adams, & A. D. Kunkel (Eds.), *Relationship science: Integrating evolutionary, neuroscience, and sociocultural approaches* (pp. 137–152). Washington, DC: American Psychological Association.

Yuki, M., & Schug, J. (2020). Psychological consequences of relational mobility. *Current Opinion in Psychology*, *32*, 129–132.

Zajonc, R. B. (1965). Social facilitation. *Science*, *149*, 269–274.

第 15 章

心理学の応用
医療・福祉・教育・司法・産業

これまでの各章ではさまざまな心理学の知見や研究について学んできた。そのなかには知覚や行動に関わる基礎心理学から心理学の専門領域，さらには心理学の周辺領域である医学の内容までが含まれている。このように，心理学の専門的な学修には，かなり広範囲の知識や技術が求められるのである。それでは，心理支援を専門に行う公認心理師は，これらの心理学的知識や技術を現場でどのように生かすのだろうか。具体的には，どのような職場で何を行うのであろうか。最終章となる第 15 章では，公認心理師が働く主要 5 分野を概説し，公認心理師が心理学の知識や技術を，社会でどのように実践しているのかを知る。これまでの章で紹介されたように，公認心理師とは国が定めた心理専門職資格であり，心理的な支援や心理教育を人々に提供する。本章では，最初に心理支援の歴史的背景を踏まえたうえで，現在の公認心理師の実践について紹介する。

1. 心理支援の歴史

[1] 臨床心理学の歴史

科学的心理学の歴史はほかの諸科学と比較してかなり新しいものである。一般に科学的心理学は 1879 年のドイツのライプチヒ大学におけるヴント（Wundt, W. M.）の心理学実験によって始まったとされる。また心理学の応用実践の主要な形態と考えられる臨床心理学の誕生は，アメリカのウィットマー（Witmer, L.）がペンシルバニア大学に心理クリニックを開設した1896 年と考えられている。ヨーロッパとアメリカのこの二つの出来事には深いつながりがある。アメリカのキャッテル（Cattell, J. M.）はヴントのもとで学んだ後，ペンシルバニア大学の心理学の教授として知能や性格測定についての研究を行った。そしてウィットマーはヴントとキャッテルに師事しながらクリニックで知的障害や学習困難等のある子どもを対象にした支援について実践的研究を行ったのである。このように科学的心理学の始まりとその応用実践としての臨床心理学の試みは当初から密接な関係にあったといえる。ただし臨床心理学はウィットマーの実践にのみルーツを持つものではなく，現代の臨床心理学の総合的な体系には心理学および隣接諸科学の広範な知見が含まれている。

また，心理学の応用実践としての臨床心理学が当初から「心理支援を必要とする者に対する支援の提供」であったことは重要な事実である。後に**科学者 − 実践者モデル**で述べるように，臨床心理学は対象者の持つ困難や苦悩を理解し，その軽減を目指してきたのである。この点で臨床心理学の歴史は精神医学の歴史と深い関わりを持っている。そもそも「臨床」という言葉は英語の「bed side」の訳語であり，治療者あるいは援助者が患者の傍らにいるということを

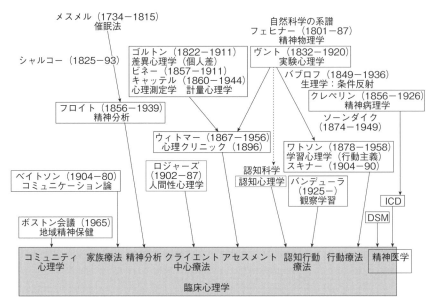

図 15-1　現代の臨床心理学が形成されてきた歴史的流れ（下山，2010）

意味している。生理学や生化学等の基礎医学との対比で患者への医療的実践に関わる医学領域は臨床医学と呼ばれる。臨床とは本来的には医学，医療の用語である。したがって臨床心理学の歴史をたどると医学的な治療，とくに精神医学の歴史につながるのである。

　近代的な精神医学の患者処遇の歴史は，フランス革命さなかの 1773 年，ピネル（Pinel, P.）が，パリのビセートルで収容施設に監禁されていた精神疾患の人々の鎖を外したという有名なエピソードに始まるとされる。15，16 世紀以降，ヨーロッパでは精神疾患の患者を含むホームレス等の社会的な不適応を示すさまざまな人々を一様に施設に収容していたのである。したがって，この収容所での入所者の処遇を改めた出来事はたいへん象徴的な出来事とされるのである。それから約 1 世紀を経て，ドイツのクレペリン（Kraepelin, E.）が精神疾患を統合失調症と躁うつ病に大きく二分し，現代精神医学の診断カテゴリの基礎となる分類体系を提示したのが今から約 140 年前の 1883 年であり，ヴントによって心理学実験が開始されたのとちょうど同じころである。その後，現代に至る精神疾患の診断とその処遇に関する歴史は単純に発展してきたものではなく，精神疾患に関する科学的理解を深め，その適切な社会的処遇を図るための努力は現在もなお継続して続けられている。

　19 世紀の後半にたどる臨床心理学の歴史において，自然科学的な心理学の流れと非自然科学的な心理学の流れの両者が共に大きく関わっていることを理解することが重要である。また精神医学の発展と密接な関わりを持っていることを理解することが必要である。そして，現代の臨床心理学には，もともとは異なる科学的探求や心理的実践の中で歴史的に提起されたさまざまな理論やモデルが含まれており，それらが一つの統合的な領域として組織化されたものであることを理解しなければならない。

　図 15-1 に現代の臨床心理学が形成されてきた過程を概観し，それらを構成するさまざまな学派（代表的人物）を示した（下山，2010）。この図の中に挙げられた人物のうち，ヴント，キャッテル，ウィットマー，クレペリンについてはすでに触れた。

［2］現代の主要な心理支援

　現代の臨床心理学の心理的支援の主要な四つのパラダイムとして，フロイト（Freud, S.）ら

によって創始された**精神分析学**，ロジャーズ（Rogers, C. R.）らの唱えた**人間性心理学**，ワトソン（Watson, J. B.）やスキナー（Skinner, B. F.）らの発展させた**学習理論**，ベック（Beck, A. T.）らが依拠した**認知理論**を挙げることができる。これらのパラダイムにおいて実践的な治療・支援方法として開発されたのが，それぞれ**精神分析療法**，**クライエント中心療法**，**行動療法**，**認知療法**等である。さらに現代の臨床心理学は図 15-1 の右端に示された精神医学と生物学的パラダイムを共有しているといえる。1970 年代以降，行動療法と認知療法は，行動と認知の相互作用を理解して支援を行うことから両者が統合された**認知行動療法**として発展している。さらに 1990 年代以降は第 3 世代の認知行動療法と呼ばれるような，さらに新しい技法や理論モデルが提示されてきた。それらは弁証法的行動療法（Dialectical Behavior Therapy; DLB），マインドフルネス認知療法，メタ認知療法，アクセプタンス・コミットメントセラピー（Acceptance and Commitment Therapy; ACT），スキーマ療法等である。また PTSD（心的外傷後ストレス障害）等の心理障害におけるトラウマを処理するための支援技法として **EMDR**（Eye Movement Desensitization and Reprocessing）等が開発されている。

　さらに，心理支援においては集団（グループ）を対象として実施されるものがある。精神分析的集団療法，社会心理学者のレビン（Lewin, K.）が発展させた T グループ，ロジャーズ派のエンカウンターグループ，ラザルス（Lazarus, A. A.）による行動主義的集団療法等が知られている。また，日常の対人関係等を技術的に教授する生活技能訓練（Social Skills Training; SST）や適切な自己主張を集団で訓練する集団アサーショントレーニング等がある。そして，始めから個人ではなく集団を対象に開発された心理支援の技法として**家族療法**がある。とくにアメリカの MRI（Mental Research Institnte）は，ベイトソン（Bateson, G.）のコミュニケーション理論等をもとにして，システム全体の状態がその個々の構成員の行動を規定するとするシステム論的家族療法を提起した。欧米においては，家族療法のなかでもとくに男女関係，夫婦関係の問題に焦点を当ててパートナーの二者関係を支援するカップルセラピーが社会的に発展をしている。

[3] 科学者 − 実践者モデル（scientist-practitioner model）

　科学者 − 実践者モデルは，アメリカの心理学界において心理学の専門職（臨床心理士：Clinical Psychologist）の養成に際して，養成する人材像のモデルとして採用されている考え方である。アメリカ心理学会（American Psychological Association; APA）は臨床心理学部門について次のように述べている。「臨床心理学分野は，幅広い臨床的対象における知的，情緒的，生物学的，心理学的，社会的，行動的な不適応や障害，苦悩を理解し，予測し，緩和するための各種の原理，技法，手続きの応用に関連する研究，教育，臨床実践を含むものである」[1]。アメリカの臨床心理士の資格は，大学の学部および大学院において心理学の教育を受け，最終的に博士号の取得が求められる，非常に専門性の高い資格である。そして臨床心理士には科学者であると同時に実践者（臨床家）であることが要請されている。

　このモデルにおいて，心理専門職は心理支援を要する相談者（クライエント）に心理支援を提供する臨床的実践者であるとともに，精神的健康の問題に関する調査や研究を行う科学者でもある。すなわち心理専門職は科学的な研究知見について熟知し，治療効果が科学的に十分に確認された（evidence-based）方法を用いて支援活動を行うのであり，さらに自らの実践活動の結果について科学的にデータを分析して検証する能力を持つことが求められている。このように心理専門職は，実践活動による社会への貢献と研究活動による心理学への貢献をともに果たすことが期待されている。

---

1) https://www.div12.org/

　また，イギリスにおいても1990年代に科学者-実践者モデルによる心理専門職の養成が決定された。それまでも心理専門職は活動していたが，国の政策としてChartered Psychologistは広範な領域に関わる心理専門職として認められ，国民健康サービスの行政に関わる専門家の立場を与えられた。このイギリスの公的心理職の名称や対象領域の広さは，日本で作られた公認心理師の資格に似ている。

　なお，日本の公認心理師のカリキュラムは，大学の学部4年間で広い範囲の心理学的な知識を学ぶとともに，研究法に代表される心理学の科学的基盤の理解を修得するようにつくられている。学部段階の4年間で，人間の心理に関する科学的理解のための基礎を実験実習等の実践的な学習を含めてきちんと身につけることが大切である。これは科学者-実践者モデルにおける，まず科学者の部分の基礎的な修得ということができるだろう。

2. 医療分野での心理学の応用

［1］さまざまな医療分野での心理専門職（病院，クリニック，精神福祉センター等）

　医療分野は公認心理師にとってたいへん重要な分野である。医療分野で活動する公認心理師はもちろんのこと，ほかの分野の公認心理師でも対象者の支援において医療施設や医療職等と関わることは多いだろう。したがって医療分野の法律や制度，施策等について理解しておく必要がある。

　医療法は疾病の診断と治療を行うための**医療制度**を規定しており，そのなかで医療提供施設について定めている。**病院**はベッド数が20床以上であり，**診療所**は無床または19床以下である。精神科病床と一般病床は区別される。また医療に携わる人については「医師法」「保助看法（保健師助産師看護師法）」以下，それぞれの職種・資格ごとに法律で定められている。1948年に現行の法律で定められた医師，保健師・助産師・看護師のほかに，医療関係職は，診療放射線技師，理学療法士，作業療法士等の多くの診療補助職等と精神保健福祉士等の福祉職がつくられてきた。公認心理師の業務は公認心理師法によって定められており，法的には診療補助職ではないが，医療行為との関連が強い。医療分野はもともと心理専門職の主要な活動分野であった。なお2018年の診療報酬改定で，診療報酬上評価する心理職は，「臨床心理技術者」から「公認心理師」に統一された。

　公認心理師は，医療施設において医師の指示を受けて患者の心理検査や心理面接等の心理支援を行う。また家族等患者の関係者への支援を行う場合もある。そして検査や観察，面接等から得られた結果を分析（アセスメント）し，その結果を医師や他の医療専門職に提供し，チーム医療の実践にともに関わるのである（公認心理師法の第2条を参照）。

　保健医療分野の公認心理師は，病院，診療所（クリニック），保健所，市町村保健センター，精神保健福祉センター等で活動している。精神保健福祉センターは都道府県や政令指定都市が設置，運営しており，「精神保健及び精神障害者福祉に関する法律（精神保健福祉法）」6条に定められた精神障害者の福祉の増進を図るために設置された機関である。現在，日本では保健医療福祉を一体として考えて施策が進められている。精神保健医療福祉については，2004年に策定された「精神保健医療福祉の改革ビジョン」において「入院医療中心から地域生活中心へ」という理念が示された。そして2013年からの第6次医療計画において，それまでのとくに重要な4疾患（がん，脳卒中，急性心筋梗塞，糖尿病）に精神疾患が加えられて5疾患となった。厚労省は現在，精神障害者が地域の一員として安心して自分らしい暮らしができるよう，医療，障害福祉・介護，社会参加，住まい，地域の助け合い，教育が包括的に確保された「精神障害にも対応した地域包括ケアシステム」の構築を目指している。

　多くの診療科のなかでは，歴史的には心理専門職が働く診療科としては精神科が代表的なも

のといえるが，今日，それ以外のさまざまな診療科においても患者やその家族，そして医療スタッフへの心理支援等の提供が求められている。例として心療内科，神経内科，脳神経外科，小児科，産婦人科，腫瘍科，リハビリテーション科等を挙げることができる。このように専門分化した各診療科において，それぞれの専門領域における医学的な知識や対象となる疾患と患者に対する理解が必要であり，そのうえで適切な心理検査や心理面接等の公認心理師独自の技能を発揮して心理専門職としての役割を果たし，同時に多職種と連携して対象者を支援することが求められる。また患者に対する心理支援においては，その家族等患者の資源となっている関係者に対する支援もたいへん重要である。

　現代の医療現場では，一般の診療科以外にも公認心理師の心理実践と関わりのある多くの領域がある。それらは難病，緩和ケア，臓器移植，人工臓器，透析，再生医療，HIV予防，遺伝子診断等であり，医学・医療技術の進歩とともに心理支援のニーズは医療の多様な領域にますます拡大しているといえる。さらに，今後は精神保健の専門家として公認心理師がその専門性を発揮することが期待されているだろう。

[2] チーム医療

　チーム医療とは，「医療に従事する多種多様な医療スタッフが，各々の高い専門性を前提に目的と情報を共有し，業務を分担しつつも互いに連携・補完し合い，患者の状況に的確に対応した医療を提供すること」である（厚労省・チーム医療の推進について，2010）。そしてチーム医療により期待される効果として，①疾病の早期発見・回復促進・重症化予防等医療・生活の質の向上，②医療の効率性の向上による医療従事者の負担の軽減，③医療の標準化・組織化を通じた医療安全の向上，等が挙げられている。

　図15-2に，精神科医療における他職種チームの例を示した。さまざまな精神医療の現場において，精神科急性期治療病棟チーム，認知症治療病棟チーム，児童・思春期精神科入院医療チーム，アルコール使用障害者専門治療病棟チーム等，多様な専門的医療チームがつくられている。病棟の治療チームや外来のデイケア等において公認心理師は診療報酬算定の施設基準の一部に含まれている。公認心理師はそれぞれのチームのメンバーである他職種と連携するとともに，心理アセスメントや心理療法等の独自の専門性を発揮して心理専門職として自らの役割を果たすことが必要である。精神科の多職種チームの構成は，各国ごとに職種や編成に違いがあるが，日本の場合，たとえば精神科医，精神科看護師，作業療法士，公認心理師，精神保健福祉士，薬剤師，管理栄養士，医療ソーシャルワーカー（Medical Social Worker; MSW）等の職種が挙げられる。

　また，現在の医療は医療施設のなかで施されるものから，地域のなかで身体面のみでなく心

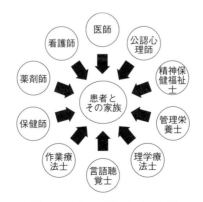

図15-2　チーム医療のイメージ

理社会的な面も含めて包括的なケアを支えるものへと変化してきている。こうした地域医療システムのなかで，医療施設内の各種のチームに留まらずチーム医療や**多職種連携**というものの重要性が増しているのである。公認心理師はもともと多分野にまたがる汎用性の資格であり，多職種連携のなかで活動することが期待されている。多様な医療現場において，公認心理師は心理職に特化された心理業務に従事するだけではなく，多職種の連携，さらには協働がなされるように積極的にチーム・コーディネーターとしての役割を果たしていくことが望まれる。

　このほかにも公認心理師の関わる医療関連のチームとしては，自然災害や航空機・列車事故等の大規模災害への急性期の対応にあたる**災害派遣医療チーム**（Disaster Medical Assistance Team; DMAT）での活動は重要である。とくに東日本大震災の経験等から災害派遣精神医療チーム（Disaster Psychiatric Assistance Team: DPAT）も組織されて活動するようになり，被災者の心のケア対策等に派遣されていることから，今後，こうしたチームにおいても心理専門職がより一層貢献することが期待される。

3. 福祉分野での心理学の応用

［1］児童福祉

　児童福祉の基盤となる法律は 1947 年に制定された**児童福祉法**である。同法は 1990 年以降，子どもをめぐる社会情勢の時代的な変化に対応するために複数の改正が行われて来た。また 2000 年に制定された児童虐待防止法や子ども・子育て関連 3 法（子ども・子育て支援法他）等についても理解しておく必要がある。なお児童福祉法等の児童とは 18 歳に満たない者（18 歳未満）とされている。

　児童福祉施設は児童福祉事業を行う各種施設であるが，いろいろなものがあり，助産施設，乳児院，母子生活支援施設，保育所，幼保連携型認定こども園，児童養護施設，児童発達支援センター，児童心理治療施設，その他がある。

　そして，児童福祉の専門的な行政機関として，各都道府県および政令指定都市や中核市に児童相談所が設置されている。児童相談所は養護相談，保健相談他の各種の相談事業を行っているが，近年は児童虐待への対応が大きな問題となっている。児童虐待には，身体的虐待，性的虐待，ネグレクト，心理的虐待が含まれ，子どもの前で行われる親の配偶者間暴力（面前 DV）の目撃も心理的虐待と見なすようになっている。

　児童相談所には**児童福祉司**や**児童心理司**が配置されている。児童福祉司は，児童相談所の相談業務や虐待対応等を行う児童福祉の専門職である。任用資格条件として心理学の専修のうえで実務経験を経て地方公務員試験に合格するというルートもある。また，児童相談所においては児童心理司や心理療法担当職員として心理専門職が活動している。心理検査や心理面接の結果から心理判定を行い，また心理療法を実施している。

　児童心理治療施設や児童養護施設等においても心理療法担当職員として心理専門職が置かれ，支援に携わっている。こうした児童福祉の施設においては，教員，ソーシャルワーカー，保健師等の専門職との連携が求められる。

［2］高齢者福祉

　高齢者福祉においては，高齢者の自立と尊厳を支えることが基本的な理念となっている。そして，高齢者福祉の領域で活動するためには，高齢者福祉の関連の法律として，老人福祉法，高齢者医療確保法，高齢者虐待防止法，介護保険法等を理解しておく必要がある。

　日本は 1995 年に高齢化率が 14% を超えて高齢社会を迎えた。2000 年に施行された**介護保険法**は，こうした増大する高齢者の介護問題に対応する重要な国の施策であった。現在，日本の

高齢者人口の割合（高齢化率）は，28.1％である（内閣府『令和元年度版高齢者白書』）。日本の高齢化率は先進諸国中でもっとも高い。そして，そのうち75歳以上の後期高齢者が約半数を占め14.2％である。高齢者医療確保法は，後期高齢者のための医療制度である。とくに後期高齢者においては認知症等の疾患や障害，要介護の割合が高くなるため，その予防やケアのための対策はとても大切である。たとえば，近年社会的な問題となっている高齢者ドライバーの事故等に対しては，専門的な対応が必要であるが，認知症のスクリーニングを含めて心理学的な専門性が役に立つ。

国は2015年に認知症施策推進総合戦略（新オレンジプラン）を発表し，七つの視点が挙げられているが，施策の推進においては認知症の人自身とその家族の視点が重視されている。こうした考え方は心理支援の重要性を高めている。

高齢者福祉に関わる施設としては，介護老人保健施設，特別養護老人ホーム等の老人福祉施設，各市区町村に設置されている地域包括支援センター等がある。高齢者福祉の領域における心理職の活動はこれまで多くはなかったが，心理的支援の重要性は高く，今後この領域において心理専門職がより積極的な役割を担うことが期待される。

[3] 障害者福祉

心理専門職が心理支援活動を行う対象として障害児・者やその家族等の関係者と関わることは，福祉分野での活動に限らず，とても多い。2011年に大幅に改正された**障害者基本法**において，障害者とは「身体障害，知的障害，精神障害（発達障害を含む）その他の心身の機能の障害（以下，障害）がある者であって，障害及び社会的障壁により継続的に日常生活又は社会生活に相当な制限を受ける状態にあるもの」とされている。

このように，現在は身体，知的，精神の3障害を一体として福祉サービスを考える体制がとられている。また2013年に**障害者総合支援法**において，難病を患っている一定程度の障害を負うものも障害者に含められた。障害者福祉の領域においても**虐待**は重大な問題の一つであり，2011年には障害者虐待防止法が成立した。虐待は養護者によるものと福祉施設従事者によるもの等が考えられている。なお障害者虐待防止法においては虐待の防止とともに「障害者の養護者への支援」という視点も提示されていることに留意する必要がある。

それぞれの障害児・者に関わる現場においては，心理専門職は各障害および各個人の特性，また，その人と家族等の関係者が置かれた状況に対して，対象に合わせた専門的な心理アセスメントと心理支援が求められる。

WHO（世界保健機関）は2001年に改訂した**国際生活機能分類（ICF）**によって，障害や健

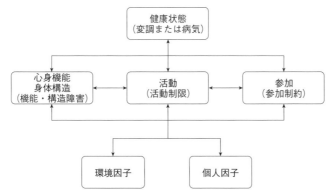

図 15-3　WHO 国際生活機能分類（ICF）―国際障害分類改定版
（障害者福祉研究会，2002）

康に関する生活機能と背景因子等の相互作用モデルを提示した（図 15-3）。小児については別に 2006 年，ICF-CY が発行された。WHO は国際疾病分類（International Classification of Functioning, Disability and Healtn; ICD）の補助分類として障害の階層的な三つのレベルのモデルを採用していたが，ICF ではこれを改めた。これは障害による生活的な不自由を，その個人の持つ生物学的な問題とその人の生活する社会的な環境の両面から把握して必要な支援を構築していくというモデルである。障害者基本法はこうした国際的な考え方を反映しており，医学的モデルから社会的モデルへの転換であると呼ばれる。その結果，本人や家族等の関係者への心理的支援の重要性は更に増したと考えられる。

　2016 年には障害者差別解消法が施行されたが，この法律は障害者にとっての社会的障壁の解消を国や地方公共団体，事業者に義務づけるものである。そして障害を理由として差別されることがないように，特定の対応を求める障害者の意思表示があった場合，過度の負担がない範囲で必要かつ合理的な配慮をすることを義務（行政機関等）または努力義務（民間事業者）としている。

4．教育分野での心理学の応用

[1] スクールカウンセリングとチーム学校

　1）スクールカウンセラー　　教育分野における心理専門職は，**スクールカウンセラー**（School Counselor; SC），教育相談所や児童発達支援センターの相談員，特別支援教育の巡回相談員等として活動している。

　文部科学省が経費補助を行っている SC において，2015 年度の実績で，全国の中学校の 88.4％にあたる 8,516 校に SC が配置されるとともに，それらの中学校を拠点として校区の小学校等の約 11,867 校（配置率 58.5％），そして高校の 1,794 校等にも派遣されている。そして 2019 年現在，ほぼ全公立小中学校への配置が行われている。SC の業務は児童生徒の教育相談を受けるだけではなく，学校組織のなかでのその役割は多岐にわたる。その活動内容には以下のようなものが挙げられる。1. 児童生徒に対する相談・助言，2. 保護者や教職員に対する相談（カウンセリングやコンサルテーション），3. 校内会議等への参加，4. 教職員や児童生徒への研修や講話，5. 相談者への心理的な見立てや対応，6. ストレスチェックやストレスマネジメント等の予防的対応，7. 事件・事故等の緊急対応における被害児童生徒の心のケア。SC に対する児童生徒の相談内容としては，不登校，いじめ，友人関係，親子関係，学習関係等の他，発達障害，精神疾患，リストカット他の自傷行為等，ますます相談内容が多様化していると指摘されている。このように現在，学校の教育相談体制のなかでスクールカウンセリングは重要な役割を果たしている。

　2016 年の学校教育法施行規則の改正では新たに SC について規定された（2017 年施行）。そして 2018 年度の文科省の示した事業実施要領の SC の選考に関する記述においては，公認心理師を最初に挙げている。今後は，公認心理師等が SC として活動することになる。

　2）チーム学校　　学校とは，幼稚園，小学校，中学校，高等学校，特別支援学校，大学等であり，**学校教育法**によって定められている。

　現在の学校現場においては，不登校，いじめ，発達障害等の心理職の専門的な関わりが必要な多くの問題が存在している。したがって心理専門職は，そうした課題に対処するために進められている法制度の整備や施策について理解することが必要である。不登校の数と割合は 1990 年代に大きく増加し，現在も高い水準にある。2016 年には不登校の児童生徒等への支援のために教育機会確保法が定められた。いじめに対しては 2013 年にいじめ防止対策推進法が制定され，学校に SC 等を含むいじめ防止対策組織の設置を求めている。また，2007 年に改正

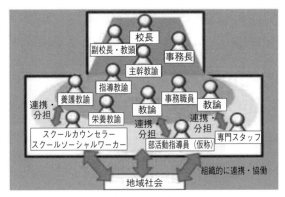

図 15-4　チーム学校のイメージ図（文部科学省，2015）

学校教育法が施行され，特殊教育に代わって新たに特別支援教育が実施されることになった。特別支援教育では，それまでの特殊教育の対象の障害だけでなく，知的な遅れのない発達障害（LD，ADHD，高機能自閉症）も含まれた。さらに 2017 年に「発達障害を含む障害のある幼児児童生徒に対する教育支援体制整備ガイドライン」が文科省から示され，支援対象が幼児から高校生まで拡大した。

　こうした現在の学校が抱える多様な問題を背景として，2015 年に中央教育審議会は「チームとしての学校の在り方」について提起した。チーム学校のイメージを図 15-4 に示した。そのなかでは専門性に基づくチーム体制の構築が求められている。ここでいうチームには三つの種類がある。一つ目は，教職員がそれぞれの専門性を活かして，チームとして学習指導や生徒指導等の教育活動を行うことである。二つ目は，教員以外の専門スタッフがチームに加わるものであり，そのなかで SC やスクールソーシャルワーカー等を位置づけ，教員との連携・分担体制を図るものである。したがって SC は学校の専門スタッフとして教職員とともに学校教育の向上に関わる立場であることが，より明確になった。三つ目は，学校，家庭，地域が組織的に連携，協働して子どもを支援するというものであり，学校という教育分野と福祉や医療等の他分野との関わりが重要になってくる。もともと分野横断的な性格を持ち，地域連携や他職種連携を重視して心理支援を行う公認心理師は，地域連携のなかでコーディネーター的な役割を果たすことが期待されるだろう（第 9 章コラム 15 参照）。

［2］心の健康教育

　公認心理師は「心の健康に関する知識の普及を図るための教育及び情報の提供を行う」（2 条4 号）とされる。その対象は国民全体であり，このような教育活動は 5 分野すべてに関わると考えられる。各現場における心理支援の実践のなかで心理的障害への理解を促す心理教育は重要なものであり，心の健康教育は健康の回復や予防のため，さらには健康増進（health promotion）を目的とする。国際的な健康増進の考え方は，第二次世界大戦後の 1946 年にWHO（世界保健機関）が提唱した「健康とは単に病気でない，あるいは虚弱でないというのみならず，身体的，精神的および社会的に完全に良好な状態である」という現代的な健康の定義から出発している。今日，健康の享受は基本的人権の一つとされている。したがって現代の健康観は，単に身体的な健康やその強さを目指すものではなく，**QOL**[1] や**ウェルビーイング**[2] 等

---

1) QOL（Quality of Life）：WHO は「自分自身の人生の状況についての認識」として示しており，「生活の質」等と訳されるが，生命の質（身体的），生活の質（社会的），人生の質（心理的）の総合的な概念ととらえるべきである。
2) ウェルビーイング：WHO の健康の概念に謳われた「良好な状態（well-being）」から発展した概念で，身体的，精神的，社会的に良好な状態をいう。

の心理社会的な側面を重視しており，社会のなかで人間らしく生きられることと考えられているのである（第11章参照）。

　現在，わが国は「健康日本21（第二次）」という戦後の第4次の国民の健康増進に関わる運動を推進している（2013年度〜2022年度）。健康日本21（第二次）においては，個人の生活習慣の改善および個人を取り巻く社会環境の改善を重視している。そのなかで，心の健康については，自殺，うつ病・不安障害，職場のメンタルヘルスの問題等が扱われている。しかし，それ以外にも心理的支援が関わると考えられる対象は多く，たとえば，子どもの生活習慣，成人の肥満や生活習慣病，アルコールや喫煙の問題，高齢者の認知機能低下の予防や社会参加等，さまざまな健康問題を挙げることができる。

　各学校や職場における心の健康教育としては，心身のストレス反応のメカニズムの理解とそのマネジメントの方法，抑うつや不安の認知行動論的なメカニズムの理解と予防法，人間関係の葛藤に関わるソーシャルスキルトレーニング（SST）等，多様な心理教育プログラムが挙げられる。心理専門職は，心の健康に関わる心理学と隣接諸科学の知識と技能を駆使して個人および集団の健康を守り，増進させるための重要な役割を担っていると考えられる。

5.　司法分野での心理学の応用

[1] 少年司法制度のなかでの心理専門職

　公認心理師の司法分野における心理専門職の関わりは多岐にわたり，刑事事件，少年事件，家事事件，犯罪被害者支援等が挙げられるが，ここでは主に少年司法制度のなかでの心理専門職について述べる。日本では20歳以上（成人）の犯罪者と20歳未満の非行少年とで基本的な法律が異なる。図15-5に非行少年に対する司法手続きの流れを示した。

　1）家庭裁判所調査官　　捜査機関である警察や検察は，嫌疑があればすべての事件を家庭裁判所に送致することになっている。事件を受理した**家庭裁判所**では，少年の状態を把握して適切な対応を図るために，家庭裁判所調査官（以下，家裁調査官）に調査命令を発する。家裁調査官は，医学，心理学，教育学，社会学等の行動科学の専門家であり，当事者の少年とその保護者，その他の関係者の調査を実施して事実を把握するとともに，非行の背景要因や問題行動の成り立ち，再非行の危険性等について分析する。そして調査結果および処遇に関する報告書を裁判官に提出し，審判にも出席する。また家庭裁判所は必要に応じて少年を**少年鑑別所**に送致して（観護措置）一定期間収容し，その資質の鑑別を求める。

　家裁調査官は，少年事件だけではなく家事事件の調査も行う。家事とは家族に関する問題であり，夫婦間紛争や親子間紛争等である。たとえば離婚紛争の下にある子どもに直接面接を行い，子どもの状態や離婚問題の影響等をアセスメントする。また夫婦間の調停に立会い，双方の争点をめぐる心理的調整を図ることもある。夫婦間紛争においては**DV**（Domestic Violence；ドメスティック・バイオレンス）が，さらに親子間の問題では児童虐待が問題となることもあり得る。

　家裁調査官は，大学や大学院で心理学や社会学等を専攻した者が，裁判所職員採用総合職試験（家裁調査官補採用試験）に合格して採用された後に，裁判所職員総合研修所において2年間の研修を経てなることができる常勤職員である。

　2）少年鑑別所と法務技官　　少年鑑別所，少年院，保護観察所等において行動科学の専門家として主に**鑑別**を行う**法務技官**や観護処遇を行う**法務教官**は高度な心理専門職である。

　少年鑑別所は1949年の少年法および少年院法の施行によって発足した。また2015年に少年鑑別所法が施行された。少年鑑別所は，主に家庭裁判所において鑑別（審判鑑別）が必要と認められて送致された少年を収容する法務省所管の施設であり，現在，各都道府県庁所在地等の

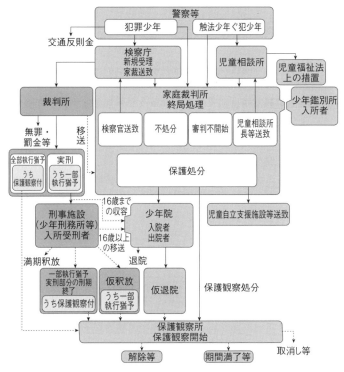

図 15-5　非行少年に対する司法手続きの流れ（『平成29年度犯罪白書』より一部改変）

全国で52カ所（うち分所1）に設置されている。少年鑑別所では，面接，心理検査，行動観察等の心理学的な方法により，非行に関する分析を行い，処遇の方法等を検討して家庭裁判所に鑑別結果を提出する（鑑別結果通知書）。この結果は審判後の保護観察所や少年院の処遇計画にも利用される。また，少年鑑別所は，保護観察所，児童自立支援施設・児童養護施設，少年院等の処遇機関からの求めによる鑑別も行う（処遇鑑別）。さらに少年鑑別所は地域援助業務も行っており，法務少年支援センターが併設されて非行防止に関する相談業務等を行っている。

　鑑別は，医学，心理学，教育学，社会学等の行動科学の専門知識や技術に基づき，対象者の非行をめぐる背景要因等を分析し，処遇等のための指針を示すものであり，専門的な心理的アセスメントの性格を持ち，法務技官が鑑別業務につくことが多い。法務技官は，法務省専門職員（人間科学）採用試験矯正心理専門職区分あるいは国家公務員採用総合職試験に合格して法務省矯正局に採用された職員である。

　3）少年院と法務教官　　少年院は，家庭裁判所から保護処分として少年院へ送致された少年に対して，その健全育成を図ることを目的として矯正教育や社会復帰支援を行う法務省所管の施設である。2015年に改正された少年院法が施行された。全国の52カ所に設置されている。少年院の矯正教育は，生活指導，職業指導，教科指導，体育指導，特別活動指導の五つの分野に分かれる。矯正教育の中核を担う生活指導は，被害者の視点を取り入れた教育や薬物非行防止等六つの特定生活指導が行われる。こうした指導内の処遇プログラムにおいて認知行動療法が導入されている。

　少年院では，個人別矯正教育計画を作成し，それに基づいて教育を実施する。この教育は法務教官が行う。法務教官は，法務省専門職員（人間科学）法務教官区分あるいは国家公務員採用総合職試験に合格して法務省矯正局に採用された職員である。

6. 産業分野での心理学の応用

[1] 産業・労働分野における公認心理師の職域

　産業・労働分野における公認心理師は，企業内の健康管理室や人事部門，EAP（Employee Assistance Program；従業員支援プログラム）のような外部独立機関，産業保健推進センター，ハローワーク等で心理支援を行う。労働に関連する問題は，労働者個人の問題だけでなく，職場組織の問題が背景にある場合も少なくないため，産業分野で活動する公認心理師は，労働関連法規や制度，法令や指針の理解に努める必要がある。また，労働者の問題解決に必要な場合には，職場組織の産業保健スタッフ，人事，管理監督者，労働組合等，各関係者とスムーズに連携がとれるよう働きかけていくことも公認心理師の重要な役割である。ここでは主に，労働関連法規とストレスチェック制度について述べる。

[2] 労働関連法規とメンタルヘルス

　組織のなかで働くということは，個々の労働者と使用者（労働者を雇う立場の者，企業等）との間で**労働契約**を交わしていることが前提となる。労働契約が交わされると，使用者は労働者に仕事に見合う賃金を支払う義務を，そして労働者は賃金に見合う労働力を提供する義務を負う。そして，労働者と使用者の間において健全な関係性を保つために，**労働基準法**，**労働契約法**，**労働安全衛生法**等の法律によって規制が加えられている。

　労働基準法は，1947 年に制定された労働者を守るために労働条件の最低基準を定めた法律である。ここでは，法定労働時間が示されており（32 条），これを超えて労働させることはできないとされている。また，時間外・休日労働については，原則として，法定労働時間を超えて時間外労働させることはできない（32 条・35 条）が，例外的に労使協定を結んだ場合に認められることがある（36 条，いわゆるサブロク協定）等が示されている。

　労働者の健康の保持・増進に関しては，労働契約法の第 5 条において「使用者は，労働契約に伴い，労働者がその生命，身体等の安全を確保しつつ労働することができるよう，必要な配慮をするものとする」と明記されており，使用者には**安全配慮義務**が課されている。つまり，労働者のメンタルヘルスの問題に関しても，労働者個人の問題として終始するのではなく，使用者である企業組織が主体となって労働者のメンタルヘルスの不調を未然に予防し，メンタルヘルスの保持・増進に寄与する対策を講じるよう努めることが求められる。産業・労働に関わる公認心理師は，こうした枠組みのなかに労働者の心の支援があることを十分に理解しておく必要がある（図 15-6）。

　労働安全衛生法は，労働災害の防止を目的として 1972 年に制定された法律である。なかでも，

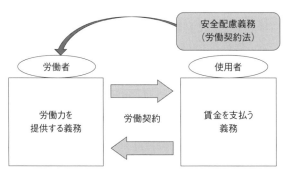

図 15-6　労働者と使用者の関係性について

精神障害による労災認定件数の増加を受けて，2014 年には一部改正によりストレスチェック制度が創設されている（66 条）。

［3］ストレスチェック制度

　ストレスチェック制度の導入により，50 人以上の従業員がいる事業場では，年に一度のストレスチェックの実施が義務づけられた。ただし，従業員 50 人未満の事業場については当分の間，努力義務とされている。ストレスチェック制度では，事業者は従業員にストレスチェックの受検勧奨や個人の結果の通知を行う義務が課されている。そして，希望する従業員には医師による面接指導を実施し，その結果，必要とされた場合には就業上の適切な措置を講じなければならない。なお，ストレスチェックの実施はあくまで従業員のメンタルヘルスの保持増進とメンタルヘルスの不調予防であるため，従業員の同意なしに事業者や実施者以外の者に従業員個人の結果を通知してはならないこと等，実施手続き等も規定されている。

　また，ストレスチェックの実施者として，ストレスチェック制度の創設時には，医師，保健師，厚生労働大臣が定める必要な研修を修了した看護師，精神保健福祉士とされていたが，2018 年には，必要な研修を修了した歯科医師と公認心理師が加えられた。ストレスチェックにおける項目内容は，「職場における心理的な負担の原因」，「労働者の心理的な負担による心身の自覚症状」，「職場における他の労働者による支援」が必須であり，労働者個人のストレス状態把握のみならず，職場組織のストレス状態を集団分析し，職場環境の調整に繋げることが望ましいとされている。そのため，産業・労働分野における公認心理師は，労働者のメンタルヘルスに関する知識のみならず，職場組織の状態について適切にアセスメントを行い，働きやすい職場環境づくりに貢献できるよう，**産業・組織心理学**の視点を身につけておく必要がある。

コラム 25　心理専門職に求められるコミュニケーション能力と説明責任

　心理専門職は，その業務のなかで関わり得る支援の対象者（利用者）だけでなく，それぞれの領域で連携する他職種スタッフも含め，現場でさまざまな人と出会い，その場に応じて適切なコミュニケーションをとることが求められる。公認心理師法第 1 条で，公認心理師という資格制度の目的が「国民の心の健康増進に寄与すること」と明記されている通り，実際に相談機関に来談される利用者に限らず，業務上関わり得るあらゆる人がその業務の対象となる。また，同じく第 2 条でその業務内容として「心の健康に関する知識の普及を図るための教育及び情報の提供を行うこと」と示されているように，心身の健康維持に関する予防教育や，心理学の知識を広く一般の方々へ届けるための啓蒙活動なども，今後は心理専門職がより一層担っていくことが求められる分野である。

　専門職が負う職業倫理的責任のなかに「説明責任」がある。心理専門職の「専門性」とは，高度に専門的な知見や技術に十分に精通していることのみを指さない。専門的な知見を利用者やその家族，一般の人々へと伝える際に，専門職はそれが「どのように相手に伝わったのか」という相手の理解の仕方にまで責任を持つ必要がある。

　コミュニケーションは「キャッチボール」に喩えられる場合が多い。この場合，心理専門職に求められるコミュニケーション能力は「相手がしっかりとキャッチできる球を投げられること」と表現できるだろう。どれだけ球速が速くても，あるいは技巧的な変化球を投げられたとしても，相手がその球をキャッチできなければ意味がない。つまり，どれだけ優れた知見であっても，「相手が十分にその説明を把握できなかった」のであれば，専門職としては説明責任を果たせていないことになる。「すでに説明したから問題ない」「ボールを取れなかった相手が悪い」などという話では，まったく済まされない。

　たとえその説明がどれだけ的確だったとしても，専門用語を羅列しただけでは相手には伝わらず，ただの「わかりにくい」話となってしまう。相手に情報が伝わっていない場合，それは情報を発信していないのと同様である。では，単に情報量を落として内容を平易にすれば，それは「わかりやすい話」になるのだろうか。「わ

かりやすい」というのは，同時に「誤解を生みやすい」ということでもある。専門性に裏づけられた的確な内容とわかりやすさを，相手に合わせて両立させることが，心理専門職の説明責任として求められるのである（詳細は山本（2018）なども参照されたい）。

　子どもから高齢者まで，あるいは一般の人から他の専門職に至るまで，心理専門職は多様な人々を対象に業務を行い，その都度，相手に「理解しやすい」説明を試行していかなければならない。また心理職の支援を行う際には，対象者の心身の不調や疾患によって，状況の判断や理解が難しい場合も多分に含まれる。いかなる場合であっても，相手の状態をアセスメントしながら，必要なタイミングで，必要不可欠な説明を家族を含めて的確に行うことが大切である。

　このような心理専門職に求められるコミュニケーション能力の具体的な側面は，専門課程での実習を通して，試行錯誤しながら実践的に研鑽されていくものである。ただ，その下地である「相手に届くようにわかりやすく説明する」スキル自体は，大学での学び全体で習得される，基本的なスタディ・スキル（プレゼンテーションやディスカッションの能力，合意形成のプロセス）によって支えられている。日々の授業での口頭発表やグループワークなど，学びの機会をしっかり活用することは，専門的なコミュニケーション能力を向上させるための基礎的な能力を培うことへとつながっている。

■ 小テスト

1. 心理学の応用分野（公認心理師が活動する分野）には，どのような分野があるか。五つの分野を答えなさい。
2. 現代の心理支援において主要な四つのパラダイムと支援方法（療法）を答えなさい。
3. 現代のチーム医療には多くの専門職が関わる。チーム医療の例として，公認心理師のほかに構成員となり得る五つの専門職を挙げなさい。
4. 児童虐待防止法において定義される児童虐待にはどのようなものが含まれるか。四つ挙げなさい。
5. スクールカウンセラーの行う活動は多岐にわたる。そのなかの三つを挙げなさい。

■ 引用文献・資料

アメリカ心理学会（APA）　第 12 部門（臨床心理学）　https://www.div12.org/

法務省（2017）. 平成 29 年度犯罪白書　Retrieved from http://hakusyo1.moj.go.jp/jp/64/nfm/mokuji.htm

厚生労働省（2004）. 精神保健医療福祉の改革ビジョン　Retrieved from https://www.mhlw.go.jp/topics/2004/09/tp0902-1.html

厚生労働省（2010）. チーム医療の推進について　Retrieved from https://www.mhlw.go.jp/shingi/2010/03/s0319-9.html

厚生労働省（2019）. ストレスチェック制度に関する法令　Retrieved from https://www.mhlw.go.jp/stf/seisakunitsuite/bunya/0000181838.html

文部科学省・中央教育審議会（2015）. チームとしての学校の在り方　Retrieved from http://www.mext.go.jp/b_menu/shingi/chukyo/chukyo0/toushin/1365657.htm

内閣府（2019）. 令和元年度版高齢者白書　Retrieved from https://www8.cao.go.jp/kourei/whitepaper/w-2019/zenbun/01pdf_index.html

下山晴彦（2010）. 臨床心理学をまなぶ 1 これからの臨床心理学　東京大学出版会

障害者福祉研究会（編）（2002）. ICF 国際生活機能分類―国際障害分類　改訂版　中央法規出版

総務省（2007）. 労働契約法　Retrieved from https://elaws.e-gov.go.jp/search/elawsSearch/elaws_search/lsg0500/detail?lawId=419AC0000000128

総務省（2019）. 労働安全衛生法　Retrieved https://elaws.e-gov.go.jp/search/elawsSearch/elaws_search/lsg0500/detail?lawId=347AC0000000057

総務省（2019）. 労働基準法　Retrieved https://elaws.e-gov.go.jp/search/elawsSearch/elaws_search/lsg0500/detail?lawId=322AC0000000049

山本博樹（編）（2018）. 公認心理師のための説明実践の心理学　ナカニシヤ出版

事項索引

人名索引

【著者一覧】 (五十音順，*は編者)

秋山　学 （あきやま　まなぶ）
神戸女子大学心理学部教授
担当：第1章 （共著）

石﨑淳一 （いしざき　じゅんいち）
神戸学院大学心理学部教授
担当：第15章 （共著）

岡村心平 （おかむら　しんぺい）
神戸学院大学心理学部講師
担当：コラム25

小久保香江 （こくぼ　かえ）
神戸学院大学心理学部教授
担当：第6章 （共著）

小山　正 （こやま　ただし）
神戸学院大学心理学部教授
担当：第10章

定政由里子 （さだまさ　ゆりこ）
神戸学院大学心理学部講師
担当：第12章 （共著）

清水寛之 （しみず　ひろゆき）
神戸学院大学心理学部教授
担当：第1章 （共著），第4章

白木優馬 （しらき　ゆうま）
愛知学院大学教養部講師
担当：第3章 （共著），第5章 （共著）

竹田　剛 （たけだ　つよし）
神戸学院大学心理学部准教授
担当：第8章 （共著）

寺田衣里 （てらだ　えり）
大阪人間科学大学非常勤講師
担当：第3章 （共著），第11章 （共著）

土井晶子 （どい　あきこ）
神戸学院大学心理学部教授
担当：第11章 （共著）

道城裕貴 （どうじょう　ゆき）
神戸学院大学心理学部准教授
担当：第9章 （共著）

中川裕美 （なかがわ　ひろみ）
神戸学院大学心理学部講師
担当：第13章 （共著），第15章 （共著）

中村珍晴 （なかむら　たかはる）
神戸学院大学心理学部講師
担当：第5章 （共著）

長谷和久 （ながや　かずひさ）
神戸学院大学心理学部講師
担当：第2章 （共著），第13章 （共著）

難波　愛 （なんば　あい）
神戸学院大学心理学部准教授
担当：第11章 （共著）

西浦真喜子 （にしうら　まきこ）
北陸大学国際コミュニケーション学
部助教
担当：第3章 （共著），第13章 （共著）

長谷川千洋 （はせがわ　ちひろ）*
神戸学院大学心理学部教授
担当：第7章 （共著），第15章 （共著）

博野信次 （ひろの　のぶつぐ）
神戸学院大学心理学部教授
担当：第6章 （共著），第7章 （共著）

松島由美子 （まつしま　ゆみこ）
神戸学院大学心理学部准教授
担当：第14章 （共著）

三和千徳 （みわ　ちとく）
神戸学院大学心理学部教授
担当：第12章 （共著）

村井佳比子 （むらい　けいこ）
神戸学院大学心理学部教授
担当：第8章 （共著）

村山恭朗 （むらやま　やすお）
金沢大学人間社会研究域准教授
担当：第9章 （共著）

毛　新華 （もう　しんか）
神戸学院大学心理学部准教授
担当：第2章 （共著），第14章 （共著）

森下雄輔 （もりした　ゆうすけ）
神戸学院大学心理学部元実習助手
担当：第3章 （共著），第14章 （共著）

山本恭子 （やまもと　きょうこ）
神戸学院大学心理学部教授
担当：第5章 （共著）

エッセンシャル心理学

2020 年 3 月 30 日　初版第 1 刷発行

2023 年 3 月 30 日　初版第 3 刷発行

定価はカヴァーに
表示してあります

編　者　　長谷川千洋

発行者　　中西　良

発行所　　株式会社ナカニシヤ出版

〒606-8161　京都市左京区一乗寺木ノ本町 15 番地

Telephone　　075-723-0111

Facsimile　　075-723-0095

Website　　http://www.nakanishiya.co.jp/

E-mail　　iihon-ippai@nakanishiya.co.jp

郵便振替　01030-0-13128

装幀＝白沢　正／印刷・製本＝亜細亜印刷株式会社

Printed in Japan.

Copyright © 2020 by C. Hasegawa

ISBN978-4-7795-1465-4

◎ストラテラ, コンサータ, インチュニブ, Twitter, LINE など, 本文中に記載されている社名, 商
品名は, 各社が商標または登録商標として使用している場合があります。なお, 本文中では, 基本的
に TM および R マークは省略しました。

◎本書のコピー, スキャン, デジタル化等の無断複製は著作権法上での例外を除き禁じられています。
本書を代行業者等の第三者に依頼してスキャンやデジタル化することはたとえ個人や家庭内の利用で
あっても著作権法上認められておりません。

ゲームと対話で学ぼう
Thiagi メソッド

世界的なゲームデザイナーティアギの教育ゲームを日本初紹介！ワークショップのような参加型の手法を初めて取り入れるにあたり最適なテキスト。主体的な学びは楽しくなくてはならない。なぜか。さっそく始めてみよう。

吉川肇子・ティアギ［著］

A5 判・176 頁・本体 2,200 円＋税

ワークショップ 大学生活の心理学

知識チェック問題やレポート・ディスカッションの課題も充実。心理学の入門書であると同時に導入教育にも対応した教養テキスト。

藤本忠明・東　正訓［編著］

A5 判・256 頁・本体 2,000 円＋税

心理学史

心理学の成り立ちについて理解を深めたい初学者，大学院受験者，自らの研究には必要ではあっても，必ずしも心理学史を専門にしていない研究者にむけて，人物・学派・キーワードから詳細を示す。

大芦　治［著］

A5 判・396 頁・本体 4,800 円＋税

教育心理学エッセンシャルズ
［第 2 版］

教師を志す学生や教育に関係する人たちのための教育心理学入門。大好評のテキストを最新の知見を加えながら内容を取捨選択し，新たに授業に適した 15 章に再構成。時代に合わせて，よりスリムにアップデートした待望の第 2 版！

西村純一・井森澄江［編］

B5 判・180 頁・本体 2,200 円＋税

ガイドライン生涯発達心理学
［第 2 版］

胎児期から成人期後期までの各段階における個性化と社会化，課題，障害とその支援など豊富な内容をコンパクトにわかりやすく解説した好評テキストの改訂版。掲載データの更新と，コラムの充実により最新のトピックを補充！

二宮克美・大野木裕明・宮沢秀次［編］

A5 判・216 頁・本体 2,000 円＋税

言語発達

就学前期を中心に，近年の国内外における言語発達研究をレビュー。筆者らによる研究も加え，発達心理学的立場から，言語発達の様相を明らかにする。臨床的研究から得られた資料も盛り込み，保育・臨床家にも役立つ。

小山　正［著］

A5 判・136 頁・本体 2,400 円＋税

研究テーマ別 注意の発達心理学

注意のさまざまな認知機能を生涯発達的に切り取っていく労作。たとえば視覚探索が進化の流れを背景にしつつ如何に形成され，そしてそれが如何にして欠落していくか。認知症の本態をイメージしたら分かりやすいだろう。

坂田陽子・日比優子・河西哲子［編］

A5 判・212 頁・本体 3,000 円＋税

認知心理学の新展開
言語と記憶

多感覚情報の統合や失読症（ディスレクシア）など人間の言語と記憶に関する 9 つの興味深いトピックについて認知心理学の観点から基礎的な解説を加えつつ，先端研究の成果を集約する貴重な試み！

川崎恵理子［編］

B5 判・184 頁・本体 2,700 円＋税

心のしくみを考える
認知心理学研究の深化と広がり

北神慎司・林　創［編］

記憶違いはなぜ起こる？　子どもはどこまで「わかって」いる？　学校や社会，日常生活に応用できる心理学の知識の重要かつ面白いトピックを実験や調査などの研究成果を交えながらわかりやすく解説する。

B5 判・176 頁・本体 2,500 円＋税

パーソナリティ心理学入門
ストーリーとトピックで学ぶ心の個性

鈴木公啓 他［著］

馬田人工知能研究所へようこそ！博士とヒューマノイド，研究者のキムとジョージが繰り広げるアカデミックトーク。心ってなに？個性ってあるの？人間らしいってどういうこと？5 人目のメンバーとして一緒に考えよう。

A5 判・160 頁・本体 2,000 円＋税

基礎から学ぶ心理療法

矢澤美香子［編］

初学者が広く心理療法にふれ，その基礎を学べるよう，統一された構成で，それぞれの心理療法の歴史的な背景，理論・技法，効用と限界をバランスよく解説。さらに学びを深めるための留意点や参考書も充実。

A5 判・282 頁・本体 2,600 円＋税

心理のための精神医学概論

沼　初枝［著］

臨床心理を学ぶ学生・大学院生，精神医療領域における多職種，関連領域の対人援助職に携わる人を対象に，精神医学の歴史，精神疾患の概念や診断と治療など，基礎的な内容を豊富な図表でわかりやすくビジュアルに解説。DSM-5 に準拠。

A5 判・328 頁・本体 3,200 円＋税

社会心理学概論

北村英哉・内田由紀子［編］

古典的で典型的なトピックスから，進化や脳科学など第一線のトピックスまで。各章古典的知見から最新の研究まで網羅的に解説。社会心理学の全貌を学ぶ。人の心の社会性の深淵と広がりにふれ，日進月歩の研究の道標となる，オープンな決定版。

B5 判・404 頁・本体 3,500 円＋税

経営・ビジネス心理学

松田幸弘［編］

企業組織の維持・運営の心の基盤を徹底解剖！組織行動・作業・人事・消費者行動という産業・組織心理学の部門に対応した構成で，各々の問題を網羅。基礎から近年の研究動向まで踏まえた決定版。

A5 判・272 頁・本体 2,500 円＋税

保健と健康の心理学
標準テキスト①〜⑥

一般社団法人日本健康心理学会［企画］
島井哲志［監修］

第 1 巻　保健と健康の心理学／第 2 巻　保健医療・福祉領域で働く心理職のための法律と倫理／第 3 巻　健康心理学の測定法・アセスメント／第 4 巻　臨床健康心理学／第 5 巻　産業保健心理学／第 6 巻　健康・医療心理学

A5 判・250-300 頁・本体 3,200-3400 円＋税

やさしく学べる
心理統計法入門〈増補版〉
こころのデータ理解への扉 その 2

鈴木公啓［著］

初歩の記述統計は手取り足取りで解説し，推測統計では仮説の採択・棄却や有意差の論理を詳しく繰り返し手ほどきした。また，設問とその解答も手を抜かず充実させた。これでデータを前にたじろがない力がつくだろう。

B5 判・216 頁・本体 2,600 円＋税